BABYJI

ABHA DAWESAR

BABYJI

Tradução
Luis Manuel Louceiro

Revisão técnica
Marina Mariz

Sá
editora

Título original em inglês: *Babyji*

Capa
2 Estúdio Gráfico

Foto de capa
Eric Meola/Getty Images

Revisão
Arlete Sousa
Isabel Cury

Projeto Gráfico (miolo)
Eveline Albuquerque

Impressão
Bartira Gráfica e Editora S/A

Catalogação na fonte

Dawesar, Abha
Babyji. / Abha Dawesar; tradução Luis Malta Louceiro. São Paulo : Sá Editora, 2009.

Título original: Babyji
ISBN 978-85-88193-40-6

1. Literatura indiana I. Título.

CDU - 809.14

(elaborada por Silvia Maria Azevedo de Oliveira - CRB/8-4503)

SÁ EDITORA
Tel./Fax: (11) 5051-9085 / 5052-9112
E-mail: atendimento@saeditora.com.br
www.saeditora.com.br

Para meus pais e minha tia

Sumário

i

Desabotoando a senhora X

Délhi é uma cidade onde as coisas acontecem às escondidas. Uma cidade onde o horizonte está coberto de partículas de poluição e os dias são quentes. Uma cidade sem nenhum amor, mas carregada de paixão. Você me pergunta como é possível paixão sem amor? Do mesmo modo que é possível haver sexo sem vida noturna. Délhi se agita lenta, secretamente. O que emerge é a urgência.

Na Délhi em que cresci, acontecia de tudo. Mulheres casadas apaixonavam-se por garotas púberes, garotos subiam calhas para transar com as esposas dos vizinhos e as alunas davam para seus professores de ciências no laboratório. Mas ninguém jamais falava sobre isso.

Eu era inocente, guiada apenas pela ambição de fazer algo grandioso por meu país, algo que envolvesse Física. Meu conhecimento dos fatos da vida era inteiramente baseado em livros, e dos castos. Li os clássicos do século XIX de George Eliot e Emily Brontë, mas eles nunca entravam em detalhes. Para remediar isso decidi ler o *Kama Sutra*, de Vatsyayana. Tive de fazer isso em pé, na garagem da lambreta, que tinha virado um depósito. Eu escapava para lá com uma lanterna depois que meus pais tinham ido dormir. O *Kama Sutra* de que me alimentei parecia-me completamente de outro mundo, estranho e absurdo. Depois de tê-lo lido, no entanto, coisas mágicas começaram a acontecer. Para ser específica, conheci uma mulher. Conhecemo-nos na minha escola. Ela tinha vindo participar da reunião de pais e alunos. Eu era a Chefe dos Representantes de Classe.

"Onde estão os professores da primeira série?", ela perguntou.

"No Bloco Pushkin, moça", respondi.

Eu era impressionável demais naquela idade. Estivera lendo *A Cidadela*, de A. J. Cronin, no qual a principal personagem feminina era descrita como particularmente bela. Imaginei por um instante que ela era aquela bela mulher.

"Eu a levo até lá, senhora", ofereci-me.

"Qual o seu nome?"

"Anamika", respondi.

"Gosto de sua gravata", disse ela.

"Oh", puxei e manuseei meu número de poliéster enquanto caminhávamos, repentinamente consciente da figura ridícula que passava naquele uniforme escolar de meias e mangas de blusa vermelhas. Como a maioria das escolas, a minha tinha um código rígido quanto ao uniforme. As moças usavam saias de pregas cinzentas e os rapazes, até os catorze anos, vestiam calças curtas. Todo mundo portava uma gravata de listras vermelhas e prata, exceto as representantes de classe. A nossa era prata e azul.

Eu detestava o tradicionalismo de Délhi e suas normas antediluvianas que exigiam que você se dirigisse a alguém mais velho como *Titio* ou *Titia* e a alguém mais jovem com diminutivos. Isso impossibilitava uma ligação séria com as pessoas mais velhas que você. Eu não tinha coragem de perguntar a essa mulher seu nome. Ela era de outra geração; esse tipo de coisa não se fazia.

Depois que a deixei na frente do Bloco Pushkin, senti meu coração transbordar com um tipo de conhecimento que não consegui identificar de imediato. Eu imaginara muitas vezes como Newton deve ter se sentido quando a maçã caiu sobre sua cabeça e o peso das forças gravitacionais surgiu em sua mente. Eu acho que me senti desse jeito, que uma grande descoberta acabara de ser feita e tudo o que eu tinha de fazer era escrever sua fórmula. Desejava que um simples objeto, como uma maçã, estivesse envolvido, algo tangível que eu pudesse contemplar e segurar, cheirar e morder.

Tive vontade de chamá-la de algo. De uma coisa que ninguém mais era chamado. Uma palavra que não fosse um nome e que ainda assim fosse proporcional à imensidão da revelação desabrochando dentro de mim. "Índia" foi a primeira coisa que escapou silenciosamente de meus lábios.

Perambulei por essa parte da área da escola de maneira que pudesse me encontrar com ela na saída. Chegou um momento em que ela apareceu pelas mesmas portas que a tragaram anteriormente. Fingi estar olhando para outro lugar. Ela veio por trás de mim e tocou-me no ombro.

"Você gosta desta escola? Estou pensando em colocar meu filho aqui", disse ela.

"Sim. Aqui incentivam as atividades extracurriculares, eles são motivadores. Nós temos equitação."

"Você sabe cavalgar?"

"Sim. Estudo aqui desde a segunda série."

"Sempre quis montar a cavalo. Mas com tantas atividades extracurriculares, você ainda consegue ir bem nas provas?", ela perguntou.

"Provavelmente vou me sair bem. Eu adoro estudar."

"Você vai se sair bem de qualquer jeito. Você é obviamente excepcional." Ela olhou para o distintivo de representante de alunos sobre o bolso esquerdo e sorriu.

Dei de ombros. Fiquei encabulada, mas não quis demonstrar.

"Tenho de ir agora. Dê uma passadinha lá em casa se quiser bater um papo. Vá de bicicleta."

"Como sabe que eu tenho uma bicicleta?"

"Já vi você andar por aí de bicicleta. Eu moro no B-63. Venha tomar um café gelado no sábado de manhã."

"Tudo bem."

"Isso é amanhã", disse ela, apertando minha mão, e partiu.

Eu não fui capaz de situá-la. Os indianos, inclusive eu, temos necessidade de situar imediatamente todo mundo que encontramos. Somos uma nação de taxonomistas. Deve estar em nossos genes por causa do sistema de castas. Há categorias para tudo –

cultos ou não, carro importado ou não, brâmane ou *banya*, ou seja o que for, falante de língua inglesa ou não, comedor de carne ou não, se vegetariano, então comedor de ovos ou radical, e, nesse caso, se rígido demais para comer sobremesas ocidentais com ovos ou não. Tudo isso, no caso de mulheres, ajuda a prever se elas se perderão. No caso de homens, se eles se comportarão mal com mulheres caso tenham a mínima chance, se aceitarão propina, apoiarão seus pais na velhice, e por aí afora.

O sistema funciona. É uma ciência milenar, já chegou ao nível das belas artes. Eu frequentemente escarneci dele, mas tive de pôr a mão na consciência e admitir que agia dentro dele. Eu classificaria naturalmente as pessoas à primeira vista sem nem mesmo perceber. O amor acontece nas bordas. Ele acontece quando não se consegue se situar alguém; assim é com o ódio. Índia era um enigma. E, correspondentemente, prenhe de possibilidades, rica de sentidos.

Aquela foi como a maioria das outras noites de sexta-feira. Fui com os meus pais jantar na casa de alguém. As mulheres sentaram-se todas em uma parte da sala e os homens, em outra. Graças à minha idade, pude circular entre os dois grupos. Não havia outras crianças. Meus pais me levavam com frequência a essas reuniões sociais. Com o passar dos anos eu já me acostumara à companhia de pessoas mais velhas do que eu.

"Você conhece uma boa empregada? A minha vai sair por um mês", disse a senhora A.

"A minha está me dando problemas", a senhora B fez coro.

"Empregados hoje em dia, vou te falar", acrescentou a senhora C.

Caminhei até o outro lado em que os homens estavam discutindo o jogo de críquete entre Índia e Paquistão. Não tenho nada contra esportes, mas homens com a cintura se alargando e com válvulas artificiais no coração discutindo um inédito jogo de cinco dias não eram a melhor das companhias. Voltei ao grupo das mulheres e decidi me divertir. Todas elas estavam usando sári, o amplo diafragma dobrado sobre a cintura, suas costas disformes bem visíveis. Visualizei-as em suas blusinhas apertadas. Uma das razões para a acuidade dos sistemas de classificação é que seus critérios são sempre intuídos imediatamente e podem ser modelados para se adaptar à ocasião. Cada situação gera sua própria classificação. Por exemplo, a questão mais óbvia a se perguntar quando você desabotoa a blusa de uma mulher indiana é se ela depila as axilas. Há outras perguntas menos interessantes, como que tipo de sutiã ela está usando. Essa segunda pergunta não é intrinsecamente desinteressante, mas naquela época só havia uma empresa que fazia roupas íntimas de qualidade para mulheres, e só cinco modelos.

Eu consegui classificar a maioria das mulheres de cara. Uma mulher – vamos chamá-la de senhora X – foi difícil de situar. Eu desabotoei sua blusa várias vezes mentalmente e tentei imaginar os dois cenários – depilada ou não. Cada qual parecia provável. Observei-a mais de perto em busca de mais dicas.

Se uma mulher não depila as axilas é porque ou é terrivelmente antiquada ou tremendalmente pós-moderna. Não consegui saber se a senhora X era uma feminista radical. Tinha certeza de que ela não era antiquada. Se uma mulher não depila as axilas ela pode ser muito avançada ou simplesmente possuir mentalidade de classe média. Se eu fosse capaz de chegar a seu tipo eu saberia que partes do corpo ela depilava. Ou se eu soubesse que partes do corpo ela depilava eu poderia tipificá-la.

A dona da casa chamou para o jantar enquanto eu desabotoava a senhora X. Aproveitei a movimentação pela sala como uma oportunidade para dar início a uma conversa com ela. Em um minuto descobri que ela não lia, frequentava o salão de beleza para fazer o pé e não trabalhava. Perdi o interesse por ela. A investigação estava terminada. Ela de fato se depilava e era previsivelmente burguesa.

Fiquei ali pensando sobre Índia, mas a ideia de desabotoar a blusa dela encheu-me de tal desassossego que eu troquei minhas divagações pelas *samosas*[1] em meu prato.

---

1 *Samosa* é um pastel recheado, de forma triangular (tetraédrica), frito. (N.T.)

ii

Andando de bicicleta no sábado

Antes de sair para a casa de Índia na manhã seguinte, fiquei agoniada sobre o que vestir. Muitas de minhas roupas ainda eram de menininha. Escolhi minha camisa de menino listrada de vermelho e jeans. Usei sapatos pretos masculinos, passei um perfume de meu pai no pescoço e montei na bicicleta. Saí às dez, uma vez que ela não me dissera a que horas ir. Nove parecera-me cedo demais para um sábado. Eu sentia um nó no estômago, e minhas costas estavam tensas.

Índia estava bonita e esperava por mim. Minha língua parecia presa na garganta. Isso tornava a conversa polida um tanto inconveniente. Quando ela se ofereceu para me fazer um café batido com espuma, segui-a até a cozinha e peguei cubos de gelo no congelador conforme ela pedira. Pegamos os copos longos de café e fomos até a varanda na parte de trás de sua casa. Sentei-me no chão de cimento a seus pés, meus ombros encostados nas pernas de sua cadeira de jardim de cana-da-índia. Tive medo de me voltar e olhá-la nos olhos. Estava constrangida pelos pensamentos que tivera sobre ela na noite anterior. Pouco importava que eu tivesse desabotoado a blusa de todas as mulheres; apenas com Índia havia algo de indecente nisso.

Falamos sobre minha escola e sobre o filho dela durante um tempo. Eu nunca tinha discutido nada desse teor com um adulto. Meus pais, os amigos deles e meus professores tratavam-me como criança, embora uma criança madura. Índia estava falando comigo como se eu fosse adulta.

"Onde está o seu filho?", perguntei.

"Até que consiga mudá-lo de escola, vai ficar com o pai dele."

Ela era divorciada e nós estávamos sozinhas. Os dois fatos me excitaram de maneira incompreensível.

"Quanto tempo você pode ficar?", ela me perguntou.

"Mais ou menos uma hora", disse-lhe. Rotineiramente eu saía para andar de bicicleta uma hora no sábado. Se ficasse mais tempo minha mãe me perguntaria onde eu estivera.

Índia acendeu um cigarro e começou a fumar. Eu não conhecia nenhuma mulher que fumava. Já tinha visto mulheres das *jhuggis*[2] fumarem *bidis*,[3] e uma vez, em uma festa bastante esnobe, para a qual um dos contatos do trabalho de meu pai tinha nos convidado, algumas mulheres estavam fumando. Nós nos sentamos em silêncio enquanto Índia tragava seu cigarro. Quando ela terminou, jogou a bituca do cigarro a seus pés e esmagou-a.

"Você tem um cabelo tão espesso", disse ela, passando a mão através dele. Meu cabelo estava despenteado e, de acordo com Sheela, uma garota de minha classe, parecia o do Jimmi Hendrix. Eu tinha que lavá-lo todos os dias para evitar os nós. Tão logo chegava à altura dos ombros, os cachos passavam a ter vida própria e eu era obrigada a apará-lo.

"Você gostaria que eu passasse óleo em seu cabelo?", ela perguntou.

Pessoalmente eu não suportava a ideia do cheiro de óleo de coco escorrendo pelo meu couro cabeludo. As propagandas na tevê sobre o óleo de coco Parachute visavam pessoas do tipo

---

2 *Jhuggi* é uma espécie de favela. (N.T.)

3 *Bidi* é um cigarro de tabaco com sabor (baunilha, chocolate, manga e morango) envolto em folha castanho-escura ou preta (*Diospyrus celebica*). (N.T.)

senhora X. Mas eu não queria dizer não a Índia. Nunca e por motivo algum.

"Nós estamos com problemas no suprimento de água, e eu não vou poder lavá-lo depois." Então, sem pensar, disse. "Mas eu posso passar óleo no seu cabelo."

"Isso seria maravilhoso", ela concordou. Dei-me conta de que eu tinha realizado um movimento sutil.

Fomos para seu quarto. Ela colocou óleo em um pequeno recipiente de metal e deitou-se na cama com uma toalha sob a cabeça. Conforme eu passava o óleo em seus cachos negros, ela ia soltando pequenos áas e óos de prazer. Eu fui me absorvendo em sua pele cintilante e no modo em que meus dedos deslizavam facilmente por causa do óleo. Depois que seu cabelo já estava encharcado do fluido, eu massageei a base do pescoço.

"Já se passou uma hora. Eu não quero que você se atrase. Sua mãe irá se preocupar", disse ela.

Eu esfreguei meu dedo indicador em seu pescoço uma última vez e levantei-me. Ela me levou até o portão, onde permaneceu em um silêncio desconfortável. Eu queria tê-la abraçado, mas meu coração estava fazendo barulhos embaraçosos, e se ela se aproximasse estou certa de que os ouviria.

"Espero que você volte", disse ela.

Fiquei desconcertada por sua formalidade. Montei na bicicleta e coloquei o pé no pedal.

"No próximo sábado, venha mais cedo", ela falou, batendo no carregador de bagagem atrás do selim de minha bicicleta. Sem me voltar fiz um barulho afirmativo com a garganta. Então me afastei pedalando furiosamente.

Após ter dobrado a esquina, diminuí o ritmo. Eu não estava preparada para voltar para casa. Entre a casa de Índia e a minha havia um terreno baldio onde um prédio estava em construção. Os trabalhadores tinham construído *jhuggis* no fundo do local. Eles moravam ali com seus filhos. Decidi cortar caminho e pedalar por essa rua para evitar a estrada principal. Uma parte do terreno estava vazia. Achei que seria capaz de evitar tanto as *jhuggis* quanto os trabalhadores. Quando já tinha atravessado uns três quartos do trajeto, vi uma mulher de cócoras atrás de uma moita fazendo xixi. Desci da bicicleta e fiquei bem quieta. Eu não queria passar por trás dela e assustá-la. Tentei olhar para outro lado, mas não consegui. Fiquei vendo-a fazer xixi pelo canto do olho. Seu sári estava levantado e seus tornozelos, à mostra.

Depois de alguns segundos a mulher se levantou, virou-se e me viu. Sua pele era escura por estar exposta ao sol o dia inteiro. Uma linha vermelha de *sindhoor* adornava o risco em seu cabelo, indicando que era casada. Ela me fitou e depois, em um gesto exagerado, se voltou, levantou o sári até a altura da bunda e rebolou-a. Pensei que estivesse com ódio por tê-la visto, mas então ela se voltou, olhou-me nos olhos e se afastou.

Foi fantástico. Minha imagem das mulheres da classe mais baixa era de que elas eram até mais conservadoras do que as mulheres de classe média cultas. Primeiro o encontro com Índia; agora isso. Eu ainda não fizera dezessete anos. Parecia-me que eu estava à beira de uma grande descoberta com Índia. Ademais, uma mulher ao acaso tinha decidido me perturbar. Minhas pernas bambearam. Carreguei a bicicleta no resto do percurso até minha casa. Passei o dia me sentindo inquieta. Pensei em Índia e na outra mulher, na sua pele escura e no risco vermelho sangue de seu *sindhoor.*

À noite, quando fui encher o pneu de minha bicicleta, passei pelo terreno e olhei ao redor discretamente. Ela não estava lá. Como é que eu podia pensar em uma mulher que vivia numa favela? Eu tinha aprendido que as classes mais baixas eram sujas. Muitas mulheres tinham piolhos na cabeça. Eu não podia pensar na mulher *jhuggi* de novo. Era verdade que as castas mais baixas sofriam e que a gente deveria ser gentil com elas. Mas a gente as ajudava à distância. Nós as ajudávamos porque estávamos em um patamar mais elevado. Minha mãe trabalhava como bancária e meu pai no Ministério da Energia. Éramos uma família de classe média. Meus pais davam duro pra me mandar para uma escola decente, mas não podiam se dar ao luxo de ter um carro ou fazer uma viagem ao exterior. Meu pai ia trabalhar de lambreta todos os dias. Ele levava seu almoço em uma marmita. Se nós três tivéssemos de sair juntos, sempre tínhamos de tomar um *rikshaw*[4] motorizado. Não podíamos agir como os ricos ou os pobres. Os ricos não tinham moral e os pobres não tinham como tê-la; não tinham sequer comida. As classes médias eram responsáveis pela fibra moral da sociedade. Eu voltei para casa me sentindo culpada. Minha mãe estava na cozinha lavando o arroz para o jantar.

"Tudo bem? Você parece chateada", disse ela.

"Sim, tudo. Só estou preocupada com a prova de Física na segunda-feira."

Saí da cozinha e subi para o meu quarto. Meu livro de Física tinha mais de mil páginas. Quem quer que tivesse de compreender cálculo diferencial e integral e derivação de fórmulas sobre forças centrífugas deveria poder ter casos, pensei. A imagem apavorante de um homem jovem levantando o sári da mulher na favela dançou sobre o texto negro e denso de meu livro de Física. Decidi que iria me vingar dessa sociedade hipócrita namorando com meninas. Afinal, nunca me interessei mesmo por garotos...

Minha mãe logo me chamou para jantar. À mesa meu pai falou sem parar sobre a importância de ir bem nos estudos. Eu era capaz de ver que minha mãe estava cansada de ouvi-lo me passar sermões todo dia. Eu ia bem na escola; seus discursos não tinham razão de ser.

Para mudar de assunto, minha mãe disse: "Uma mulher veio aqui procurar emprego. Como a Neeta é muito imprevisível, decidi contratar essa nova mulher. Ela disse que não tiraria nenhuma folga".

Eu gostava da Neeta. Ela sorria bastante e tinha cabelo preto, longo. Ela me chamava "*Choti Memsahib*", ou "patroinha".

"Você nem mesmo lhe deu aviso prévio. Não é certo", reagi com emoção.

"Oh, por favor! Ela está pedindo isso. Eu também gosto dela, mas ela está faltando cada vez mais."

Engoli o jantar. Podia sentir as lágrimas se juntando em meus olhos.

---

4 *Rikshaw* (riquixá) é um meio de transporte de duas rodas, tipo carroça de tração humana. (N.T.)

"Essa nova mulher começará na segunda. Ela virá quando você voltar da escola. Simplesmente fique de olho nela na primeira semana até que tenhamos certeza de quem ela é", minha mãe disse.

"Sim, mãe", eu falei enquanto voltava para o quarto. Eu não conseguia me entender. Realmente não ligava tanto para a Neeta, mas ainda assim estava tomada de emoção. Meus pais controlavam tudo. Eu queria apenas ir me encontrar com Índia e ficar com ela a noite inteira. Quisera que a mulher da favela estivesse à minha disposição. Imagens de um filme de arte indiano, no qual um brâmane da casta mais alta se apaixona pela empregada da casta mais baixa e faz sexo apaixonado com ela ficaram rodando na minha cabeça. Eu queria adiantar minha vida.

iii

A Física legal

No domingo mergulhei em meus livros. Resolvi cada problema no final do capítulo de termodinâmica e li as anotações feitas em classe sobre o capítulo de introdução à mecânica quântica. Na segunda-feira eu não tinha noção se tinha ido bem na prova, mas achei que tinha passado. Estava tão exausta que não pude prestar nenhuma atenção nas aulas no resto do dia. Quando cheguei em casa nem mesmo tirei a saia do uniforme. Soltei o cinto e me joguei na cama. Então escutei a campainha da porta. Eu achava que era parte do meu sonho, por isso nem me mexi. Mas ela continuou soando.

A mulher da favela estava parada à porta. A mulher do sári levantado. Eu praticamente podia vê-la urinando, a lembrança estava tão vívida.

"Você?", eu disse.

Ela olhou minha saia e suspirou.

"Achei que você fosse um menino", disse ela em híndi. Eu não respondi.

"*Didi*", ela disse, referindo-se a mim como sua irmã mais velha, embora ela fosse claramente a mais velha.

"O quê"?, perguntei em híndi.

"Vim trabalhar, *Babyji*", ela respondeu. Eu era um neném ou uma *Didi*? *Babyji* era um termo contraditório, demonstrando um respeito que a idade não garantia.

"Você é a nova empregada?", perguntei, afastando-me para deixá-la entrar. Eu estava lisonjeada por ela ter achado que eu era um garoto.

"Sim", disse ela, escondendo um sorriso e baixando os olhos. Fiquei imaginando se ela me seguira lá da construção, mas não disse nada.

Ela estava usando seu sári baixo na linha dos quadris. O cabelo dela parecia recém-lavado. Ela sentou-se debaixo da pia na cozinha onde havia uma torneira e começou a lavar todos os utensílios que estavam lá empilhados. Jamais compreendi o porquê de os empregados preferirem se agachar enquanto lavam a louça. Quando eu lavava a louça lá em casa, fazia isso de pé e usava a torneira da própria pia. Acomodei-me num canto da cozinha e fiquei olhando-a, com minhas pernas penduradas, balançando. Vez por outra ela me fitava nos olhos. Quando ela fazia isso, eu não conseguia sustentar seu olhar de fogo e tinha de baixar os olhos. Depois que ela terminou de lavar a louça, perguntou se havia algo mais.

"Não, acho que não."

"Eu posso massagear suas pernas. Elas vão ficar mais fortes para você pedalar", disse ela.

"Tudo bem". Ela tinha reconhecido que havia me visto andar de bicicleta.

Fui até meu banheiro e peguei uma loção. Depois deitei-me de barriga para baixo. Escutei-a friccionando a loção nas mãos. Era um som forte. Era como se ela estivesse no comando ou uma decisão estivesse sendo tomada. Meu pai frequentemente esfregava as mãos quando estava tentando decidir que ações comprar. Pilantras em filmes indianos esfregavam as mãos quando elucubravam planos. Dr. Iyer esfregava as suas segundos antes de lhe dar o prognóstico. Eu estava pensando em todas essas coisas quando ela levantou minha saia acima da calcinha, pegou minha perna esquerda com firmeza e começou a massageá-la. Involuntariamente minhas pernas se retesaram. Suas mãos eram um pouco ásperas, mas fortes, e após alguns minutos meu corpo começou a relaxar. A sensação de suas mãos tomando minha pele, massageando-a, alongando-a e apertando-a era prazerosa. Quando ela terminou, levei-a até a porta e fechei com a chave após ela sair sem dizer nada.

Eu sempre esperara que algo acontecesse em minha vida, algo que a mudasse. Depois de ter chegado à puberdade estava desapontada pelo fato de que tudo continuava como antes. Mas agora era como se a espera estivesse chegando ao fim. Eu não tinha certeza sobre o que exatamente ia acontecer ou o que isso significaria, mas estava sendo impelida por uma força que ninguém poderia controlar. Estava vivenciando coisas que eu podia jurar que meus amigos Vidur, Ashima, Sheela, Preeti, Deepa, Sonali e Tina não conheciam. Na verdade, meu ímpeto era tal que eu estava quase certa de que o maior arruaceiro de minha classe, Chakra Dev, que era mais alto e mais desenvolvido fisicamente do que qualquer outro garoto, logo ficaria para trás. De repente eu estava na frente de todo mundo. Mais adulta. Ansiei por voltar para casa da escola no dia seguinte e ver a empregada aparecer. Eu não sabia seu nome. Ficava imaginando o *sindhoor* vermelho dramático no risco de seu cabelo quando pensava nela.

À noite ela vinha lá para as sete e fazia o jantar sob as instruções de minha mãe. Enquanto comíamos, ela trazia-nos *rotis*[5] quentes da cozinha. Eu a ignorava. Quando terminávamos, ela comia o que sobrava. Minha mãe dera-lhe o prato e o copo de Neeta.

A semana inteira passou com a empregada me massageando as pernas. Ela fazia questão de me olhar nos olhos sem piscar. Ela fitava o abismo que separava meu nascimento mais elevado do seu, inferior, e transpunha-o de um salto, embora ela me chamasse de *Didi* vez ou outra e se dirigisse a mim como a um superior.

---

5 *Roti* (ou *pulkha*) é um pão tradicional indiano feito com farinha de trigo, sem levedura, espalmado e redondo (tipo panqueca) ou ligeiramente côncavo, feito na grelha (*tawa*). (N.T.)

À noite eu ficava acordada, mantendo em suspenso a dura realidade de ter dezesseis anos e de ser uma frágil garota sem dinheiro próprio, e imaginava que fosse o cara do filme. Queria riqueza, poder ou fama, algo que me ajudasse a ter as coisas que as regras do mundo não permitiam.

No sábado eu voltei à casa de Índia. Senti-me corajosa. Eu tinha passado tanto tempo me imaginando como o homem daquele filme que me senti como se já tivesse passado por suas experiências. Pedalei até lá pensando em mim como se fosse um garanhão.

"Eu não tinha certeza se você viria", disse ela, abrindo-se em um sorriso.

Estacionei a bicicleta em seu jardim e inclinei-me para a frente para abraçá-la. Parecia natural abraçá-la. Ela beijou-me no rosto e passou a mão no meu cabelo.

Uma vez dentro da sala fresca, escura devido às cortinas cerradas e ao ar-condicionado, eu fiquei sem palavras. Ela falou com sua maneira refinada sobre isso e aquilo. Eu estava esperando que algo acontecesse. Eu sentia como se estivéssemos perdendo tempo. Tínhamos só uma hora e já havíamos deixado passar quarenta e cinco minutos discutindo a falta de luz no condomínio e sobre a grade curricular da primeira série.

Eu queria lhe dizer que a amava. Tentei falar de sopetão. Mas tão logo as palavras chegaram à ponta da língua minhas mãos tremeram. Pedi licença e fui até o banheiro. Disse para o rosto no espelho: "Escuta, ela vai dar risada, ela nunca mais vai querer ver você de novo, o que você sabe sobre o amor? Você só tem dezesseis anos. Ela vê uma criança quando olha para você".

"Nós temos uma empregada nova", eu disse quando saí do banheiro.

"É?!"

"Ela é muito sexy." Fitei-a no rosto para ver sua reação.

"Sei", disse Índia. Seu rosto não registrava interesse.

"Acho que tenho de voltar para casa."

Quando Índia me acompanhou até a porta disse: "Volte de novo". Foi o anticlímax.

Em casa a empregada estava debruçada sobre a pia da cozinha lavando louça. Quando ela lavava a louça na minha presença, sempre ficava de cócoras com seu sári levantado acima dos joelhos e eu podia ver suas pernas. Agora suas pernas estavam cobertas. Minha mãe estava chamando-a de Rani, que significa rainha, mas esse é o termo genérico que as pessoas usam para os empregados. Ela estava dizendo: "Rani, esfregue bem as panelas". Senti uma pontada de carinho e proteção em relação a Rani.

Rani lavava a louça com ardor cada vez maior. Seu orgulho e intensidade me atingiram. Naquela noite sonhei que a chamava de "Rani" num sussurro e pedia-lhe que fosse comigo para um lugar onde ela não mais seria empregada.

No domingo de manhã, como todos os domingos, meus pais leram os jornais e assistiram tevê durante algumas horas. Recebíamos todos os jornais aos domingos e algumas revistas semanais também. Eu li um artigo numa seção do *Sunday Mail* sobre como a Aids era mais perigosa do que qualquer outra DST. Um médico indiano que fora entrevistado disse que era só uma questão de tempo antes que ela chegasse à Índia vinda do Ocidente. Havia uma referência no artigo ao fato de Rock Hudson ter Aids. Eu nunca tinha ouvido falar dele, mas o artigo dizia que ele vivia rodeado de rapazes bonitos. Nada mais nos jornais era tão interessante quanto o artigo sobre a Aids. Eu estava enfastiada. Eu detestava assistir televisão, então pensei em ir de bicicleta até a casa de Índia. O dia anterior tinha me deixado com a sensação de fracasso. Estar com Índia deixara de ser menos íntimo do que na semana anterior. Mas eu não era capaz de me convencer de que tudo seria diferente se a visse de novo. E fracassar duas vezes seguidas seria pior, então desisti da ideia.

Eu tive outro teste de Física na manhã seguinte. Minha escola havia introduzido um sistema de provas na segunda-feira, e nós tínhamos um teste sobre uma matéria a cada segunda. O professor de Física levara isso além e adicionou um teste a cada segunda-feira. Então eu tinha História e Física esta semana. História era fácil. A pessoa só precisava lembrar de fatos, não compreendê-los. Quando a professora de História falava, eu gravava suas palavras diretamente em meu cérebro feito página recém-impressa e regurgitava-as sem esforço. A Física, por outro lado, era dureza. Eu odiava essa matéria. Eu a amava. Eu deitava de barriga para baixo, soerguida pelos cotovelos, e resolvia os problemas sobre o princípio da incerteza de Heisenberg. Eu estava metida até as orelhas na mecânica quântica. Era ruim demais ter de saber que um fóton era tanto uma partícula quanto uma onda. Além disso, o professor Garg disse que era impossível, simultaneamente, medir a posição e o momentum de partículas atômicas com alguma precisão. E havia uma única constante que na verdade quantificava a incerteza combinada da posição e da velocidade. Eu fiquei sentada reescrevendo essa constante em todo o meu caderno com pequenos símbolos gregos nas margens. Se a ciência moderna aceitava a dualidade e as incertezas medidas, que diferença fazia se eu fosse Rock Hudson correndo atrás de lindos garotos ou o brâmane da vila apaixonado pela filha do *shudra*?[6] A ciência nos dissera neste século que nada era certo. O universo era caótico e relativo; esses aspectos mensuráveis. Havia poucos fatos concretos nos quais podíamos basear nossa vida. Eu sempre zombara da religião como muletas para as massas, portanto não merecedora sequer de consideração. Nós passáramos dois mil anos apenas para descobrir o que não sabíamos. Aquele momento, esparramada em minha cama, mudou toda a minha vida. De repente, eu estava livre. Livre de todo o fardo do conhecimento e, portanto, de qualquer moralidade que advenha do conhecimento. Apenas sentimentos contavam. E sensações.

Coloquei minha cabeça no livro de Física e sonhei acordada. Eu fantasiava sobre Índia e Rani. Misturei-as em minha cabeça até que Rani fosse articulada e bem vestida e Índia fosse sensual e rústica. Se as partículas podiam ser ondas e as ondas fótons, então Índia e Rani podiam trocar de lugar. Perdi todo o senso de realidade. Não podia acreditar que estivera vivendo sob a tutela

---

6 *Shudra* refere-se à casta atrasada indiana (*Varna*), a dos trabalhadores. As outras três são brâmane (clero), *Kshatriya* (nobre) e *Vaishya* (comerciante). (N.T.)

de meus pais todos esses anos sem nem mesmo uma lamúria de protesto. No jantar comi em silêncio e ciente do fato de que eu estava diferente. Estava livre. Nada mais importava.

Meus pais foram se deitar cedo. Após apagarem a luz fui até a varanda na parte de trás da casa, abri o portão e fui a pé até a favela próxima da construção procurar Rani. Aproximei-me em silêncio da *jhuggi*. Não queria ser vista. Conforme me aproximei escutei apenas vozes masculinas. O lugar estava escuro exceto por algumas lâmpadas de querosene aqui e acolá. Elas lançavam sombras ameaçadoras. Os homens estavam todos juntos de cócoras, rindo. Sua risada soava sinistra. Eles falavam em algum dialeto, não o híndi puro. Não era capaz de entender o que diziam. Todas as mulheres estavam em seus barracos opressivos de 6x6, colocando suas ninhadas para dormir. Senti-me insegura. Queria correr antes que alguém pulasse em cima de mim no escuro. Fiquei nas sombras e andei apressadamente, mas com cuidado, de modo a não fazer barulho algum. Quando finalmente cheguei à rua principal, parei para recuperar o fôlego. Estava suando.

Já era bem tarde, mas decidi fazer uma visitinha a Índia. As ruas estavam vazias. A casa reverberou quando toquei a campainha.

Esperei na porta por cinco minutos antes que ela dissesse baixinho: "Quem está aí?".

"Anamika."

Escutei-a puxar a corrente na porta. Índia estava bem na minha frente enrolada num lençol.

"Qual é o problema? Você está bem?", ela perguntou, tocando minha cabeça.

"Estou bem. Posso entrar?"

"Você está bem? Qual o problema?"

"Posso entrar?", repeti. Eu não fazia ideia sobre o que lhe dizer.

"Claro", disse ela, afastando-se para me deixar entrar. Uma vez dentro, ela foi direto para o quarto e acendeu a luz do abajur no criado-mudo.

Eu não era capaz de dizer o que ela estava usando debaixo do lençol branco. Nada, parecia-me. Ela sentou-se com cuidado na cama, certificando-se de que o lençol não cairia. Tinha costas e ombros encostados na parede.

"Qual o problema?", perguntou de novo. Ela estava sentada de modo desconfortavelmente ereto.

"Nada. Posso passar a noite aqui?"

"Aqui?"

"Sim."

"O que aconteceu? Onde estão os seus pais?"

Por um segundo minha voz interior esganiçou: "Você é uma adolescente. Ela acha que você é só uma criança crescida". Mas eu a reprimi e pensei na equação do livro de Física, p(q) = a constante de Planck, e lembrei-me de que era livre.

"Meus pais estão em casa. Quero passar a noite aqui", disse em tom banal.

Ela ficou calada durante alguns segundos. Mal podia ouvir sua respiração. Prendi a minha, imaginando o que ela responderia. Então ela deu de ombros: "Tudo bem", e apagou a luz do abajur.

Eu chutei os sapatos e meti-me na cama dela. Eu estava sem saída. Eu não esperara que isso acontecesse. Deveria ter planejado tudo. Deitei-me longe dela e cerrei os olhos, repetindo para mim mesma que o mundo era totalmente incerto. Nada estava fixo.

"O que você está usando?", perguntei-lhe.

"Nada."

A informação era demais. Meu corpo enrijeceu.

"Deveria usar algo? Incomoda-lhe?", perguntou-me, como que tentando confortar uma criança que estivesse tendo um acesso de raiva.

"De jeito nenhum", menti. Eu estava com medo de me mexer e, por acidente, tocá-la. Havia uma mulher nua bem ali do meu lado. Não havia incerteza alguma sobre isso. Fazia um calor e tanto debaixo das cobertas. Eu estava usando jeans e minha camisa de tecido de brim.

"Você se importaria se eu tirasse meu jeans?", perguntei-lhe tão calma quanto podia.

"Não me importo."

Pulei para fora da cama e tirei o jeans. Depois deitei de novo.

"Gostaria que você me dissesse o que está acontecendo. Isso é um tanto súbito", disse ela.

"Eu sei."

Estava me sentindo meio tola. Não era capaz de pensar no que dizer. Foquei novamente na dualidade onda-partícula e lembrei-me de que era livre. Não tinha nada a perder. Se meus pais descobrissem, eu estava frita de qualquer jeito, independentemente do que fizesse com Índia. Se ela ficasse brava eu poderia simplesmente sair andando. Tudo tinha a ver com um ponto instantâneo no tempo, uma vez que nada era estável. Eu jamais faria isso de novo.

"Posso tocar em você?", pedi.

"Hã?"

Eu não achei que a reação de Índia era aquela de se esperar de alguém que estivesse vigorosamente contra. Decidi que ela quisera dizer que sim e deslizei para perto dela. Então tomei sua mão na minha e esperei pelo grito dela expulsando-me de sua casa. Ela não o fez. Deixei que a palma de minha mão explorasse a dela, depois seu pulso, braço, ombro. Por fim, ela tocou minha mão. Nossos dedos dos pés estavam se tocando agora, nossas pernas. Depois nossos joelhos e ancas. Finalmente, perdi todo meu poder de observação.

"Sua pele é como a de um neném", disse ela.

"A sua também."

Nós devemos ter nos acariciado durante horas. Senti-me como se estivesse fora do corpo e fora do tempo. Numa hora adormecemos e acordamos, tocando-nos levemente até adormecer novamente. Não saberia dizer se ela acordara primeiro e me tocara ou se eu acordara primeiro e a tocara. Minhas mãos precisavam tanto tocá-la que se moviam do alto das costas até embaixo, estômago, braços, sem nenhuma intervenção dela.

Resvalando no sono, sonhei que Índia e eu estávamos rodando feito partículas e, de repente, transformadas em ondas, marés, correntes, O professor Garg tinha dito algo sobre a dualidade que eu não anotara. Ele dissera que se você cruzasse um burro com um cavalo, nascia uma mula. Uma mula é um burro ou um cavalo? É uma pergunta estúpida, segundo ele. Algo a ver com seu comentário ocupou meu cérebro dormente. Partículas não estavam se tornando ondas, e ondas partículas. Estas eram apenas propriedades dos fótons, e eu não era tão livre quanto pensava. De fato, a incerteza da equação de Heisenberg só servia para provar que era possível quantificar inclusive a incerteza. Como é que eu pude pensar que era livre e simplesmente sair andando da casa de meus pais à noite? Eu não podia dizer a eles que estivera na casa de uma mulher divorciada passando a noite lá. Eles me obrigariam a ficar em casa nas férias. Eu acordei Índia com um chacoalhão.

"Tenho que ir antes que meus pais acordem", disse, metendo-me dentro do jeans e da camisa.

"Dê-me um último abraço", disse ela.

Fui até ela e abracei-a.

"Voltarei amanhã depois da escola", informei-a antes de sair, com o meu coração repentinamente pesado.

Fechei a porta principal sem fazer barulho e caminhei até minha casa. Não havia vivalma à vista. Eu cheguei no portão que dava para a varanda. Tranquei-o e atravessei a varanda pé ante pé. A porta dos fundos da casa estava aberta também. Fechei-a atrás de mim e fui para meu quarto. O despertador em meu criado-mudo mostrava cinco da manhã. Num instante deitei-me na cama, sentindo-me aliviada. Minha mãe acordava cedo todas as manhãs e fazia chá antes de ir fazer aula de ioga no centro comunitário. Às vezes ela cuidava do jardim, embora o nosso fosse apenas um pedacinho de grama não maior do que um tapete.

Na escola, fiz os testes de História e Física num estupor. Na aula de Física o professor Garg apresentou o pensamento-experimento de Schrödinger e falou longamente sobre um gato que poderia estar tanto vivo quanto morto até que uma pessoa se decidisse de fato a observá-lo. A observação fazia diferença, embora não devesse. Se não havia verdade objetiva, eu poderia ser uma prima-dona.

Ao fim do dia cheguei em casa e desmaiei na cama. Decidi que tiraria uma soneca e depois iria até a casa de Índia. Quando a campainha tocou, acordei assustada. Tinha me esquecido totalmente de Rani. Ela tinha vindo para lavar a louça, me seduzir. Em suas longas tranças negras serpenteantes ela tinha tecido uma grinalda de flores de jasmim. Eu sabia que ela se vestira para mim. Deixei-a entrar. A sensação de liberdade que se apossara de mim na noite anterior evaporou. Senti-me constrangida por minhas escolhas agora. Rani estava bem ali, viçosa e bela. Eu deveria visitar Índia. Tudo deveria acontecer antes que minha mãe chegasse em casa. Seres humanos discretos e lugares exatos estavam envolvidos sem nenhuma incerteza. O tempo era limitado. Tinha que revisitar o capítulo de Heisenberg com a mente menos poluída e reinterpretá-lo.

"Vou tirar uma soneca. Você me avise quando terminar a limpeza", disse-lhe.

"Você está brava comigo, Babyji?", perguntou-me ela.

"Não", respondi, fechando a porta de meu quarto. Senti-me emocionalmente volátil. Eu tinha andado sorrateiramente ao redor de sua *jhuggi* na noite anterior para encontrá-la, e agora estava tendo dificuldade de responder-lhe em mais do que monossílabos. Eu sabia que a estava magoando. Não pude evitar. Não pude tornar-me decente, apesar de minhas ideias inovadoras sobre igualdade em relação às castas mais baixas. Eu jamais teria falado com alguém que não era empregado nesse tom. Depois de um tempo ouvi uma batida na porta do quarto.

"Terminei a louça. Devo ir?", disse ela com voz de choro.

"Qual o problema?", perguntei.

Ela ficou na entrada do quarto, de cabeça baixa, muda.

"Vem aqui", disse-lhe, apontando a borda da cama. Rani sempre ficava em pé ou agachada no chão quando falava comigo.

"Aí?", perguntou, apontando a cama. De repente ela parecia um caracol que se recolhera para dentro de sua concha, não mais a mulher desafiadora que chacoalhara a bunda para mim, que me paralisara com a marca vermelha cor de sangue – o *sindhoor* – em sua cabeça.

"Aqui", asseverei.

Ela sentou-se na borda da minha cama, com a cabeça ainda baixa. Eu me senti péssima. Coloquei os dedos sob seu queixo e levantei seu rosto. Alinhei suas sobrancelhas. Ela olhou para cima. Eu passei o dedo indicador sobre seus lábios, que estavam ligeiramente rachados. Eu me senti como se ela fosse minha responsabilidade e minha propriedade. Beijei-a. Ficamos as duas imóveis depois disso. Fiquei chocada com o que acabara de fazer. Eu jamais beijara alguém, nem mesmo Índia. Observei-me de fora por um instante, meus lábios se movendo mais próximos dos dela e tocando-os. Tentei formular a equação da incerteza. Depois pensei no gato de Schrödinger estando vivo ou morto por causa da observação.

"Em que você está pensando?", Rani perguntou, sorrindo sedutoramente. Sua disposição tinha mudado para melhor. Beijei-a de novo, dessa vez com intenção plena. Como poderia explicar a função-onda de Schrödinger a alguém que jamais fora à escola? Meu híndi, embora perfeitamente fluente para o dia-a-dia, era muito limitado para expressar pensamentos complexos.

"Nada. Você é linda", disse em híndi.

Ela enrubesceu. Mesmo em sua pele marrom-escura pude ver a cor chegar a seu rosto.

"Eu fui até sua *jhuggi* ontem à noite. Mas só os homens estavam lá fora", disse.

"Você foi até a *jhuggi*?"

"Sim. Estava procurando você. Queria ver você."

"*Didi*. Não faça isso de novo. Pessoas de sua estatura não devem ser vistas lá", disse ela.

"Não se preocupe."

Depois que Rani saiu, coloquei meus sapatos e fui de bicicleta até á casa de Índia.

"Estava à sua espera. Onde você estava?"

"Perdoe-me, houve um problema lá em casa com a empregada nova", balbuciei.

"Sua empregada sexy?" Havia algo cortante em sua voz.

"Sim", disse, baixando os olhos.

"Os empregados hoje em dia, vou te falar!"

Senti-me mal por falar assim de Rani. Fui covarde por deixar Índia falar dos empregados naquele tom. Quão livre eu era se tinha tanto medo? Índia falou sobre empregados do mesmo modo que as outras mulheres falavam. Talvez ela fosse como as senhoras A, B, C e X.

"Você quer uma Coca?", perguntou.

"Não, obrigada. Minha mãe volta do trabalho às cinco e meia, então tenho que ir logo."

Vi um traço de desapontamento em seu rosto. Então ela me levou até seu quarto. Sentamo-nos na cama e nos abraçamos. Eu ainda não a havia beijado. Queria fazê-lo agora, mas tinha acabado de beijar Rani. Não queria beijar duas mulheres no mesmo dia. Achei que isso significaria que eu não era profunda.

No jantar, enquanto Rani fazia *rotis* para nós na cozinha, minha mãe perguntou: "Como ela trabalha?".

"Está legal", disse.

"Tem certeza? Neeta pediu para voltar. Ela promete vir com regularidade doravante."

"Mãe, a nova tá legal. Chega cedo e trabalha bem."

"Não demorou muito para você transferir sua lealdade", disse minha mãe, pegando leve. Eu dei de ombros fingindo indiferença.

Quando meus pais foram dormir, escapuli de casa pela porta dos fundos. Em menos de dez minutos já estava na cama de Índia, brincando com seu cabelo. Eu não precisava mais convencer a mim mesma de que era livre. Eu me sentia livre.

Meus braços esfregaram o lado de seu corpo e pousaram em seu traseiro. Suas nádegas redondas eram como dois melões. Algumas garotas tornam-se adultas quando chegam à puberdade. Outras, quando têm filhos. Garotas como minha amiga Sheela, quando começam a ir ao templo. Minha maturidade foi diferente e começou num piscar de olhos. Movi as duas mãos pelas costas de Índia e passei as palmas em suas nádegas. Depois tomei-as em minhas mãos e apertei-as fortemente.

E tornei-me adulta.

Toda minha vida haviam me ensinado a venerar os mais velhos. Quem quer que fosse cinco anos mais velho do que você era idoso. Apertar o traseiro de Índia violava cada regra da veneração. Isso a transformava de idosa em um ser sexual, uma igual. Fez de mim uma adulta.

Senti-me arrebatada pela sensação. Desejaria poder expressar isso em palavras, dizer algo a ela. Ela estava gemendo baixinho e acariciando minhas pernas com suas pernas. Eu apertei sua carne em minhas mãos com mais firmeza agora. Ocorreu-me que podia ir além. Eu estava com medo de apalpar a área entre suas nádegas, mas finalmente deixei meus dedos descerem um longo caminho até sentir os pelos. Sua respiração ficou mais pesada. Eu mesma fiquei escandalizada. Fiquei petrificada. Não sabia o que fazer a seguir. Havia uma etiqueta que eu desconhecia. Parei.

Ficamos o resto da noite aninhadas nos braços uma da outra, dormindo e acordando. Frases inteiras do *Kama Sutra* passavam na tela de meus sonhos. A edição que eu lera tinha uma letrinha miúda com desenhos de rolos antigos na capa. Em meus sonhos, as frases eram legendas de fotografias, as personagens Índia e Rani e um brâmane da casta mais elevada de algum filme de arte. Eu não aparecia no sonho. Quando o despertador tocou de manhã, acordei Índia com um chacoalhão e me vesti.

"Vejo você hoje à tarde", disse enquanto corria porta afora.

Corri até em casa e meti-me na cama antes que meus pais acordassem. Quando minha mãe entrou com meu chá matinal para me chamar para eu ir para a escola, rolei na cama e bocejei.

"Do jeito que você está esparramada nessa cama, alguém diria que seu marido está entrando no quarto. Cubra-se com o lençol!", disse minha mãe.

Sentei-me e esfreguei os olhos. Amuada, tomei a xícara de chá e desejei estar dividindo minha cama e a experiência do chá matinal com Índia.

Uma vez que não havia realmente descansado muito à noite, o mundo nadava na frente de meus olhos. Prestei pouca atenção às aulas. Senti-me superior a todos os meus colegas. Nenhum deles, nem mesmo os caras mais malandros, que traziam revistas pornográficas para a escola, tinham tocado a carne nua da bunda de uma mulher. Talvez a de uma jovem prima, mas não a de uma mulher de verdade. Eu estava certa disso.

"Qual é a constante de Planck?", o professor Garg perguntou à classe na aula de Física.

Ninguém respondeu.

"Sumeet. Qual é a constante de Planck?"

"Eu não sei, senhor".

"Então levante-se e fique em pé. Vidur, você sabe?"

Vidur levantou-se e baixou a cabeça. Eu fiquei surpresa; Vidur em geral sabia a resposta de tudo. Era tarde demais para eu poder escrevê-la em um bilhetinho e passá-lo para ele. Vidur era meu amigo mais próximo na escola e dividia a carteira comigo, uma carteira de madeira. Nós tínhamos cadeiras de madeira pequenas. Uma vez que dois alunos dividiam uma carteira, a maioria dos alunos tinha desenhado uma linha demarcando sua superfície. Se o lápis de alguém rolasse para lá da linha poderia dar briga acirrada no recreio. Vidur e eu éramos os únicos em nossa sala de aula que não tínhamos desenhado essa linha demarcatória. Seu fichário invadia meu espaço e eu não dizia nada. Às vezes colocava meu estojo de metal, que eu embelezara com recortes de George Michael, do seu lado da carteira e ele só dava um sorriso amarelo.

"Chakra Dev", o professor Garg mugiu.

"Sinto muito, senhor."

"Levante-se, então", ele comandou. Chakra Dev era o único garoto em nossa classe que se barbeava todos os dias. Ele pensava, portanto, que por isso poderia ser o senhor da classe. Eu regozijava. Não apenas ele não sabia a constante de Planck; como não tinha nenhuma Índia ou Rani esperando por ele no fim do dia. No frigir dos ovos, era eu, não ele, que era adulto.

"Quem não sabe a constante de Planck levante-se!", o professor Garg disse, quase gritando.

Todo mundo se levantou. Menos eu.

"Por que apenas a Anamika sabe isso? Onde o resto de vocês tem estado?", ele guinchou. O professor Garg era muito claro e seu rosto ficava vermelho quando ele perdia as estribeiras. Ele gritava até ficar rouco na classe para explicar a mecânica quântica, e ninguém sabia nada.

"Você, Anamika?"

"O valor ou o significado?", perguntei, levantando-me.

"O quê?"

"O senhor quer o valor, ou você quer que eu explique o significado, senhor?"

"Olhe para todo mundo. Por que você não explica a coisa completamente? É óbvio que eu fracassei. De fato, venha até a frente da classe e explique tudo", disse ele, apontando para a parte da frente da sala de aula onde ele estava. Eu me senti tremendamente constrangida. Eu odiava ser escolhida fosse lá para o que fosse, quer coisa boa, quer ruim.

Decidi ficar no meu lugar e falar de lá mesmo. Era natural me dirigir à classe depois da reunião matinal como Chefe dos Representantes de Classe. Esqueci-me de mim enquanto definia o princípio da incerteza e chegava aos detalhes.

"Excelente. Vocês todos escutaram? Vocês tiveram uma prova sobre isso ontem, e ninguém sabia nada?"

Todo mundo estava inquieto. Os alunos que geralmente iam bem na classe estavam ainda mais agitados. O professor Garg ia devolver nossas provas, e agora todos temiam o pior. Eu fiquei ali sentindo como se não pertencesse ao grupo, uma garota de óculos com nada mais a fazer do que estudar suas lições de Física. Então me lembrei que não era verdade. Virei o rosto para esconder o sorriso que me chegou aos lábios e percebi que Sheela estava olhando para mim. Ela decerto achava que eu estava feliz com minha proeza acadêmica.

"Todo mundo pode se sentar agora e tentem estudar como Anamika", o professor Garg ordenou.

Após a aula meus amigos começaram a me provocar. Em geral eles gostavam de mim, mas todos achavam que eu estudava demais. Eu tinha feito alguns bons amigos nos dois últimos anos, pois os havia ajudado com pequenas coisas. Quando tínhamos quinze anos, Ashima tinha conhecido um garoto em Calcutá, quando ela visitou a família de seu pai nas férias de verão. Eu tinha escrito um pequeno poema para ela enviar para o garoto. Eu tinha lhe pedido que ela o descrevesse em detalhes, sua pele clara e olhos verdes, seus lábios rosados e a penugem de seu rosto. Ao escrever o poema para ela, eu tinha que amar Jay, ou não teria podido escrever o poema, então pensei nele a noite toda até que estivesse febrilmente apaixonada. Deu certo. Depois disso ele escrevia regularmente para ela.

Para o aniversário da mãe, Vidur queria dar-lhe um poema e pedira-me ajuda. Eu não conseguira pensar em nada, ou amar a mãe dele, então, na manhã seguinte dei-lhe uma cópia de um poema que eu tinha escrito para minha mãe. Eu não achava que havia algo de errado nisso, pois já havia sido escrito e minha mãe já o lera.

"Como é que você pode estudar Física quando estão mostrando críquete na tevê?", Vidur perguntou.

"Como é que você consegue ver críquete?"

Vidur queria servir no Exército e era esperto e forte. Eu queria que ele pensasse que eu também era. Queria dizer-lhe que Índia também era.

"Senhorita Sabe Tudo, queridinha do professor", Sheela disse, aproximando-se de onde Vidur e eu estávamos sentados. Em geral, se alguém me provocasse perto de Vidur, ele me defendia. Hoje ele apenas deu um sorriso amarelo e depois se levantou e saiu da classe.

"Eu não sou tão boa assim", disse.

"Você pode ir bem nas provas e tirar primeiro lugar, mas eu me divirto muito mais", Sheela retrucou.

Sheela era muito popular com os garotos e relativamente inteligente. Mas ela era preguiçosa. Nós não éramos amigas próximas, mas vez por outra, quando o resto das garotas da classe eram vis com ela, ela confiava em mim.

"Eu vi seu sorriso afetado quando o professor Garg estava dando bronca na gente", disse ela.

"Eu estava rindo por outro motivo. É segredo", disse. Olhei seus lábios cheios e rosados e a pele leitosa e imaginei como seria beijá-los.

"Não minta. Eu sei que você estava se sentindo superior", disse ela. A maioria das garotas tinha ciúme dela, mas ela sabia que eu só me preocupava com os estudos e não com a aparência e, assim, não tinha razão para invejá-la.

"Você tem lábios lindos", afirmei.

Ela enrubesceu.

"Se um dia você quiser beijar, diga-me", acrescentei.

"Hã?"

"Eu também quero me divertir", falei.

"Engraçadinha", disse ela, não parecendo nada feliz.

"Tô falando sério."

"Você é muito estranha, Anamika."

Eu tinha me colocado em evidência. Eu fingi que o tinha feito só para impressionar e ri.

Pensei sobre Rani no ônibus voltando para casa. Eu queria tirar uma soneca à tarde com ela deitada a meu lado, mas prometera uma visita a Índia.

Quando Rani veio fazer faxina eu disse: "Eu estou com pressa hoje. Você faz tudo rapidinho?"

"Sim, *Didi.*"

Fiquei nauseada ao ver que num certo nível eu tinha um relacionamento funcional com Rani em que ela era minha empregada. Seria mesmo possível que duas pessoas esquecessem totalmente seu *status* e fossem apenas seres humanos um em relação ao outro? Eu sempre crera que assim fosse, mas agora com a Rani eu tinha a oportunidade de testar essa tese de fato.

Depois que terminou a limpeza ela me disse, "Terminei. Posso ir?."

"Rani", chamei, olhando para ela.

"Sim, *Didi.*"

"De hoje em diante eu quero que você me trate como uma igual quando estivermos sozinhas. Na frente das outras pessoas você pode se comportar normamente."

"Eu não posso fazer isso, *Babyji.* Isso não seria certo", disse ela, baixando os olhos.

Eu caminhei até onde ela estava no vão da porta do quarto e passei meus dedos sobre seus lábios. Ela se aproximou. Um arrepio subiu por minha coluna. Eu levei-a até o quarto e joguei-a junto comigo na cama. Ao invés do perturbador sonho do *Kama Sutra* onde eu não tinha conseguido entrar em cena, vi Rani e a mim mesma numa posição erótica. Eu agarrei suas coxas embaixo do sári. Minhas mãos sentiram os músculos fortes de suas pernas. Seu *gluteus maximus* era forte e tonificado após anos de trabalho. Ela não estava usando calcinha. Empregados nunca usavam roupa íntima. Eu apertei suas nádegas, uma com cada mão. Meus dedos sentiram seu calor.

Eu olhei para seu rosto, que estava muito perto do meu. Seus olhos estavam fechados.

"Qual o problema?" eu perguntei, sentindo certa perturbação dentro dela.

Ela abriu os olhos e disse, "Isto não está certo."

"Parece errado?"

"Não."

Esse era todo o estímulo de que eu precisava. Eu palmilhei os centímetros restantes, aqueles que eu temera percorrer com Índia. Depois de um tempo meti minha mão entre suas pernas e baixei seu sári.

"Eu tenho que ir. Mas amanhã à tarde venha às duas em ponto" disse eu.

"Está bem."

Eu fechei a porta depois que ela saiu e levei as mãos ao rosto. Elas cheiravam a favela, roupa suja, e a seus fluidos. Eu fui até o banheiro e lavei as mãos e o rosto com sabonete. Depois fui a pé até à casa da Índia. E não fiz nada com ela. Eu não podia depois de ter estado com a Rani. Eu disse-lhe que tentaria voltar de novo à noite.

"Eu quero fazer você feliz", disse eu ao sair.

"Você realmente me faz feliz", disse Índia.

"Não, eu não quero dizer desse modo. Eu quero dizer na cama."

Ela sorriu para mim e brincou com o meu cabelo por uns instantes.

"Você é tão jovem, eu mal posso acreditar que estou fazendo isto", disse ela.

"Eu não sou tão jovem assim", afirmei, fechando seu portão de ferro trabalhado. Este era mais alto do que eu e muito bonito. Eu caminhei até minha casa me sentindo estranhamente jovem e estranhamente velha ao mesmo tempo.

À noite li o meu livro de Biologia e fiz minha lição de casa de Matemática enquanto minha mãe cozinhava berinjela para o jantar. Ela tinha dado folga à Rani. Meu pai jogava cartas uma vez por semana com seus colegas do escritório; era uma daquelas noites. Ele voltava para casa depois que a mamãe e eu já tínhamos comido e assistido TV. Aqueles eram os períodos de maior paz. Por volta das oito e quarenta e cinco, quando estávamos assistindo ao noticiário, o telefone tocou. Eu pulei do sofá para ir atendê-lo.

"Posso falar com a Anamika?" uma voz feminina perguntou.

Era Sheela.

"Você estava falando sério hoje?", ela continuou.

Eu estava nervosa. Eu podia me meter em problemas.

"Eu estava brincando" respondi, virando-me para ver se minha mãe estava escutando.

"Você estava falando sério. Eu pude ver que você estava falando sério."

"Não, eu estava fingindo que estava falando sério."

"Você tem certeza?"

Ela não parecia que estava querendo me prejudicar de jeito nenhum. E se estivesse?

"Porque você me pergunta isso?", disse eu.

"Por nada, não", disse ela, seu tom mudando como se não estivesse realmente interessada em saber.

"Não, conte-me a verdade", eu disse.

"Já disse", ela pôs fim à conversa.

"Quem era?", minha mãe perguntou.

"Sheela."

"Não é aquela sua amiga clarinha e saudável?", minha mãe disse em tom aprovador.

"Sim, é ela."

"Você deveria sair menos ao sol e comer mais. Então será como ela." Minha mãe é uma típica mulher do norte da Índia que acha que as mulheres devem ser gorduchas e branquinhas.

Eu não queria que ela começasse com aquela conversa. Não bastava que eu desse duro na escola e tivesse ambições profissionais? Ela estaria bem mais orgulhosa de mim se eu tivesse pele mais clara, um corpo mais robusto e fosse mais inclinada à vida doméstica. A mim não me incomodava, desde que me deixasse em paz. Eu sabia que iria melhor do que os outros, e se ela realmente quisesse uma dessas garotas, eu poderia trazê-la para casa. Por que meus pais haveriam de querer que eu fosse tanto isso quanto aquilo? Eles não conseguiam ver que me era impossível investir os primeiros vinte e cinco anos no estudo e me tornar uma Física Nuclear, se tudo o que esperavam de mim nos próximos cinquenta anos era picar verdura na cozinha?

"Mãe, ela não passou na prova de Física", eu disse.

"Eu nunca disse que ela era mais esperta do que você. Você é muito inteligente, e eu tenho orgulho disso."

"Tudo bem, mãe, de volta ao trabalho", disse, levantando-me e indo para o quarto. Depois de alguns minutos meu pai chegou. Eu disse-lhe "oi" e voltei para o quarto. Eu estava à espera de que eles adormecessem de modo a poder escapar para a casa de Índia. Eles não foram dormir antes das onze naquela noite. Eu podia escutar meu pai falando da política do escritório. Eu queria que eles acordassem para realidades mais amplas da vida, para a paixão, o amor, para o fato de que a vida era mágica e dramática. Eu já estava cansada quando eles apagaram a luz. Eu queria ver Índia, mas meus olhos estavam se cerrando. Eu andei pé ante pé até a sala para ligar para ela.

"Eu não posso ir aí hoje", sussurrei assim que ela pegou o telefone. "Ligo para você amanhã", acrescentei.

"Você está bem?", ela perguntou.

"Sim, boa noite." Desliguei e espiei o quarto de meus pais para me certificar de que eles não tinham me ouvido. Depois, meti-me na cama e adormeci.

iv
Utthak-Baithak

O dia escolar começava com uma assembleia matinal, quando todo mundo rezava junto e cantava um hino. Alguém lia os pontos principais das notícias e os anúncios administrativos se seguiam. Como Representante dos Alunos, era minha responsabilidade fazer com que todas as classes se perfilassem e que a reunião decorresse adequadamente. Eu estava lá no espaço da reunião quando divisei Sheela debaixo de uma árvore.

Fui até lá, sentindo-me corajosa em meu uniforme com gravata prata e azul e distintivo de Chefe dos Representantes de Classe. A diferença entre aqueles com poder e aqueles sem ficava mais patente durante a assembleia.

"Por que você me ligou ontem à noite?", perguntei-lhe.

"Para saber se você estava falando sério."

"E se estivesse?"

"Não interessa, uma vez que você não estava", respondeu ela. Ela estava brincando comigo.

"Vamos, conte-me", pedi.

"Você já beijou alguém, Anamika?" Ela tinha um olhar de superioridade no rosto. Afinal de contas, ela era a tal e de quem todos os caras estavam atrás. Sua expressão parecia dizer: Eu sei que não.

"Talvez", disse.

"Você não acha que é errado?", ela perguntou.

"Errado?"

"Digo, moralmente."

"Ah, eu não acredito em moral", repliquei.

"Mas você está sempre tentando ser boazinha. Você sempre vai bem na escola."

"E daí? Eu adoro estudar. Isso não significa que sou boa."

"Você está querendo dizer que não estuda para ser boa?"

"Não."

"Faço isso só para ser legal e fazer o meu pai ter orgulho de mim", ela disse.

"Eu faço isso para ganhar bastante dinheiro mais tarde e ter uma esposa", eu disse. Então ri porque eu não queria que ela me levasse a sério.

"Você é estranha."

A assembleia estava agora cheia de alunos e muita gente nos rodeava. Nenhuma classe formaria fila a menos que alguém estivesse no microfone gritando ordens. A escola era enorme. Tinha quase seis mil alunos em um campus de cento e trinta mil metros quadrados. Uma pequena floresta cercava os limites a sul e a oeste. A assembleia se reunia no campo de futebol, onde todos os alunos e cerca de cento e cinquenta professores se congregavam toda manhã.

"Suba comigo no tablado enquanto faço esse pessoal formar filas", eu disse a Sheela.

Nós subimos as escadas na frente do espaço da assembleia.

"Classes IV e V à minha esquerda, rápido, crianças. Classe VIII, por que estão demorando tanto? Representantes de Classe, por favor, assegurem-se de que todas as alas estão em ordem. Já estamos dez minutos atrasados", eu falei. Sempre me dava extremo deleite chamar os alunos de "crianças". Fazia sentir-me adulta. Eu ficara nervosa em chamá-los assim no início, quando me tornei Chefe dos Representantes de Classes, mas um dia juntei coragem e falei. Ninguém me vaiou. Daí em diante eu passei a usar a expressão cada vez mais.

Em alguns minutos todos os alunos estavam perfilados por série. Sheela desceu para se juntar à fila da nossa classe antes de começar a oração. No verão algumas crianças desmaiavam. O médico da escola tinha nos pedido que lembrássemos as crianças lá pela metade da assembleia de mexer os dedos dos pés, uma vez que isso ajudava a circulação. Eu disse à garota que leu as notícias naquele dia para mencionar a mexeção dos dedos dos pés antes de descer do tablado. Como Chefe dos Representantes de Classe era-me permitido caminhar no espaço durante a assembleia. Eu precisava falar aos professores que ficavam com suas classes a respeito de eventos especiais para o dia. Ocasionalmente eu inspecionava os uniformes. Se alguém fosse pego com o uniforme errado, ele ou ela teria que ser retirado da fila e punido. A punição-padrão era correr ao redor do campo.

Eu fui para onde minha classe estava e caminhei até Sheela para fazer uma checagem ocasional. Eu nunca inspecionara meu próprio setor porque seria vista como extremamente esnobe se punisse meus próprios colegas de classe. Mesmo com minha disposição moderada em relação a eles, eu não era muito popular e tinha que tomar cuidado para não parecer superior. Hoje dei uma olhada superficial em todo mundo e não prestei nenhuma atenção aos garotos de unhas compridas, especialmente do dedo mindinho ou aqueles com sapatos sem brilho. O pilantra da classe, Chakra Dev, estava usando camiseta verde por baixo, uma proibição tremenda, uma vez que as regras obrigavam os garotos a usar apenas *banians* brancas sob suas camisas do uniforme. Mas ignorei-o enquanto caminhava até Sheela.

"Deixe-me ver suas unhas", disse-lhe.

Vidur, que estava à esquerda dela, pensou que eu estava me desforrando pelo comentário da Senhorita Sabe Tudo do dia anterior. Ele me deu uma olhada desaprovadora. Eu não queria que ele, dentre todas as pessoas, pensasse que eu era o tipo de pessoa que se vingava por incidentes tão pequenos.

Ela mostrou as duas mãos. Eu toquei a ponta de seus dedos, fingindo ver quão longas suas unhas estavam.

"Sua saia está um centímetro mais curto do que manda a regra", disse-lhe, fitando-a nos olhos, para mostrar que eu só estava brincando.

"Devo sair da fila?", ela perguntou, piscando um olho. Fiquei alarmada, porque ela estava me flertando absurdamente. E se alguém percebesse? Mas Vidur estava olhando a plataforma.

"Sim, Sheela."

Nós caminhamos até a parte de trás da área da assembleia até que estivéssemos longe dos ouvidos alheios.

"Então como devo punir você?", perguntei-lhe.

"Não me faça correr ao redor do campo. Minha saia está curta demais e os garotos vão ficar olhando."

"Tudo bem."

"Eu poderia beijar você", ela sugeriu.

"Não. Mas você poderia me contar quem você já beijou", exigi, querendo mais informações.

"Ninguém."

"Não minta."

"Juro por Deus", disse ela.

"Que deus?"

"Krishna."

"Ele costumava mentir; eu não acredito em você."

Eu percebi que cruzara uma linha. Eu não fazia ideia de que ela era devota. Eu não queria ofendê-la. As histórias favoritas sobre Krishna eram as que falavam de quando ele era criança e roubava nata. Eu gostava dele porque furtava as roupas das garotas que se banhavam no rio.

"Minha inspeção de uniformes ainda não acabou", disse-lhe, mudando de assunto.

"Não?"

"Não. Você está usando calção?"

Garotas deviam usar calções brancos debaixo das saias em vez de calcinhas. Isso era porque nas aulas de Educação Física as garotas jogavam vôlei e corriam pelo campo como garotos e, em uma escola mista, a associação de pais e professores tinha decidido que o recato das garotas deveria ser protegido.

"Ah, para com isso, Anamika."

"Posso checar?"

"Aqui?", ela perguntou, nervosa. Nós estávamos atrás de todas as classes no espaço da assembleia, assim, a menos que alguém realmente se virasse para nos olhar, não perceberia o que estava acontecendo. A escola inteira estava cantando um hino sobre hindus e islâmicos serem irmãos.

"Fique atrás daquela árvore", ordenei.

Caminhamos até um *gulmohar*[7] baixa e fiquei atrás dela, levantei-lhe a saia e vi sua calcinha azul e sua racha. Ela estava violando seriamente as regras. Também notei que, ao contrário de um monte de meninas que depilavam as pernas abaixo do joelho, Sheela tinha-as lisas e sedosas por inteiro. Eu podia ver a lateral de suas nádegas, a pele arrepiada. Eu baixei sua saia e dei a volta para olhá-la no rosto. Ela estava enrubescida.

"Visto que você não está em condições de correr ao redor do campo deste jeito – em sua saia curta – especialmente sem calção, eu tenho que lhe dar outro castigo", disse-lhe ajustando meus óculos.

Ela ficou lá me olhando, imaginando o que eu iria sugerir. Eu já achava que estava indo além de minha autoridade.

"Você tem que fazer dez *utthak-baithaks*", disse-lhe.

Não há uma palavra em outra língua para esse movimento específico. Ela premiu cada lóbulo de sua orelha entre o polegar e o dedo indicador e então vergou os joelhos, baixando-se até que estivesse quase de cócoras. Então se levantava, com as mãos ainda nas orelhas, e se acocorava de novo. Eu fiquei a alguns metros de distância na frente dela e fitava sua saia cinza de dobras subir e descer e suas coxas alongarem e flexionarem enquanto ela contava, sem fôlego, até dez.

Eu fiquei distraída na classe. Entre as aulas tentava chegar até Sheela para falar com ela. Quando o professor escrevia na lousa, eu me voltava na carteira e tentava olhá-la nos olhos. Ela se sentava três fileiras atrás de mim, então não era nada fácil vê-la. As salas de aula estavam realmente lotadas; com vinte ou trinta metros quadrados, mas abarrotadas com cinquenta alunos, carteiras e cadeiras. Quando me virei para trás outra vez para

---

7 *Gulmohar* é um flamboyant (*Delonix regia*). (N.T.)

olhar Sheela, Vidur notou. Por fim, na aula de História, ele me passou um bilhete perguntando: "O que está acontecendo com você hoje?".

Eu gostava de Vidur e não tinha segredos com ele. Quando havia alguma novidade interna na escola que eu não poderia contar para ninguém, eu a confidenciava a ele. Eu confiava nele, pois ele não contava para ninguém. Por um instante aventei a ideia de contar-lhe sobre minhas escapadas recentes. Mas o pobre garoto era imaculado e nem mesmo contava piadas sujas, como o resto dos meninos. Dei de ombros como resposta a seu bilhetinho.

Durante o intervalo nós geralmente comíamos um lanchinho que trazíamos de casa. Fui até Sheela. A maioria de nós tirava a lancheira e a levava até o campo de jogos. Vez por outra uma águia pousava e furtava um sanduíche das mãos de alguém. Havia também uma cantina na escola, uma casinha onde se podia comprar refrescos e algo para comer. Lá se vendia o melhor dos sanduíches de verduras por uma rupia. Em meus doze anos na escola o custo de uma Coca tinha subido de duas rupias para cinco, mas o sanduíche ainda custava o mesmo. Os professores falavam mal dos alunos que ficavam muito tempo na cantina. Era como se você não valesse nada. Sheela ganhava algo de alguém na cantina todo dia. Eu me aproximei dela antes de outra pessoa qualquer e perguntei: "Podemos ir juntas à cantina?".

"Claro", disse ela com um sorriso, sabendo perfeitamente bem que eu jamais ia à cantina.

Nós caminhamos até o fim do campo onde ela ficava. Um bando de garotos estava no local. Alguns jogavam críquete e estavam suados, com as fraldas da camisa para fora e o nó das gravatas desfeito. Os garotos mais velhos tinham passado na frente de todo mundo e estavam gritando sobre o balcão pedindo comida e bebida. Algumas poucas garotas estavam por ali também tentando chegar ao balcão. Naquele tumulto, a menos que fosse agressivo, você teria que esperar meia hora. Eu caminhei até o bando de garotos mais jovens e bati no ombro de um deles. Quando ele me viu, deu um passo para o lado. Todo mundo me reconhecia porque eu era a Chefe dos Representantes de Classes. Todas as classes mais jovens tinham medo de mim. Os alunos mais briguentos de minha idade que se metiam em problemas com frequência tinham ressentimentos em relação a mim. Falavam depreciativamente de mim uns para os outros, mas se eles se comportavam mal e recebiam cartões amarelos, em geral era eu que os dava, e eles ficavam reduzidos à subserviência para obter perdão. O garoto no ombro do qual eu batera falou para o garoto à sua frente: "Deixe a *Didi* passar".

Eu cheguei ao balcão e peguei duas Cocas, dois sanduíches e uma torta de abacaxi. Era difícil equilibrar tudo aquilo. Eu segurei as garrafas de Coca entre o cotovelo e a cintura do lado direito, os sanduíches em uma mão e a torta na outra.

Alguns garotos estavam falando com a Sheela quando eu voltei com a comida.

"Anamika e eu precisamos conversar", disse ela, deixando-os no meio do assunto.

Ela pegou uma das Cocas e o prato de papel com os sanduíches, deu-me o braço e calmamente levou-me até um local mais tranquilo. Eu realmente não sabia o que lhe dizer. Depois de todo aquele subir e descer de sua saia de manhã não havia mais nada a falar. Sentamo-nos sobre uma enorme pedra escura. Sua superfície áspera me espetava através da saia.

"Quero que você me responda à pergunta do beijo", disse ela.

"Sim, já", afirmei.

Pela sua expressão de choque, eu vi que ela nunca beijara. Ela era popular, mas tinha medo. Ela acreditara em tudo que os adultos lhe tinham dito sobre o que significava ser boazinha.

"Quem?", ela perguntou.

"Ninguém que você conhece."

"Ele é da nossa classe?"

"Não, não são da nossa classe. São mais velhos", disse.

"Mais de um! Dois? Como é beijar?"

"Ah, maravilhoso", disse espontaneamente. Depois mudei de assunto, como se fosse tudo uma questão rotineira e perguntei: "Você já cavalgou?".

"Não."

"Quando monto no Sugar, meu cavalo favorito, e lhe meto as esporas, ele galopa rápido. É muito legal."

"Posso experimentar? Nunca montei."

"Venha comigo até a hípica um dia desses no período da aula de Educação Física. Eu vou conseguir que você monte. A Mina sempre segue o Sugar. Se eu montar o Sugar e segurar nas rédeas da Mina, você estará segura."

Ela pareceu impressionada. Eu queria ter-lhe dito mais coisas sobre mim para impressioná-la, mas não pude pensar em nada mais. Nós caminhamos até a cantina e depositamos nossas garrafas vazias no lixo.

"Você não acha que o que você fez é errado? Especialmente duas pessoas?", ela perguntou.

"Duas mulheres. Mas eu me senti perto delas", disse.

Ela me pareceu ainda mais perturbada.

"Só a alma importa", declarei. Eu mesma não acreditava nisso. Eu não podia me imaginar sentindo por um garoto o que sentia por Rani ou Índia. Se só a alma importasse, então eu teria que considerar Vidur tanto quanto Sheela. Eu conhecia-o melhor do que a qualquer outra pessoa, e sua alma era a mais doce.

Nós voltamos para a sala de aula em silêncio. Eu fiquei imaginando se tinha botado tudo a perder por ter-lhe contado tudo. Se ela contasse a alguém, minha reputação estaria em risco. Eu caminhei até minha carteira e me sentei ao lado de Vidur.

"O que é esse negócio entre você e a Sheela de repente?", ele perguntou.

"Nada", falei.

"Sabe de uma coisa, você tem andado com uma cara tão feliz ultimamente."

"Eu estou feliz", disse.

"Por quê?"

"Ah, nada! Eu não posso te contar."

'Por que não? Você não confia em mim?", sua agressividade foi surpreendente.

"Simplesmente não posso te contar", falei.

Nosso diálogo terminou abruptamente porque nossa professora de Química, Ácido Sulfídrico, entrou na sala. Ninguém se referia a ela pelo nome. Ácido Sulfídrico tinha uma reputação vil. Dizia-se que quando sua primeira filha, Lata, nasceu, ela se recusou a tomá-la nos braços ou a amamentá-la. Dizia-se que H_2S tinha dito: "Essa pirralha escura e feia não pode ser minha". Graças a Deus para Lata, nenhum dos irmãos que se seguiram foram mais claros que ela, e ela se salvou de ser tratada ainda pior do que os outros. H_2S sempre usava *salwar kameezes*[8] com a manga da *kameez* dobrada em três quartos. Não importa quão quente o dia, ela sempre usava *kameezes* com mangas apertadas. Alguém já tinha dito que ela estava tentando esconder queimaduras que lhe advieram por seu marido ter jogado ácido nela. Ela era extremamente impopular porque um dia esbofeteara, sem motivo, a garota mais linda do Ensino Médio e dissera algo tipo "todo esse cabelo caindo sobre seu rosto". Mesmo os outros professores disseram que isso se dera porque Ácido Sulfídrico tinha inveja da beleza e da juventude. A garota havia recebido tanto apoio depois desse incidente que, na festa de formatura, ela foi votada como "Miss Tudo Bem".

Todo mundo se levantou e cantou "Bom dia, professora", em uníssono. O livro de Química de Vidur estava no meio da nossa carteira. Ele puxou-o para seu lado e pareceu um pouco chateado.

Depois de um tempo, quando a professora se virou de costas para a classe, entreguei um pedaço de papel para Vidur com o desenho de uma carinha sorridente. Ele geralmente devolvia tais notinhas com observações adicionais. Dessa vez ele me ignorou. Ao final da aula, quando todas as minhas notinhas não tinham voltado, eu temporariamente perdi meu senso de medida.

Quando a professora estava para sair, nós todos nos levantamos e cantamos "Obrigado, professora". Em vez de me juntar ao coro, dei um chute em Vidur debaixo da carteira, puxei-o rudemente em minha direção pelo ombro e sussurrei em seu ouvido: "Eu estou tendo um caso".

8 *Salwar kameez* é um conjunto. A parte de cima (*kameez*) é longa, tipo túnica; a parte de baixo (*salwar*) é uma calça larga na cintura e apertada no tornozelo. (N.T.)

Por detrás de seus óculos eu pude ver seu olho esquerdo se arregalar, chocado.

"Quem é ele?"

"Não posso falar sobre isso. Por favor, tente entender."

"Eu compreendo."

Nossa professora de Geografia entrou na sala. Todo mundo ainda estava de pé e cantou "Bom dia, professora".

"Nós vamos aprender sobre cachoeiras hoje, crianças", a sra. Thaityallam anunciou. "Eu quero que vocês desenhem uma linha em seus cadernos. De um lado da linha escrevam *cascata* e, do outro, escrevam *queda-d'água*", instruiu.

Houve um farfalhar de papel, o abrir de estojos de metal e o som de lápis correndo contra réguas conforme todo mundo desenhava a linha. Eu fiquei imaginando se um único adulto jamais olhara nosso currículo escolar. Nós estávamos aprendendo mecânica quântica em uma aula e pediam-nos que desenhássemos linhas em outra. A sra. T. tratava-nos como se ainda estivéssemos na escola primária. Nos exames ela queria que a gente reproduzisse todos os pontos expostos por ela na mesma ordem em que ela ditara na classe. Quando ela falava sobre cascatas, pensei no longo cabelo negro de Índia caindo sobre suas costas. E quando ela nos falou de quedas-d'água, imaginei Sheela mergulhando numa, como uma estrela de um filme indiano, usando uma blusa branca, fininha, grudada em seu corpo todo molhado. Sheela tinha uma brancura, um frescor e a aparência de um límpido manancial nas montanhas.

"Anamika, por que você está sorrindo?", a sra. T. me perguntou.

"Nada, professora", falei, baixando a cabeça e dando uma olhada no que acabara de escrever em meu caderno. Eu estava escrevendo o que ela estava dizendo *verbatim* sem prestar nenhuma atenção.

"O que é que eu acabei de dizer?" ela me perguntou.

Levantei-me de minha cadeira e repeti a linha que acabara de escrever.

"Muito bem, sente-se", disse ela.

Eu sentei-me, cônscia de que minhas axilas estavam suadas. A maioria dos professores não pegava no meu pé devido à minha posição como Chefe dos Representantes de Classe. Eu devia ser um bom exemplo para todo mundo, o que eu, sinceramente, tentava fazer; e se eu escorregasse, eles preferiam fazer vistas grossas a fazer cena. Mas a sra. T. não tinha nenhuma tolerância e, de fato, tentava me manter em um padrão mais elevado porque eu era Chefe dos Representantes de Classe.

Quando a aula de Geografia finalmente acabou, eu estava exausta. Nós tivemos que assistir a mais duas aulas. Rabisquei na lateral de meu caderno. Desenhei mapas da Índia e escrevi Índia no centro. Eu antropomorfizei o mapa ao adicionar mechas nos estados de Gujarat e Bengala Ocidental. Imaginei o corpo de Índia e o mapa do país diluindo as fronteiras entre vários Estados de modo a eles se sobreporem. Quando Vidur não estava olhando, adicionei dois seios no centro do mapa. Eu estava doida para voltar para casa. Tinha sido um dia e tanto.

À tarde, sentei-me no balcão da cozinha de casa com minhas pernas balançando enquanto olhava Rani lavando louça.

"As pessoas diriam que eu estou fazendo mal ao meu marido se elas soubessem disso, mas não acho que haja algo de errado. Só quero estar com você", Rani disse.

Ela tinha marido! Claro, ela tinha marido. Eu sempre soubera disso. Nenhuma mulher vive só, especialmente em uma favela. Mas estava boquiaberta. Isso não me ocorrera. Eu vira seu *sindhoor* várias vezes e simplesmente não quisera ver a verdade.

"Ele me diz que é errado trabalhar em sua casa lavando louça. Ele diz que eu deveria trabalhar na construção com ele. Todas as outras esposas trabalham com o marido."

"Você o ama?", perguntei. Não era isso que eu quisera lhe perguntar. A pergunta era se ela dormia com ele. A palavra híndi para dormir implicava o ato físico de dormir. Eu não sabia a palavra para sexo em minha própria língua.

"Eu não o amo", disse ela.

"Você faz algo com ele?", perguntei. Usei o termo que se devia usar com uma empregada. Eu sabia que ela teria de responder.

"Você quer dizer aquele tipo de coisa?", disse ela, baixando os olhos.

"Sim. Ele faz esse tipo de coisa com você?", perguntei um tanto rudemente.

"Às vezes."

"Com que frequência? Toda noite?"

"Não. Algumas noites", disse ela vagamente.

"Você gosta?"

"Não."

Sua resposta tinha sido rápida, rápida demais para mascarar seu estremecimento. Ele me veio à mente: um homem feio com rosto esburacado e mãos sujas. Rindo e possuindo-a contra sua vontade. Levantando-lhe o sári e invadindo-a. Gemendo ferozmente e adormecendo. Como num filme que eu tinha visto na tevê quando meus pais não estavam em casa. Eu queria matá-lo.

"Por que você não gosta?"

"Às vezes ele me machuca."

"Por que não o interrompe?"

"Aí ele me bate."

"Por que não o deixa?", perguntei.

"Eu não tenho dinheiro."

"Você está a fim de fazer outro tipo de trabalho aqui em casa, tipo lavar roupa?"

"Sim, eu posso varrer o chão", disse ela.

Eu estava fazendo cálculos mentais. "Talvez você possa se mudar para cá", disse.

"Para cá, *Babyji*?", disse ela.

"Desse jeito você poderá ganhar dinheiro e guardá-lo."

"Sim. Eu quero ter o meu próprio dinheiro. É por isso que pedi emprego à sua mãe."

Ela terminara a louça. Eu levei-a para meu quarto e pedi-lhe que tirasse a roupa.

"Toda?", perguntou-me, de olhos esbugalhados.

"Toda."

"E as suas?", ela perguntou, usando uma forma de se dirigir a iguais.

"Vou tirar a minha", disse.

Eu me senti terrivelmente jovem tirando minha saia do uniforme e esvaziando meus bolsos de troco, um lápis e um apontador.

Eu nunca havia visto uma mulher nua assim. Com Índia nós ficávamos debaixo dos lençóis. Tratava-se mais de uma experiência tátil do que visual.

Rani era magra e elástica. Mais magra do que eu poderia ter imaginado quando a vi semicoberta em seu sári. Eu pude ver o nó de cada vértebra em suas costas e o comprimento de cada costela lateral. Suas omoplatas projetavam-se vários centímetros para fora do corpo. Ela iria ficar linda em um vestido. Seus lábios, por outro lado, eram cheios. E seus seios eram perfeitos.

"Que tipo de coisas você gosta?", perguntei. Não tinha certeza se ela entenderia o que eu queria dizer. Meu híndi estava restrito a conversas comuns e definitivamente polidas.

"Em alguma você teve prazer com o seu marido?", perguntei, tentando ser precisa.

"Ele é um animal. Não se polua mencionando-o. As mulheres não devem ter prazer."

Eu desejava não ser jovem e inexperiente. Não fazia ideia do que fazer. Não havia meio de descobrir senão por tentativa e erro. E havia o terror de cometer erros. Gostaria de ter prestado mais atenção nos detalhes técnicos do livro de Vatsyayana.

Pouco antes de minha mãe chegar em casa, telefonei para Índia para pedir desculpa por não ter ido até lá. Estudei e jantei mais cedo e fui para a cama.

Na próxima vez que tivemos aula de EF, arrastei Sheela até a hípica.

"Estou usando calção hoje", disse ela.

"Por quê?"

"A sua saia não levanta quando você monta?"

"Sim. Eu uso calção. Mas não é porque minha saia levanta. Isso você pode dar um jeito ao colocar a saia com firmeza debaixo das pernas. O calção assegura que a sela não machuque a parte de dentro de suas coxas."

Os cavalos eram cuidados pelos rapazes *Sherpa* nepaleses. Nós os chamávamos a todos de *Bhaiyya*.

"Sameer *Bhaiyya*, hoje Sheela vai montar a Mina", disse eu.

"Ela já veio aqui antes? Ela já pagou a taxa de uso?", ele perguntou.

"Se alguém perguntar, diga apenas que eu disse que ela pode", respondi com grande autoridade.

Ele foi até ao bebedouro onde estavam os cavalos e levou a Mina e o Sugar pelas rédeas. Sameer *Bhaiyya* e eu pegamos na Mina e ajudamos Sheela a montá-la. Eu vi sua mão apoiar a coxa da Sheela e olhei-o novamente. Mas ele não estava prestando atenção na coxa dela. Ele estava preocupado se Sheela era capaz de lidar com o cavalo. Ele tinha uma mão no traseiro de Sheela e a outra segurava as rédeas. Eu montei o Sugar e peguei a lateral das rédeas da Mina. Ele mostrou à Sheela como segurar as rédeas e como parar o cavalo.

"Pronta?" perguntei, olhando-a.

Ela assentiu.

O suor escorria pelo rosto do Sameer *Bhaiyya*. Ele estava deixando uma novata montar a cavalo; seus pais não tinham assinado os formulários. Ele tinha deixado outro aluno assumir. Geralmente os *Sherpas* montavam com a gente até que soubéssemos o que estávamos fazendo.

"*Bhaiyya*, não se preocupe", eu disse em híndi.

Então partimos. Sugar era o tipo de cavalo que começa a trotar em segundos. E Mina, teimosa quando sozinha, facilmente o seguia. Eu desejava que fizessem o mesmo hoje. Nós andamos em círculo num picadeiro. Sugar e Mina trotaram lado a lado. Eu segurei as rédeas da Mina durante algumas voltas antes de as deixar e depois fiquei me virando de vez em quando para ver como Sheela estava se virando. Eu pude ver suas pernas apertando fortemente o cavalo. Ela estava segurando a sela com uma das mãos e as rédeas com a outra.

"Não fique na sela assim. Solte-a. Relaxe e deixe seu corpo se mover com o cavalo."

"Estou tentando."

Sugar estava galopando sem fôlego e Mina seguia-o a seu lado. Os dois resfolegavam, tartamudeavam e emitiam sons. Sheela largou a sela. Pude ver Sameer *Bhaiyya* se virando no centro de nosso grande círculo de modo que pudesse ficar de olho em nós.

"Você está gostando?", perguntei-lhe.

"Sim, isto é o máximo", disse ela.

"Ótimo."

"Você é o máximo, Anamika", disse ela.

Eu ri para mim mesma. Senti as rédeas do Sugar nas minhas mãos e um sentimento de controle. Se você é capaz de andar a trinta quilômetros por hora sobre um cavalo e manter o controle, você pode andar uns centímetros por minuto com uma garota e ficar no controle, pensei para comigo.

Os cavalos estavam suando profusamente. Eu reduzi o trote do Sugar e Mina me seguiu. Por fim eles pararam. Eu desci do Sugar e acarinhei-o na cabeça. Sameer *Bhaiyya* era todo sorrisos.

"Eu a ajudo", disse-lhe conforme ele caminhava na direção da Mina.

Sheela passou uma das pernas pela frente da sela. Pude ver que ela se desequilibrou. Levantei as mãos e ela desceu do cavalo firmemente amparada pelas minhas mãos. Nós acariciamos a Mina.

"Sameer *Bhaiyya*, eu acho que nós devíamos pedir à Sheela que faça continência ao cavalo" disse eu.

"Ela nem mesmo sabe como subir e descer. Como é que ela se equilibrará?" ele perguntou.

"Ela vai conseguir."

"Eu consigo", Sheela disse-lhe convincentemente em híndi. Depois ela voltou-se para mim e pediu, "O que tenho que fazer?"

"Nós tiramos a sela, você monta no costado do Sugar sem sapatos ou meias, fica em pé sobre as costas dele e deixa seus braços caírem ao lado do corpo e depois levanta o braço direito em continência".

"Meu Deus!"

"Se eu sou capaz de fazer isso, você também é", disse eu.

"Você acha mesmo?"

"Claro", disse.

Sameer *Bhaiyya* parecia tenso de novo. O *Sherpa* instrutor *Bhaiyya* não me deixara fazer isso até que eu já tivesse seis meses de experiência sobre um cavalo. Mas ele concordou e tirou a sela de Sugar. Ficou entendido que teria que ser Sugar, que era o mais cooperativo e gentil dos cavalos. Se Sheela caísse, Sugar não daria solavancos.

"Tire seus sapatos e meias", disse a Sheela enquanto Sameer *Bhaiyya* desatava a cinta na barriga de Sugar.

Seus pés eram pequenos e brancos. Eram bem cuidados.

"Primeiro nós vamos ensiná-la a sentar sobre o cavalo", Sameer *Bhaiyya* disse-lhe em híndi.

Ela assentiu.

Sem sela, as costas dos cavalos são lisas e escorregadias. Foi uma façanha apenas conseguir colocá-la lá em cima. Uma vez firmemente sentada no Sugar, nós pedimos-lhe que se erguesse lentamente. Sameer *Bhaiyya* e eu ficamos um de cada lado. Nós sustentamos as pernas dela e seguramos as mãos. Eu acho que estava segurando a perna dela, mas estava totalmente focada em mantê-la equilibrada. Seu pé escapou e ela caiu sobre as costas de Sugar.

"Opa", ela gritou.

"Não, tudo bem, tente novamente. Você não vai se machucar. Nós estamos os dois aqui. Não é tão alto assim."

Ela tentou de novo. Dessa vez conseguiu. Seus calcanhares pressionavam a coluna de Sugar, e seus dedos dos pés abraçavam as costas dele. Nós a soltamos, mas ficamos do lado.

"Agora faça continência", Sameer *Bhaiyya* disse com entusiasmo.

Eu não a vi levar a palma à testa nem o polegar se virar para cima. Olhei suas pernas e vi seu calção. Ela estava grudada à pele onde suas pernas se juntavam e parecia papel celofane transparente.

"Excelente", Sameer *Bhaiyya* disse batendo palmas, seus olhos nepaleses brilhando de alegria.

Nós a ajudamos a descer e eu fiquei imaginado como me tornara mais depravada do que os *Sherpas* de vinte e um anos que tinham sido criados nas montanhas.

"Obrigada por me trazer para montar", disse Sheela enquanto caminhávamos de volta para a sala de aula.

Assenti. Minha mente estava em outro lugar, pesando os prós e os contras de ter mais uma relação, com alguém de minha idade, uma garota sem marido ou filho. Uma garota que não era nem empregada nem mais velha. Alguém que era mais ou menos minha igual.

"Quando você subiu naquele cavalo, olhei para cima e vi seu calção", falei, decidindo-me quanto à questão.

A caminho de casa, no ônibus, decidi que três era o número certo. Com dois relacionamentos estava-se dividido entre duas escolhas simples. Havia algo linear demais nisso. Estava lendo um livro popular sobre a teoria do caos, que dizia que o três implicava o caos. Queria o caos porque então eu poderia criar os meus próprios padrões com ele. Eu vi os lindos diagramas fractais no livro e pude ver Sheela, Índia e Rani dentro de um desses diagramas, tornando-se cada vez menores, o padrão repetindo-se sem fim. Fechei o livro com a certeza de que estava fazendo a coisa certa com minha vida. O caos era a Física moderna, era a ciência atual.

V
Todos os homens são iguais

Délhi é uma cidade escura. O céu vespertino pesa de tanta poeira. Fumaça equivalente a vinte cigarros por dia, que queimam seus pulmões diariamente. À noite o ar é denso – não se vê nada. Isso acontece na surdina. Pessoas são mortas. Seus gritos não são ouvidos. Se for inverno, as manhãs ficam cobertas de neblina, os cadáveres são encontrados apenas depois que a névoa se ergue, lá pelas dez. As mulheres são estupradas nos estacionamentos de cinemas, frequentemente por vários homens numa mesma noite. Elas recolhem suas *dupattas*[9] amassadas e vão para casa para evitar escândalo público. A criminalidade em Délhi, todo mundo se queixa, piorou. Isso não é verdade. Em Délhi nada muda.

Quando eu tinha sete anos havia pavor de sequestro. Crianças eram furtadas e grandes quantias de dinheiro eram exigidas pelo resgate. Se os pais não pagassem, então a orelha do filho ou seu dedinho chegava numa encomenda dias mais tarde. Fui avisada para não falar com nenhum estranho. Não tardou muito e não pude mais sair de casa a menos que acompanhada de um

9 *Dupatta* é um cachecol. (N.T.)

membro adulto da família. Se me queixasse de ficar trancafiada em casa, meus pais simplesmente me levavam para onde quer que fossem. Desenvolvi uma predileção por pessoas com três vezes a minha idade. Por adultos que eram amigos de meus pais.

Depois de alguns anos o sequestro de crianças diminuiu. As pessoas tornaram-se menos paranoicas a respeito de seus filhos. Foi-me permitido andar de bicicleta durante o dia. Eu comemorei pedalando nos fins de semana. Nunca notei que a cidade estava poluída, escurecendo meus pulmões, infestando meus brônquios.

A escola já era uma parte importante de minha vida, inclusive para minha vida social. Depois que decidi acrescentar Sheela à minha lista de amantes, comecei a trabalhar na direção de minha meta. Eu usaria minha reputação acadêmica juntamente com minha autoridade oficial para concluir meu projeto. Decidi oferecer-lhe ajuda em Matemática e Física. Seria fácil dar essa desculpa a meus pais, uma vez que eles sabiam que às vezes os alunos mais adiantados ficavam na escola depois das aulas para realizar atividades extracurriculares. Depois das aulas convencionais, Sheela e eu podíamos ficar com a sala de aula só para nós.

"Você vai mesmo me ensinar? Eu não entendo uma só palavra do que o professor Garg diz em sala", disse ela depois de descobrir, na terça, que tinha errado tudo no teste do dia anterior, de novo.

"Claro. Vai ser bom para nós duas. Passarei a entender as coisas melhor também."

"Tudo bem."

"Amanhã, então?", perguntei.

"Vou perguntar a meus pais e te ligo em casa para confirmar."

"Liga lá pelas nove. E diga a seus pais que temos que praticar para o Dia do Esporte."

"Certo", disse ela, piscando. Assim que alguém passa a mentir por sua causa, sua ligação com ela ganha um leve toque de escuridão do submundo. Coisas que antes eram impossíveis tornam-se possíveis. Se Sheela desse desculpas, ela automaticamente sentiria que o que estava acontecendo era errado, e se ela sentisse que era errado, ela faria algo errado para encobrir isso. Não que eu pensasse que algo era errado. Mas ela pensava. E o que ela pensava era tudo o que importava.

No ônibus a caminho de casa, tirei meu diário da mochila. Ele tinha uma capa de plástico azul com o lema da escola gravado nela. No diário nós escrevíamos a data e depois a tarefa para casa dada naquele dia. Escrevi Sheela como minha tarefa de casa para o dia seguinte.

Também pensei em Rani e em Índia. Eu me dei conta de que com três amantes, eu precisava seguir uma série de regras. Seria errado conceder a cada uma de minhas amantes mais tempo do que às outras. Se visse as três com igualdade de tempo, isso seria legal. De acordo com os mitos antigos, quando Kunti ouviu de Arjuna que ele tinha trazido algo para casa, ela dizia simplesmente: "Reparta igualmente com seus irmãos". E Draupadi, a noiva que ele tinha recebido por ganhar o torneio de arco e flecha, tornou-se esposa dos cinco irmãos *Pandavas*. Eles estabeleceram regras sobre como dividi-la. Todos a teriam igualmente, e ela não deveria ser perturbada se estivesse com um deles.

Quando cheguei em casa, Rani estava agachada na porta de entrada, me esperando.

"O que houve? Como você chegou tão cedo?", perguntei. Ela parecia mortalmente doente.

"Ele me bateu, patroinha", disse ela e caiu no choro.

Cheguei mais perto dela e enfiei o braço sob os dela. Ela gemeu.

"Dói muito", disse ela.

Tirei as chaves do bolso de minha saia, e destranquei a porta. Escrupulosamente levei-a para meu quarto.

"Tire toda a roupa", disse-lhe, e comecei a tirar os sapatos de meu uniforme.

Rani tinha parado de chorar, mas seus olhos ainda estavam molhados. Ela estava tirando seu sári bem devagar. Seu *pallu*[10] caiu-lhe do ombro e eu vi equimoses em suas costas. Desabotoei

---

10 *Pallu* é a extremidade do sári, que é passada na frente do torso sobre o ombro. (N.T.)

minha saia da escola e deixei-a cair ao chão. Então, aproximei-me de Rani.

"Fique parada", disse-lhe eu.

Ela se livrou do sári meio solto e me olhou. Levantei-o do chão e passei a despi-la do resto. Então desabotoei a anágua de sua cintura e deixei-a cair ao chão.

Suas pernas estavam roxas. Havia hematomas e arranhões em suas coxas. Toquei levemente com meu dedo. "Ui", ela deixou escapar.

Ela ainda estava usando a blusa. Eu desabotoei-a e removi-a lentamente pelos braços, tomando cuidado para não lhe dobrar demais os braços. Eles tinham o mesmo aspecto hematomoso que as pernas. Vendo sua pele tão machucada, enchi-me de sentimentos que eu jamais tivera. Assassinos e carinhosos ao mesmo tempo.

"Deite-se", disse.

"Ali?", perguntou ela, movendo-se na direção de minha cama, seu rosto assumindo a aparência de empregada, de alguém que não pode ultrapassar limites.

"Ali", disse energicamente, em um tom usado para dar ordens.

Ela se deitou. Fui até o banheiro e peguei uma garrafa de antisséptico e algodão. Depois me sentei na borda da cama, seminua, e passei o líquido em seus hematomas.

"Você não vai voltar", disse-lhe eu.

"Ele vai me matar se eu não voltar."

Eu não pensara antes de falar. Não me cabia decidir se ela ficaria em nossa casa. Ademais, se ele a viesse buscar, poderia causar problemas. Minha mãe seria contra arriscar a ira de um trabalhador de uma construção. Toda a colônia de trabalhadores ficaria armada ali na porta de casa. Isso seria um tumulto. Délhi é doidinha por um tumulto.

"Eu vou matá-lo", respondi.

"Mas, *Babyji*, você é apenas uma criança", disse ela.

Eu não respondi. Minha amante achava que eu era uma criança? Eu me magoei. Continuei a lambuzar sua pele.

"Eu não quis dizer desse jeito, *Babyji*", disse ela depois de um tempinho.

"O que você quis dizer, então?", perguntei.

“Ele pode machucar você; ele é grandalhão; é um animal.”

“Ele sabe que você está aqui?”

“Não, ele não conhece sua casa. De qualquer maneira, ele está lá jogado no chão.”

“Quando isso aconteceu?”

“Ontem à noite. Eu não deixei ele me tocar quando ele chegou em casa. Depois de ter estado com você, eu não consegui. Disse que estava pensando em deixar a *jhuggi* e em viver aqui. Ele me bateu e bateu quando eu disse isso. Depois saiu e bebeu.”

“O que você fez?”

“A vizinha do lado me deixou entrar na casa dela e disse ao marido para ir dormir lá fora.”

Senti uma pontada de ciúme que outra pessoa a tivesse ajudado antes. Ao mesmo tempo senti gratidão em relação à mulher por ter estado lá. Queria ir até a favela e dar-lhe minha mesada como recompensa. Minha cabeça estava rachando. Será que eu estava realmente pensando em pagar às pessoas por sua bondade? Eram tantos a acreditar que qualquer coisa podia ser comprada. Eu os tinha desprezado toda a minha vida. Mas agora estava pensando como eles. O amor tinha me tirado do eixo.

“Você está bem, patroinha?”, ela perguntou, levantando a cabeça da cama. Eu me dei conta de que estivera cuidando dela do mesmo jeito que havia feito comigo também, quando massageara minhas pernas. Ela parecia à vontade em minha cama. A estranheza anterior se fora.

“Eu estou bem. Agradeço a Deus pela sua vizinha. Eu vou falar com minha mãe. Você ficará aqui.”

“Patroinha, tem certeza? Não quero lhe causar problemas.”

“Tenho certeza”, disse com confiança. Mas eu não tinha tanta certeza assim. Teria de convencer minha mãe totalmente. Teria que argumentar a favor dos direitos da mulher e ameaçar sair de casa se Rani não pudesse ficar. Tinha certeza que India nos acolheria. Olheiras profundas escureciam seu rosto.

“Você está muito cansada.”

“Eu não dormi ontem à noite.”

“Durma agora.”

“Tenho que lavar as panelas.”

"Não se preocupe com isso."

Rani subitamente ergueu-se sobre o cotovelo e disse: "Patroinha, que horas são? Sua mãe vai chegar a qualquer momento".

"Ela não chegará na próxima hora e meia; durma."

Cobri-a com um lençol fino e passei a mão em sua cabeça um tempinho. Quando ela adormeceu, beijei-a a testa e saí de mansinho do quarto. Fui até a cozinha e lavei a louça. Imaginei o que aconteceria quando minha mãe voltasse. Era um daqueles dias em que papai ia jogar cartas com seus colegas. Eu sabia que podia convencer minha mãe a deixar Rani passar a noite, mas também sabia que a longo prazo ela iria se render a meu pai.

Depois de lavar a louça, telefonei para Índia. "Rani foi espancada", disse.

Eu não queria chamá-la de empregada, embora Índia jamais me tivesse ouvido chamá-la de Rani antes. A ideia de pedir a Índia que ficasse com Rani se meus pais recusassem, era terrível de muitas maneiras, mas era melhor ela ter um teto sobre a cabeça na casa de Índia do que ter de voltar para sua *jhuggi*.

"Quem fez isso? O marido?", ela perguntou.

"É."

"O meu costumava me bater também. Ela deveria deixá-lo." Índia não me dissera nada sobre o marido antes.

"Espero que minha mãe a deixe ficar aqui."

"Ela vai ficar bem. Você vem hoje à noite?"

Hesitei um instante. Se Rani fosse passar a noite comigo, eu não poderia ir até a casa de Índia. Mas eu queria que ela ficasse tão inclinada a favor de Rani quanto possível, caso esta precisasse dela.

"Vou tentar, mas será um pouco arriscado. Meu pai talvez chegue em casa tarde."

"Não se arrisque."

"Não. Mesmo que não consiga hoje à noite, logo, logo irei."

"Escute, se essa empregada precisar de um lugar para ficar, eu cuido dela. Como é que ela trabalha?"

"Bem demais."

"Não se preocupe, então."

"Obrigada."

Voltei para a cozinha e pus água na chaleira para fazer chá. Coloquei duas xícaras numa bandeja, tirei um pacote de biscoitos, e levei tudo para meu quarto. Eu adorava o fato de nossos papéis estarem invertidos, de que, de repente, eu não era mais uma pirralha.

Quando acordei Rani, ela se ergueu de sobressalto e disse: "O que você está fazendo?".

"Fiz *chai*", disse.

Ela olhou a xícara com atenção, uma vez que só usara o copo que minha mãe lhe havia dado. Eu pensei que ela fosse protestar, mas disse: "Você é muito gentil comigo".

"Coma uns biscoitos", disse.

"Eles são gostosos?", ela perguntou. Ela tinha nos servido esses biscoitos muitas vezes, mas jamais comera um sequer. Ela pegou um e comeu-o. Depois outro. E mais outro.

"Você não comeu nada desde ontem à noite", observei.

"Não."

"Por que não me falou antes?"

"Eu não tinha fome. Eu me sentia mal."

"Você está se sentindo melhor agora?"

"Sim."

Quando terminamos nosso chá já estava na hora de minha mãe voltar. Rani levou as xícaras para a cozinha. Troquei de roupa e a segui. Ela lavou as xícaras e colocou uma de volta na prateleira, deixando a outra para secar. Ela secou também as panelas que eu tinha lavado e colocou-as no armário. Nós tínhamos voltado ao modo patrão-empregado sem dizer palavra.

Logo a campainha tocou.

"Senta lá na varanda. Vou trazê-la pra falar com você depois de conversar com ela", disse.

"Tudo bem."

Destranquei a porta para que minha mãe pudesse entrar.

"Mamãe, o marido da Rani bateu nela."

"Todas as mulheres têm que aguentar demais de seus homens."

"Ele deu-lhe uma surra. Se ela voltar, ele vai matá-la."

"Não, ele não irá matá-la. Só irá bater nela novamente."

"O que é que você está querendo dizer com só?" Eu não podia acreditar que minha mãe fosse tão insensível.

"Ela deveria deixá-lo. Ela ganha a vida. Se trabalhar em algumas outras casas, vai ganhar dinheiro suficiente." Minha mãe tinha ignorado a emoção em minha voz e não parava de falar.

"Nós podíamos deixá-la ficar aqui com a gente."

"Você sabe muito bem que não podemos. Não há espaço."

"Mãe, você sempre disse que seria ótimo ter uma empregada em tempo integral. Ela cozinhará de manhã e vai lavar toda a roupa."

"Até aí tudo bem, mas onde ela dormiria?"

"Ela pode dormir em qualquer lugar. Ela dormirá no chão da sala." Eu não queria ser a pessoa a sugerir que Rani dormisse em meu quarto.

"Você sabe que o papai não gosta que empregadas fiquem pela sala."

"Mãe, ela pode dormir no chão do meu quarto."

"Vai perturbar seus estudos."

"Não, não vai. Eu acho mais fácil estudar até mais tarde quando há mais alguém por perto."

"Nós podemos perguntar para seu pai", minha mãe disse.

"Claro que ele vai dizer não. Ele é homem, não irá entender."

"O que há com você? Está cheia de ideias esquisitas."

"Então, posso dizer-lhe que ela pode passar a noite aqui com a gente?"

"Onde ela está?"

"Na varanda."

"Deixe-me falar com ela."

Segui minha mãe até a varanda. Rani, que estivera agachada no chão, ergueu-se.

"*Namaste, Memsahib*"[11], disse ela.

---

11 *Namaste* é o modo formal de se cumprimentar as pessoas na Índia (com as mãos em prece junto ao peito e com uma ligeira inclinação da cabeça e da parte superior do corpo); significa "Eu faço reverência à divindade em ti". *Memsahib* é patrão. (N.T.)

"Ele te bateu muito?"

"Ele bateu-me nas pernas. Disse que queria quebrá-las; e ele machucou minhas costas."

"Deixe-me ver", minha mãe disse. Rani levantou o sári levemente para mostrar sua batata da perna.

"Deixe-me ver direito."

Ela levantou ainda mais seu sári.

"Você não foi ao médico?"

"Não."

Minha mãe me olhou e falou em híndi para que Rani pudesse entender: "Nós vamos levá-la ao médico e vamos comprar remédio para ela. Depois podemos comprar alguns *rotis* e *sabzi*[12] na quitanda da esquina para o jantar uma vez que não haverá tempo para cozinhar. Quero que vocês duas comam e vão para a cama antes que seu pai chegue à noite. Vou falar com ele de manhã. É melhor ela ficar no seu quarto hoje. Veremos o que se pode arranjar".

Nós saímos juntas de casa. Eu tinha medo que seu marido estivesse à espreita lá fora. Rani também parecia estar com medo.

"Qual o problema?", minha mãe perguntou, olhando para Rani.

"*Memsahib*, meu homem talvez venha atrás de mim. Isso é perigoso para vocês."

"Que bobagem! Eu chamaria a polícia. Ele não ousará levantar um dedo se estivermos com você."

Eu nunca vira esse lado de minha mãe. Nossas vidas eram relativamente protegidas e não havia necessidade de ela ser desafiada sobre seja lá o que fosse.

"A que tipo de médico devemos levá-la?", perguntei.

Havia uma dúzia de médicos em clínicas particulares noturnas em nosso bairro. A nossa, a do dr. Iyer, era cara. Meus pais não poderiam se dar ao luxo de ir vê-lo regularmente, mas eles recebiam reembolso do emprego pelas despesas médicas. Havia vários médicos mais baratos, mas nós não tínhamos certeza sobre quem era bom mesmo, uma vez que vários charlatães tinham montado clínicas.

12 *Sabzi* é um prato de verduras apimentadas. (N.T.)

"O doutor Iyer, claro. Nós sabemos que ele é confiável", minha mãe disse.

Não pude evitar a surpresa. Fiquei imaginando se conhecera minha mãe todos esses anos. Ela era durona, mas o sofrimento de Rani a tinha atingido.

Nós aguardamos o dr. Iyer na sala de espera. Rani ficou agachada no canto da sala.

"Você deve se sentar na cadeira quando não está bem", minha mãe disse-lhe em híndi.

Foi a nossa vez depois de quinze minutos. Geralmente eu ficava lá fora, mas minha mãe não disse nada quando entrei no consultório com as duas.

"O que posso fazer pela senhora?"

"Minha filha lhe contará a história inteira", minha mãe respondeu, me olhando.

Eu me senti mais nervosa de ter que falar ao dr. Iyer na frente de minha mãe do que ao me dirigir à assembleia da escola todas as manhãs na frente daqueles seis mil alunos. Ele me conhecia desde criança.

"Ela está só com hematomas ou houve também sangramento?"

Eu só tinha visto a pele arranhada, mas para ter certeza, traduzi a pergunta para Rani.

"Não. Sem sangue", disse ela em híndi.

"Nesse caso ela não precisa de uma injeção contra o tétano. Vamos dar-lhe um analgésico."

Ele geralmente nos dava uma prescrição e minha mãe e eu íamos a pé até a farmácia para fazer o remédio. Mas hoje o dr. Iyer foi até seu armário e olhou nos frascos atrás do vidro, esfregando as mãos. Depois de alguns segundos, ele abriu-o e pegou dois tubos de antissépticos.

"Diga-lhe que deve aplicar estes em sua pele. E aqui estão algumas drágeas para a dor", falou ele.

"Quanto lhe devo, doutor?", minha mãe perguntou quando terminamos.

"Por ela? Nada." Ele sorriu. Eu nunca o tinha visto sorrir daquele jeito. Ele havia sido meu médico desde que eu nascera, tinha me dado todas as vacinas no bumbum; chegara mesmo a me aplicar glicose lá em casa, quando fiquei desidratada. Nem uma vez sequer ele tinha deixado de lado sua aparência grave. Minha mãe não parecia achar nada estranho em modos dele. Ela sorriu de volta e disse: "Obrigada".

Assim que saímos, perguntei à minha mãe: "Por que ele não nos cobrou nada?"

"Todo mundo quer fazer uma boa ação."

"Por que ele sorriu daquele jeito?"

"Olha só para ela. Ela parece arrasada. Não há nada tão tocante quanto uma mulher que está sofrendo." Minha mãe terminou a frase abruptamente e sua face tomou uma feição que mostrou claramente que eu não deveria falar por algum tempo. Havia um sorrisinho se formando no canto de sua boca.

Eu tinha tomado consciência dos sentimentos de amor e luxúria apenas depois de conhecer Índia naquela reunião de pais e mestres. Depois disso o significado de *falta* tinha se revelado. Antes disso, ao ler a palavra em livros, eu só pudera imaginá-la. Com Rani e Índia, agora, senti-a em mim. O sofrimento e a beleza tinham tomado novos significados em minha vida. Délhi passou a estar plena de beleza pulsante quando a brisa soprava ou quando via uma flor desabrochada. Tudo ao meu redor me fazia pensar nas duas mulheres que eu amava. Sentia meu coração dolorido quando ficava ora com uma ora com outra. Se a leve luz amarela da nossa sala de jantar jogasse uma sombra com uma borda cortante, eu não podia deixar de pensar no amor. Do jeito que minha mãe tinha acabado de falar sobre Rani, eu imaginei se ela conhecia esses sentimentos também. Era possível que meus pais sentissem falta um do outro? Jamais notara indício algum disso. Depois que minha vida tinha alçado voo havia algumas semanas, presumira que minhas amantes e eu éramos as únicas pessoas no mundo que se sentiam como nós.

Minha mãe e Rani tinham acelerado o passo e estavam à minha frente. Elas entraram na rua do mercado. Apertei o passo para me aproximar delas. Fomos ao *dhabawalla* para pedir *rotis* quentes e *dal* e *sabzis*. O forno do *tandoor* do *dhabawalla* estava na nossa frente. Ele produzia um enorme calor; então virei-me de costas para ele e fiquei de frente para a parede. Ouvi minha mãe pagar pelo pedido e depois ouvi a voz de Índia dizendo: "Embrulhe três destes *rotis* macios, por favor".

Virei-me bruscamente. Não é que era mesmo ela? Ela me viu no instante em que a vi. Mesmo antes de ver-lhe o rosto, eu podia dizer que era ela pelo jeito que seu cabelo caía sobre seus ombros.

"Oi", dissemos em uníssono. Depois ruborizei. O que diria a minha mãe? Como é que eu conhecia uma mulher adulta do bairro?

Mas Índia tinha traquejo social para salvar a situação. Ela virou-se para minha mãe e disse: "Você deve ser a mãe de Anamika. Conheci-a na escola. Eu tinha ido até lá para matricular meu filho. Você deve ter um tremendo orgulho por ela ser Chefe dos Representantes de Classe, tão inteligente e madura".

"Sim, nós temos orgulho", disse minha mãe, olhando-me fixamente, sem se desconcertar.

Rani, que não entendia uma só palavra da conversa, no entanto, compreendeu que falavam de mim. Ela acrescentou duas palavrinhas em híndi: "Patroinha é o máximo".

Índia e minha mãe sorriram para ela e depois se olharam novamente.

"Acabamos de voltar do médico. O marido bateu nela", minha mãe disse a Índia.

"Todos os homens são iguais", Índia retrucou em inglês; depois acrescentou: "O meu era educado demais. Ele estudou na Escola Doon e na Santo Estêvão, e ainda assim me batia. Deixei-o".

Fiquei imaginando como minha mãe reagiria. Melhor ter ficado claro de cara que Índia era divorciada. Se minha mãe se importasse, ela poria termo imediato a toda relação ali mesmo, suspeitasse ela que como divorciada Índia estava caçando o marido de todo mundo.

"Eu acho que ela deveria deixá-lo também", minha mãe disse.

Índia mirou Rani longamente. Minha mãe olhou para Rani, e eu também. Estava escuro e as luzes da rua não iluminavam mais que luzes de velas. Na luz tremulante das sete da noite, Rani parecia alquebrada e bela. Queria levá-la embora dali e dizer a ela que não era bonito vê-la humilhada. Quando ela estava bem, era mais linda ainda.

"Posso ficar com ela, se vocês quiserem", disse Índia.

"Nós estamos pensando em ficar com ela. Anamika está bastante determinada. Falarei com meu marido."

Minha mãe parecia entusiasmada. Era como se as duas quisessem ser cavaleiros de armadura brilhante. Índia assentiu para minha mãe. Olhei para baixo. Eu temia que, se fizesse contato ocular com Índia, receberia um olhar ligeiramente desaprovador por meu entusiasmo por Rani.

"Bom, me contem. Posso dar-lhes meu número de telefone", disse Índia.

"Nós precisamos saber seu número de telefone de qualquer maneira. Gostaríamos de convidá-la para jantar", minha mãe retornou com afeto.

Ela olhou para mim e perguntou: "Anamika, você tem uma caneta? Podemos anotar o telefone dessa senhora". Minha mãe parecia constrangida por ter que chamá-la de "essa senhora".

Índia riu e disse: "Senhora Sharma, se eu não tivesse conhecido sua filha, não saberia seu nome também. Sou Tripta Adhikari".

"Eu não tenho caneta, diga-me qual é", disse, olhando-a nos olhos.

"Você lembrará?", minha mãe perguntou.

"Mãe!"

"Sua filha é brilhante", disse Índia. Fiquei imaginando se ela estava me gozando.

"Pare", disse. Usei o tom que usava quando falava a sós com ela. O tom de uma amante. Temi que minha mãe notasse. Já tinha sido um fora danado eu não ter chamado Índia de "Titia" pelo menos uma vez durante todo o episódio. Mas minha mãe não notou nada. Nós finalmente dissemos adeus e fomos embora.

Quando chegamos em casa fomos para a sala de jantar e nos sentamos para comer. Rani sentou-se de pernas cruzadas no chão e colocou os *rotis* em seu prato. Minha mãe e eu nos sentamos à mesa. Estávamos todas perdidas em nossos próprios mundos e não falamos muito. Enquanto comíamos houve uma queda da energia.

"Deixem que eu pego umas velas na cozinha", Rani disse imediatamente.

"Fique sentada aí. Não precisamos de luz", minha mãe respondeu.

Estava um breu só na sala de jantar. Desejei estar sentada no chão com Rani de modo a poder tocá-la. Deslizei até a borda da cadeira e esfreguei meu joelho em seu ombro.

"Está tão agradável, embora esteja calor", minha mãe disse.

"Sim", retorqui, sentindo uma gota de suor escorrendo de meu queixo.

"Eu realmente gostei daquela sua amiga, a senhora Adhikari."

"Minha amiga?", eu queria protestar para ficar fora disso.

"É você que a conhece."

"Você está certa. Ela é legal."

"Quando o papai sair para jogar cartas na semana que vem, nós poderíamos convidá-la para jantar."

"Por que quando o papai sair?"

"Eu só achei que seria mais divertido estarmos só nós, mulheres. Só é possível realmente ser amiga de mulheres. Amizade real com homens é difícil. Ademais, as línguas se soltam se um homem e uma mulher são amigos."

Eu grunhi. Por um lado, tendo três das mulheres que eu amava no mesmo cômodo seria demais; mas a ideia de minha mãe e Índia se tornarem íntimas me fez tremer.

O telefone tocou. Levei um tempão para chegar até ele sem esbarrar nos móveis, mas ainda estava tocando quando consegui.

"Achei que não fosse mais atender", Sheela disse.

A casa estava em silêncio e ela estava falando alto. Tinha certeza de que minha mãe podia ouvi-la. Cobri o receptor com a mão para abafar o som e respondi baixinho.

"Então você vai poder ficar para o treino do Dia do Esporte?"

"Sim."

"Ótimo."

"Meus pais querem saber se o ônibus escolar irá nos levar de volta." Sua voz denunciava que seus pais poderiam estar ouvindo.

"Claro que irá nos levar de volta para casa", disse em voz alta para que minha própria mãe ouvisse. Eu não tinha permissão de tomar condução pública, mas se ficássemos depois das aulas não teríamos escolha. Decidi por nós duas que aceitaríamos o risco de tomar um ônibus municipal.

"Vejo você amanhã, então", disse ela.

Depois que desliguei a força voltou. Eu pisquei.

"Acho que é melhor arrumar a mesa. Eu quero você em seu quarto e as duas dormindo quando o papai chegar em casa. Não quero discutir o assunto com ele até amanhã de manhã."

"Tudo bem, mamãe."

Depois eu disse em híndi, para que a Rani pudesse entender também: "Eu vou voltar tarde da escola amanhã. Os treinos do Dia do Esporte começaram".

"Sim, *Babyji*" disse Rani.

Minha mãe voltou-se para Rani e disse: "Vá se deitar no quarto da Baby. Eu lhe darei um de meus sáris velhos e uma blusa. Primeiro tome banho e depois se vista e vá se deitar".

"Sim, *Memsahib*. Posso tomar banho na varanda?"

Do mesmo modo que era fora de questão empregados comerem dos mesmos pratos usados pelas pessoas da casa, era impensável eles usarem os mesmos banheiros. Nós não tínhamos alojamentos para empregados, mas a varanda tinha um banheiro pequeno. A pia ficava para fora, exposta aos vizinhos e às pessoas que moravam no andar de cima.

"Hoje você pode usar o banheiro de Baby", minha mãe disse. "Você se importa?", minha mãe perguntou, olhando-me.

"De jeito nenhum", falei.

"Ótimo. Mostre-lhe seu banheiro e eu coloco meu sári lá na sua cama."

Levei Rani lá para o meu banheiro. Eu já tinha visto mulheres *jhuggi* se lavarem de manhã. Já que elas tinham que fazer isso em público, utilizando apenas uma torneira, elas jamais tiravam seus sáris.

"Como você está sozinha aqui, tire todas as suas roupas quando tomar banho", disse-lhe eu.

"Na minha vila nós tínhamos um banheiro dentro de casa, então eu sempre me banhava nua até me casar e vir para cá", disse Rani.

Eu disse-lhe como usar o xampu e mostrei-lhe minha loção.

"Tudo isso é chique demais para mim", Rani disse, usando a palavra inglesa *fancy*. Eu fiquei surpresa.

Depois que Rani tinha se banhado e se vestido, minha mãe veio até o meu quarto.

"Você é muito bonita. Não vai ter nenhuma dificuldade de encontrar outro homem. Eles irão se matar por alguém como você", minha mãe disse a ela.

"Quem precisa de homem, *Memsahib*?", Rani disse, me olhando. Então acrescentou: "Quando há gente como vocês", olhando para minha mãe.

"Olhe só para ela; ela está tão deslumbrante", minha mãe disse.

"É mesmo", falei, sentindo uma pontada de louca possessividade tomar conta de mim.

"Até sua amiga Tripta Adhikari é um tanto sexy", minha mãe disse. Eu temi que ela pudesse descobrir meus segredos ali mesmo quando vocalizava meus próprios pensamentos sobre Rani e Índia. Ela parecia saber. Ela se referira a Índia, primeiro como sra. Adhikari e agora pelo nome completo. Era enfático demais.

Eu não disse nada.

"Muito bem, Anamika, você está indo muito bem", comentou ela e deu umas palmadinhas em meu braço. Estaria sendo sarcástica?

"O que você está querendo dizer?"

"Você tem bom coração; a maioria das crianças são umas pestes. Elas tratam mal os empregados. Você mostrou gentileza. E está falando com adultos e causando boa impressão. Eu sempre soube que você é inteligente, mas está amadurecendo. Tenho orgulho de ter uma filha como você."

"Mamãe", disse, chegando-me a ela e abraçando-a.

Ela passou a mão em minha cabeça e disse: "Vá para a cama agora. Direi a seu pai que você está dormindo".

Eu tinha certeza, quando levei Rani, de que minha mãe iria achar um jeito de ficar com ela. Ela tinha se tornado minha cúmplice nisso. Quando uma mulher decide fazer algo, ela consegue. Rani e eu trancamos a porta por dentro e depois fizemos uma cama para ela no chão. Depois, eu peguei em sua mão e levei-a para minha cama. Desliguei a luz e puxei sua cabeça para a dobra de meu braço, onde ela dormiu até de manhã.

VI
A RAINHA DO MEU CORAÇÃO

Eu tinha colocado o despertador para tocar quinze minutos antes de minha mãe acordar. Quando ele tocou, eu acordei Rani.

"Você precisa voltar para o chão, antes que minha mãe entre."

Ela não estava totalmente acordada, mas se levantou e foi para sua cama no chão. Eu destranquei a porta e fui escovar os dentes. Minha mãe logo entrou com meu chá.

"Acabei de falar com o papai. Ele disse que ela pode ficar aqui uns dias até pensarmos numa ideia melhor."

"Obrigada, mamãe." Eu me inclinei para a frente e beijei-a no rosto. Eu não era fisicamente afetiva com meus pais, mas agora, depois de Índia e Rani, parecia natural tocar e beijar. Minha mãe me surpreendeu ao retribuir meu beijo.

No ônibus escolar de manhã, me senti tomada de espanto. Eu jamais pensara em minha mãe como uma pessoa independente. Como alguém mais do que uma mulher que tinha dado à luz a mim e cuidado de minhas necessidades. Quando eu estava na quarta série, a professora de arte tinha-nos pedido para desenhar cartões pelo Dia das Mães. Eu escrevi no meu: "Mamãe, você é a rainha do meu coração".

Quando estava no jardim-de-infância, eu chorava durante todo o trajeto para a escola até que minha mãe me abraçasse e me prometesse voltar à tarde. A caminho de casa, eu lhe contava como eu me divertira. Na manhã seguinte, quando eu chorava de novo ao me separar dela, ela me recordava que eu me divertira muito na escola, mas a dor de me separar de minha mãe apagava todas as lembranças do dia anterior. À tarde, eu sempre lhe dizia: "Eu não vou chorar amanhã porque agora eu já sou crescida." Em algum momento eu deixara de ser apegada a ela. A intensidade de meu amor por ela me atingiu.

Eu me senti particularmente eficiente naquela manhã. Fui direto para o espaço da assembleia e fiz anúncios controvertidos pelo auto-falante. A assembleia terminou rapidamente. A garotada tinha dez minutos para vaguear antes de ir para a classe. Desci do tablado e me dirigi para onde meus colegas de classe se encontravam. Vidur, Sheela e alguns outros estavam contando piadas. Vidur me olhou e disse: "O que há hoje, capitão?; Você tem andado animada!".

"Estou de bom humor, Vidur", disse. Recusei-me a deixar que seu papo me atingisse.

"Conte para a gente", pediu ele.

"Nada, só olhando a vida de frente", falei, dando uma olhadinha na Sheela.

"A vida é cansativa demais. Você vai para a escola. Arruma emprego. Você dá duro. Tem filhos. Eles se viram e o deixam quando você mais precisa deles. Você morre", disse Vidur.

"A vida é curta. Agarre-a e curta o momento. Não há nada além disso", falei, esperando que Sheela estivesse escutando. Eu não queria que ela tivesse dúvidas à tarde.

"Escutem só, escutem só. Nossa filósofa sufi", brincou Vidur.

"Dentre todos, eu sou como Bhagwan Rajneesh", disse.

"Por quê? Você acredita em amor livre e sexo?", Vidur perguntou.

"Se só há apenas o momento, nos restam quatro coisas de valor", respondi. Sheela estava escutando com atenção, como se eu estivesse prestes a revelar a Verdade. Então, parei.

"Que quatro coisas são essas?", ela perguntou impacientemente.

"Comida, sono, sexo e Matemática."

"Isso é pretensioso demais", disse Vidur.

"É verdade. São todos prazeres do momento. E a Matemática pode ser estendida à Física, à música, à leitura, a qualquer atividade intelectual que o absorva".

Sheela olhou para Vidur para ver se ele achava que eu estava certa.

"É algo a se pensar", Vidur conjecturou como um sábio.

"Mas sexo?", Sheela disse baixinho, olhando para Vidur e depois para mim. Eu não queria ser a voz da verdade, convencendo-a. Eu sabia que teria mais peso se Vidur entrasse com o argumento. Ela sabia que eu tinha as minhas próprias ideias.

"Bom, o sexo é o momento máximo, gente", disse Vidur, como se ele soubesse.

"Eu não sei, não. Você sabe algo sobre isso, Vidur?", ela perguntou-lhe impudentemente. Eu fiquei com ciúme por ela ter curiosidade sobre ele.

"Eu estou me preservando para minha esposa", ele falou, enrubescendo.

O sinal tocou chamando-nos para o primeiro período e lá fomos nós para a classe. A manhã passou sem maiores acontecimentos. Depois do intervalo, nós tivemos duas aulas seguidas de Matemática. Nossa professora, a professora Pillai, era a única que não estava nem aí se sentássemos ou não na carteira marcada. Vidur e eu dificilmente mudávamos de lugar, mas hoje ele me perguntou se Mohit podia se sentar a seu lado.

"Só se eu puder me sentar com a Sheela", negociei.

"Mas Mohit não se senta ao lado dela. Ele se senta ao lado de Ashima."

"Então você se vira para reagrupar o pessoal."

"Você é complicada", Vidur grunhiu.

Então ele falou com o garoto que se sentava do lado da Sheela e o convenceu a mudar para o lado de Ashima. Eu peguei meu estojo, régua, transferidor, compasso e caderno e mudei-me para a carteira de Sheela. A sra. Pillai era tanto a menos como a mais rígida das professoras que tínhamos. Ela jamais insistia que tomássemos notas ou desenhássemos em nossos cadernos. Ela não estava nem aí para o que fazíamos desde que soubéssemos nossas lições. Quem ia mal na prova era repreendido. A professora Pillai até praguejava em público. Um dia alguém ouviu-a murmurar a palavra "foda" na classe.

"Eu odeio essa mulher", Sheela disse assim que me sentei a seu lado.

"Por quê? Ela é ótima professora."

"Ela é melhor que os outros, mas ela é uma cadela."

"Não, não é. Eu jamais a ouvi falar mal de alguém."

"Ela acha que é boa demais para nós. Sua atitude é tão arrogante e rude."

"Pelo menos ela não é mais santa que Deus como a professora Thaityallam, constantemente dando show."

"Lá isso é verdade."

A professora Pillai entrou na sala. Todos nós nos levantamos. "Sentem-se, por favor. Hoje não vou aguentar ouvir vocês todos gemendo: 'Bom dia, senhora professora', nessa voz cantada de vocês".

Alguns alunos deram risada. Sheela arrebitou seu narizinho. A professora Pillai estava usando seu sári amarelo-pálido. Ficava-lhe superbem. Ela era excepcionalmente clara para uma indiana, especialmente uma do sul. Eu fiquei imaginando se Sheela estava competindo com a professora Pillai porque ela também era clara. Todos os anúncios "Procura-se noiva" nos jornais de domingo procuravam "mulheres claras e domesticadas".

O amarelo-limão-pálido fazia a professora Pilai parecer muito delicada. Ela era a única professora da escola que tinha realmente coragem. Sua dureza e sua fragilidade eram uma mistura potente. Ela nunca falava por rodeios. A gente tinha que admirá-la.

Eu amava Matemática. Ao contrário da Física, que me dava dor de cabeça, e que depois arruinou minha vida ao colocar ideias em minha cabeça, a Matemática era abstrata. Eu sempre me envolvera na resolução de problemas e adorava o desafio. Tive uma visão de mim mesma lá em casa resolvendo problemas no meio da noite, enquanto Rani tentava me levar para a cama. Eu sabia que era capaz de resistir a ela se estivesse mexendo com a teoria da probabilidade. A Matemática fazia sentir-me segura. Se queria fugir às tentações e me escudar de me magoar, eu estudava Matemática. Nós já estávamos na segunda aula da professora Pillai quando o bedel da escola, que trabalhava com o diretor, bateu à porta.

"Sim, *Bahadur*?", a professora Pillai perguntou. Todo mundo o chamava pelo nome genérico que se usava para os nepaleses e *paharis*.

"O *Sahib* diretor e a senhora orientadora estão chamando 'baby' Anamika", disse ele. Os empregados da quarta série da escola – como o *bahadur* e as senhoras responsáveis por manter os banheiros limpos – geralmente chamavam as garotas de "baby" como Rani fazia.

"Ela não é mais neném, *Bahadur*", disse a sra. Pillai de rosto fechado. Então ela olhou para mim e disse: "Vá. Estão chamando você."

O jeito que ela falou "estão chamando você" fez sentir-me febril. Eu fiquei constrangida.

"Claro", disse, levantando-me. Caminhei até a sala do diretor, imaginando o que podia ter acontecido. A orientadora da escola e o diretor estavam papeando quando entrei. Meu coração batia rápido. Fiquei imaginando se alguém sabia sobre o que eu estava a fim de fazer.

"Ah! Aí está você, Anamika", disse o diretor, seu rosto simpático e afetuoso. "Estávamos pensando em ter uma conversa com as turmas do ensino médio sobre sexo", disse ele.

"O quê, senhor?", disse, chocada.

"Vamos trazer um médico que falará às crianças e responderá às questões", ele elaborou.

"Essa é uma ótima ideia, senhor."

"Nós deveríamos ter um médico para os meninos e uma médica para as meninas, senhor", ponderou a orientadora.

"Mas, senhora Shah, o perigo está em os garotos e as garotas fazerem sexo juntos, não em aprenderem juntos. Vocês não acham que eles deveriam estar todos na mesma sala? Nós somos uma escola progressista. Não queremos ser puritanos no que tange a essa questão. O que você acha, Anamika?"

Eu imaginei-me sentada entre Vidur e Sheela quando o médico falasse sobre sexo. Eu gostava da ideia. Eu poderia trocar bilhetes com Vidur sobre isso. Eu queria descobrir que tipos de coisa ele pensava sobre garotas. Será que ele já tentara olhar as calcinhas de Sheela?

"Eu concordo, senhor. Se as crianças vão ouvir sobre o assunto, elas devem ser tratadas como adultos e deve ser permitido que estejam na mesma sala." Eu tinha usado, propositadamente, a palavra "crianças" para me referir a meus colegas de classe.

"Senhor, eu sou radicalmente contra isso. Haverá muita oposição dos pais, se eles descobrirem que isso vai acontecer em um ambiente misto", a orientadora disse, olhando o diretor.

"Mas senhora Shah, a escola é mista."

"Senhor, as crianças se sentirão totalmente constrangidas e inibidas para fazer perguntas."

Fiquei imaginando quem faria perguntas. Eu ia ficar calada e observaria as garotas conforme a aula fosse acontecendo. Eu saberia quanto sabiam e fizeram na medida em que suas pupilas se dilatassem e os cantos da boca virassem sorrisinho. Eu teria uma vantagem permanente sobre os garotos: seria a única a saber o que fazia enrubescer as garotas.

"Muito bem, senhora Shah, a senhora é a orientadora. Este é o seu domínio, e eu não quero interferir. Mas a senhora sabe o que pensamos". Ele me olhou quando disse "nós".

Os professores e os empregados da escola me tratavam mais ou menos como uma adulta desde que me tinham investido com a autoridade de Chefe dos Representantes de Classe. Mas toda vez que algo assim acontecia, quando um adulto se opunha a outro e pretendia juntar forças comigo, eu ainda me regozijava interiormente.

"Senhor, devo organizar o auditório para essa atividade na sexta-feira?", perguntei.

"Para as meninas. Os meninos podem tê-la no campo de esportes", a sra. Shah respondeu.

Voltei para a classe a tempo de pegar o fim da aula da sra. Pillai. Abri a porta e entrei. Com a sra. Thaityallam teria sido necessário pedir: "Senhora, posso entrar?". Quando era obrigada a recorrer a tais frescuras, eu me cansava e me sentia como se estivesse atuando, sendo algo que não era. Sentei-me ao lado da

Sheela. A sra. Pillai terminou sua frase, olhou-me e disse: “Tudo bem?”.

Assenti. Sheela deu-me uma olhada torpe.

“Qual o negócio?”, eu escrevi em meu caderno e mostrei-o a Sheela.

“Ela quer ter um caso com você”, Sheela garatujou de volta.

“Você está louca. Ela não dá a mínima para mim. Você quer ter um caso comigo, por isso você está tão paranoica”, escrevi.

Quando a aula terminou, a sra. Pillai saiu e várias crianças foram até o bebedouro ou ao banheiro. Eu deslizei minha mão debaixo da carteira de madeira e apertei a coxa de Sheela. Ela enrubesceu.

“Eu gostei de olhar debaixo de sua saia”, disse. Ela ruborizou ainda mais. Eu me levantei e fui para o meu lugar ao lado de Vidur. “Ei, não conte para ninguém, mas eles vão falar para a gente sobre sexo na sexta”, eu disse-lhe.

“Jura?”

“Garotos e garotas serão separados.”

“Não tem graça!”

“Por que você quis se sentar ao lado de Mohit?”, perguntei.

“Não conte para ninguém”, disse ele, baixando a voz.

“Prometo que não.”

“Ele tem uma revista pornográfica alemã.”

“Vidur, eu achei que você fosse diferente.”

“Eu sou. Não há nada de mal em olhar. É um tanto nojento.”

“Posso olhar?”

“Você vai vomitar.”

“Você está com ela?”

“Claro. Tenho que devolvê-la no final do dia. Você pode vê-la se quiser.”

A aula seguinte era de Geografia. Sem chance de olhar a revista durante a aula da professora Thaityallam. Mas depois tínhamos Física. Passada a prova, o professor Garg estava em cima de todo mundo menos de mim. Então abri a revista dentro de meu livro de Física e coloquei ambos na prateleira debaixo de minha carteira e dei uma boa olhada. Havia uma sequência de motocicleta com um cara pelado na moto e umas mulheres vestidas de couro vergadas sobre ele. No todo havia muitas fotos de sexo que eram nojentas. Eu esperava que a revista estivesse cheia de garotas lindas, peladas. Havia poucas dessas. A maioria delas tinha peitos grandes demais e pareciam feitas de cera. Rani, Índia e Sheela eram muito superiores a elas. Eu gostaria que as legendas fossem em inglês. Eu não sabia nenhuma língua estrangeira.

O professor Garg tinha voltado as costas para nós e estava desenhando na lousa. Ele estava tentando descrever a função de onda de Schrödinger mais uma vez e estava desenhando uma caixa com um gato dentro. Ele ficou muito envolvido desenhando o gato. Vidur se voltou para me olhar. Eu ainda estava vendo as fotos, mas pude sentir seus olhos sobre mim. Meu rosto ficou quente. Vidur parou de me olhar. Eu não queria que Vidur ficasse com ideias esquisitas a meu respeito. Olhei para ele por um segundo, para ver se conseguia me imaginar com ele. O pensamento fez meu estômago se revirar. Havia pelos pretos grossos nas costas de suas mãos.

Eu enrolei a revista e me virei para colocá-la na minha mochila. Conforme me virei vi Chakra Dev, aquele que já se barbeava, me fitando. Pelo seu olhar eu podia dizer que ele sabia que eu estava com a revista. O cara alemão pelado na revista, de repente, tinha a cara de Chakra Dev. Ou talvez Chakra Dev tivesse o corpo dele. Eu senti um tremor percorrer meu corpo e quis vomitar. Ele sorriu afetadamente.

vii
Cheapads

Depois que o sinal para o último período tocou, Sheela e eu fomos até o campo na parte de trás da escola, onde a assembleia acontecia todas as manhãs. Eu não queria que nossos amigos nos vissem juntas não entrando no ônibus escolar.

Depois de quinze minutos no campo, nós voltamos para o prédio vazio e nos sentamos numa carteira no fundo da classe. Eu tranquei a porta da sala caso as moças da limpeza da quarta série ainda estivessem por lá.

"Tire seu livro e vamos começar pelo primeiro capítulo", disse.

"Você vai realmente me ensinar? Eu só queria sentar com você e bater papo."

"Vamos estudar um pouco; depois falamos o quanto você quiser", propus.

A Física era como fazer amor. Você não podia simplesmente se atirar nela. Tinha que começar lentamente e do início. Sheela não tinha acompanhado nem mesmo o primeiro capítulo. Não tinha como eu começar a ensinar-lhe sobre Física Quântica. Sentamos lá e ficamos batalhando a introdução. Eu certifiquei-me de que ela tinha compreendido a matéria do ano anterior e recapitulamos tudo que ela deveria saber até agora.

"Chega; estou cheia", disse ela depois de uma hora.

"Você entendeu tudo?"

"Claro", ela acenou com a cabeça; mas eu não tinha certeza.

"Ótimo."

"Talvez eu devesse te pagar?"

"Pagar-me? Eu fiz isso porque você é minha amiga", retorqui, ofendida. Ela estava sorrindo. "Bom, como você me pagaria?", perguntei, para esquentar o clima.

"Na moeda dos beijos."

Eu dei de ombros. Sheela pensou que isso fosse um tipo de jogo. Eu não queria jogar com ela. Eu queria a coisa mesma, como tinha com Rani e Índia. Eu queria um caso.

"Por favor, eu nunca beijei antes", disse ela.

"Por que eu?"

"Porque confio em você. Você não dirá para ninguém."

"Há outros que não dirão. Vidur não dirá". Se eu cedesse facilmente, ela não iria apreciar tanto assim. Ademais, eu queria que Sheela me amasse.

"Mas eu não sinto nenhuma atração por Vidur", argumentou ela.

Eu reprimi um sorriso.

"Bom, eu não sei nada sobre beijar", falei e coloquei meu dedo indicador no bolso de sua blusa branca do uniforme escolar. A blusa era fina.

"Anamika, o que você está fazendo?", perguntou ela, sua voz beirando o pânico.

Eu olhei-a direto nos olhos como se meu dedo não tivesse nada a ver comigo.

"Olhe bem, nós vamos fazer o negócio ou não?", perguntei.

"Fazer o quê?", perguntou ela, mordendo o lábio inferior nervosamente.

"Tudo."

"Eu não vou fazer isso. De qualquer maneira, duas mulheres não podem fazê-lo."

Ela agarrou meu pulso e tirou meu dedo de seu bolso. Depois, soltou meu pulso com uma puxada forte. Minha mão caiu do meu lado.

"Muito bem, então", falei, ficando brava. O que importava se uma pirralha de dezesseis anos estava me rejeitando? Eu tinha Índia e Rani.

"Você está brava", disse ela.

"De jeito nenhum", falei calmamente. Eu não ia dividir meus verdadeiros sentimentos com ela depois disso. Estava na hora de ir para casa, para alguém que estava me esperando.

"Você tem certeza?"

"Claro", disse; depois acrescentei: "Vamos indo".

Caminhamos em silêncio até o portão da frente da escola para tomar um ônibus municipal. Meus pais tinham me dito que eu não podia tomar um desses até que estivesse na faculdade. Eu não estava familiarizada com o sistema de ônibus. Achava que bastava a gente entrar na fila lá no ponto e perguntar para alguém.

Délhi é o tipo de cidade que é – lenta, morta, encoberta e poluída – porque não possui um sistema de transporte público decente. A qualquer hora do dia dá para ver os ônibus totalmente lotados, quase tombando quando dobram a esquina. As pessoas ficam penduradas nas entradas da frente e de trás uma vez que as portas em geral já caíram. A Empresa de Transportes de Délhi tem tido prejuízos desde o início de suas operações e queixa-se de que a maioria dos usuários não paga passagem.

Conforme caminhávamos para o ponto de ônibus, um silêncio desconfortável se formou entre nós. Eu me senti tola e imatura por ter me chateado. Havia dois operários da construção civil esperando no ponto. Eles olharam para a Sheela de cima a baixo. Olharam suas pernas. Não que muitas mulheres expusessem suas pernas, para começo de conversa, mas a saia de Sheela estava bem curta. Eu vi a malícia em seus olhos. Meu sangue ferveu. Sheela tinha assumido uma personalidade completamente diferente. Seu rosto tinha se contraído e ela fitava o solo; ela sabia que os caras a estavam olhando. Eu queria ser homem naquela hora para protegê-la, mas eu era mais baixa, mais magra e mais fraca do que ela.

"Onde podemos pegar ônibus para a Zona Sul de Délhi?", eu perguntei para eles em híndi.

Eles levantaram os olhos das pernas de Sheela e pousaram-nos sobre mim, com a mesma lascívia pesada. Eu usava óculos e era relativamente escura. Tinha cabelo curto, não era nem bonita nem feia e não tinha peito. Fiquei imaginando o que eles poderiam estar olhando.

"Depende quão ao sul querem ir", um deles respondeu com um sorriso sacana.

Eu dei-lhe uma olhada de tonta e disse: "Nós queremos ir para a área de Chirag Délhi". Eu não queria dar detalhes exatos para que bairro íamos.

"Você podem tomar o setenta e sete aqui."

"Obrigada", disse e virei-lhes as costas.

"Vamos para aquele lado e sentar", disse, sussurrando para Sheela. Foi um alívio saber que ela estava ali, que eu não estava sozinha com esses dois *cheapads* no ponto do ônibus.

Demos alguns passos e sentamo-nos numa projeção de concreto que era parte dos limites da escola. Fedia a urina.

"Você não está acostumada a isso, está?", disse Sheela.

"Acostumada a quê?", perguntei. Ela não poderia estar acostumada ao fedor acre.

"Todos estes homens na rua dando em cima de você", disse ela.

"Não."

"Sou seguida em toda parte. Eu pensava que estava fazendo algo errado. Mas agora já me acostumei. Fiquei menstruada há cinco anos. Então acho que amadureci mais depressa que o resto de vocês."

Eu olhei seu peito. Ela era bem dotada. E sempre fora, desde que me lembrava. Era estranho pensar que ela tinha se desenvolvido mais depressa do que eu em alguma área.

Um ônibus estava vindo em nossa direção. Eu me levantei para dar uma olhada no número. Não era o nosso. Os dois caras entraram no ônibus. Quando arrancou eles gritaram pela janela: "Tchau, gostosa".

Assim que partiram eu me levantei para me livrar do cheiro. A tarde fora uma decepção. Desde que eu pusera meu dedo no bolso da blusa de Sheela tudo tinha ido lentamente montanha abaixo. Nada mais era belo, e a dor aguda, agridoce, da ausência que eu me acostumara a sentir várias vezes por dia me escapava de modo absoluto.

Depois de um tempo vimos um setenta e sete se aproximar. Não mostrava sinais de diminuir a velocidade. Sheela e eu tivemos que acenar freneticamente. Eu já estava praticamente no meio da rua para acenar-lhe. Tivemos que correr até o ônibus e subir com ele em movimento, pois não chegou a parar. O ônibus estava lotado. Nós não conseguimos andar um centímetro sequer para comprar as passagens ou perguntar ao cobrador para onde o ônibus estava realmente indo. Gritando para ninguém em especial, eu perguntei se estávamos indo para a Zona Sul de Délhi. Um homem disse "sim" sem se voltar. Tivemos que segurar nos canos com força porque o ônibus estava balançando para cá e para lá. Toda vez que a superfície da rua era irregular, nós chegávamos a tirar os pés do assoalho. Eu vi o antebraço de Sheela esticado e teso. Suas mãos agarravam o cano de metal tão fortemente que seus nós dos dedos ficavam salientes.

Alguns minutos mais tarde o ônibus diminuiu a velocidade e três homens entraram atrás de nós. Eles simplesmente nos amassaram como se nós não existíssemos. Eu perdi Sheela de vista. Na verdade eu já não conseguia ver ninguém uma vez que todo o meu corpo, incluindo a cabeça, estava enfiado em um cara na minha frente. Eu mal conseguia respirar. O cheiro de suor enchia o ônibus. Minha mochila estava escorregando, e eu tinha que ficar levantando meu ombro até a orelha para evitar que a correia escorregasse.

"Você está bem?", gritei, esperando que Sheela me ouvisse. Minha cabeça se virou num ângulo estranho.

"Mais ou menos", ouvi-a gritar de volta.

Tentei me virar para vê-la. Só pude girar a cabeça uns vinte graus. Meu corpo estava preso em um ângulo estranho. Havia gente demais à nossa volta, e minha mochila tornava impossível qualquer manobra de minha parte. Senti um negócio pontudo raspar na parte de trás de minha coxa. Não podia imaginar o que fosse. Tentei me mexer. Então, de repente, eu senti a pele humana. Era a mão de um cara. Meu coração deu um pulo. Eu quis gritar, mas minha voz não saía. Tentei me virar um pouco mais para ver se podia fazer contato visual com Sheela, mas não conseguia vê-la nem pelo canto do olho.

A mão agora segurava a parte de cima de minha coxa e estava subindo. Virei meus pés e pernas uns centímetros no mínimo espaço que tinha, e a mão relaxou sua pegada por um segundo. Mal tinha acabado de me virar e ela meteu-se dentro de minha saia novamente, dessa feita a caminho da parte da frente de minha coxa. Eu senti meu rosto ferver. Quando o ônibus virou, Sheela voltou um pouco para meu campo de visão. Seu rosto estava enterrado em um pequeno espaço entre a viga de metal e as costas do assento. Algo parecia errado. Pude ver sua mão direita agarrada a sua mochila de modo tão firme que suas veias estavam saltadas. Meus olhos viajaram até mais embaixo. Sua saia estava toda levantada, e havia uma mão em seu bumbum. Eu podia ver o rosto do cara. Ninguém mais no ônibus podia ver o que estava acontecendo. Sua mão direita estava em sua braguilha. A mão sob a minha saia estava puxando o elástico de minha calcinha. Isso pôs fim a meu transe. Eu soltei um urro de gelar o sangue. As pessoas que estavam bem na nossa frente abriram espaço. Sheela virou seu rosto quando me ouviu gritar, e eu pude ver que estava molhado de lágrimas. O cara com a mão sob a minha saia tirou-a. Eu podia ver o antebraço do homem que estava apalpando Sheela. A mão dele esfregava a sua calcinha com rapidez. Os olhos estavam fechados e o rosto do rapaz, contorcido. Eu soltei o cano de metal no qual vinha segurando e baixei minha mão direita atingindo sua cabeça com toda a força que pude reunir. Ele deu um solavanco para trás e segurou no cano. Seus olhos se abriram. Ele parecia violento e sujo. Estava um tanto desequilibrado, então eu levantei o pé uns centímetros do chão e dei um chute em sua direção. Não o atingi. O cara atrás de mim estava com uma perna no mesmo lugar que a minha, e meu pé acertou sua canela. Ele veio para cima de mim. O outro cara já tinha conseguido retomar o controle de Sheela e continuou o que estava fazendo. Ele me deu uma olhada feia, como se eu tivesse interrompido algo. Eu gritei: "Filho-da-puta!" em inglês e dessa feita consegui chutá-lo.

Acertei na lateral da perna. Não causou grande dano, mas fê-lo tirar a mão da saia dela por uns instantes. A mão direita ainda estava na calça, mas sua mão esquerda tinha se soltado de Sheela e estava voando na direção do cano. Eu levantei o pé na altura de sua virilha e chutei com todas as minhas forças. Sheela tinha virado o rosto e estava me olhando.

O cara tirou a mão do cano de metal e estava balançando, sua mão esquerda voava agora na direção do gancho. Não havia porta no ônibus e ele estava perigosamente perto da entrada. Eu me virei totalmente e empurrei-o com toda a força. Sheela olhava espantada. Ele caiu para fora do ônibus com um grito. Eu o vi rolar no asfalto e na poeira.

"O que você fez?", disse ela.

O ônibus diminuiu um pouco. Estava cheio demais para que o motorista pudesse ver no retrovisor o que estava acontecendo, mas um dos passageiros lá na frente deve ter visto e contado para ele. O cara que estava atrás de mim saltou quando o ônibus diminuiu. Eu me voltei para ver os caras. Eles se conheciam. O que estivera atrás de mim estava ajudando o outro que eu jogara para fora do ônibus. Ele não parecia muito machucado. Ninguém podia cair de um ônibus municipal - que se move feito tartaruga - e se machucar. Um cara a meu lado me deu os parabéns, dizendo, "*Shabash, Beta*".[13] Pensei ver um olhar lascivo em seu rosto e o encarei com desprezo.

As lágrimas de Sheela tinham secado, deixando traços em seu rosto.

"Você está bem?", perguntei.

"Foi terrível", disse ela.

Eu notei que suas mãos estavam tremendo.

"Vamos descer logo deste ônibus", disse.

Quando o ônibus chegou ao próximo ponto, eu peguei na sua mão e puxei-a para descer. Estávamos no Parque Green, próximo ao mercado. Eu decidi que deveríamos parar por alguns minutos para nos restabelecermos. "Vamos recuperar o equilíbrio. Vamos até o Evergreen comer algo", disse.

"Obrigada por salvar minha vida", disse Sheela dramaticamente, conforme caminhávamos na direção do mercado.

---

13 *Shabash* significa excelente. (N.T.)

"Eu não salvei sua vida. Ele era um safado; você devia ter gritado", falei.

"Os homens são um bando de *behnchods*.[14] O ônibus estava lotado e ninguém disse nada quando você gritou." Eu nunca tinha ouvido Sheela usar palavrões.

"Devia haver também mulheres naquele ônibus. Elas não abriram a boca."

"Todas as mulheres estavam provavelmente sendo assediadas como nós", disse Sheela.

Assediadas era pouco. Eu me senti enfurecida porque Sheela estava usando o mesmo termo que os jornais para descrever tais incidentes. Fazia com que o ato parecesse rotina, aceitável.

"Sheela, isso foi quase um estupro."

"Não, não foi estupro", disse Sheela. Seu rosto endureceu.

"Bom, a seguir ele iria enfiar aquele dedo sujo em você!"

"Para com isso." Ela começou a tremer de novo.

"Sinto muito. Desculpe-me", falei, chegando mais perto e abraçando-a.

"Nós não podemos fazer isso de novo. Nós não podemos entrar num ônibus."

"O que a gente vai fazer? Nós nascemos aqui; crescemos aqui. Nós não vamos poder usar o transporte público para ir de uma parte da cidade para outra porque temos medo de estúpidos em ônibus lotados?"

"Eu não quero ser estuprada", disse ela.

Nós tínhamos chegado ao Mercado Park Green. As lojas estavam todas bem cuidadas, e não havia muita gente nas calçadas de cócoras vendendo coisas. Mas havia um engraxate, de uns trinta anos, sentado debaixo de uma árvore, trabalhando. Eu toquei no braço de Sheela para que ela parasse de andar.

"Quanto você cobraria para engraxar estes?", eu perguntei, apontando para meus sapatos de escola.

"Duas rupias", disse ele.

---

14 *Behnchod* é um homem que tem relações sexuais com a irmã. (N.T.)

"Tudo bem", disse, aproximando meu pé da caixa sobre a qual ele estava sentado.

"Por que não tira os sapatos, *Babyji*?", perguntou ele.

"Não; vou pôr meu pé aqui", disse, apontando uma plataforma pequena à sua frente. Via homens engraxando o sapato o tempo todo com um pé colocado nessa plataforma e com o outro no chão. Eu estava usando saia e ele provavelmente ia poder ver debaixo dela. Mas ficar ali de pé assim, enquanto um homem me engraxava os sapatos me fez sentir como um homem adulto. Minha sociedade permitia o assédio de garotas em público, mas se você tivesse dinheiro, então as pessoas sempre se curvavam ante você. Sheela ficou ali de pé a meu lado vendo o cara dobrar-se sobre meu sapato direito e depois sobre o esquerdo, aplicando graxa e polindo o couro com uma flanela.

"Quantos sapatos você engraxa por dia?", perguntei.

"*Babyji*, às vezes dez, num dia bom, vinte".

Eu estava procurando um sorriso de gozação em seu rosto, mas não havia. O jeito que ele disse "*Babyji*" era convincente, transparente. Com vinte pares de sapatos por dia ele estava ganhando apenas quarenta rupias. Mesmo que ele conseguisse ainda poucos consertos todo dia, provavelmente não estava faturando mais do que cinquenta rupias por dia, no máximo.

"Sua família é grande?", perguntei.

"*Babyji*, eu sou o único que trabalha. Tenho mãe, irmã, esposa e dois filhos."

Isso era menos do que três rupias por cabeça. Não era possível esta pobreza. Como é que ele se virava?

"Dê só uma olhada, *Babyji*, seus sapatos estão brilhando", disse ele.

Então ele olhou para Sheela e perguntou se ela queria que ele engraxasse seus sapatos também. Ela disse que não. Eu paguei e fomos até o Evergreen.

"Como é que você acha que eles conseguem viver com tão pouca grana?, perguntei a ela.

"Muito frugalmente", disse ela.

"Nossas prioridades nacionais estão de ponta-cabeça. Nós gastamos uma grana preta para construir estádios em Délhi que mantemos acesos a noite inteira. Só a iluminação custa dois milhões por ano."

"Se você quer realizar mudanças, deve entrar na política."

"Talvez eu faça isso", respondi.

"A Física não vai te ajudar em nada."

"Eu acho que é bom saber o que faz o mundo girar; porque os objetos caem sobre a terra. Se você for capaz de dividir átomos, compreender a termodinâmica, talvez possa criar energia do nada e economizar dois milhões em iluminação. Criar alimentos onde não há nenhum."

"A ciência não é a resposta para tudo, Anamika. Deus é."

"Deus é uma radiação". Eu tinha falado sem pensar, mas gostei de ouvir. "Deus é só uma radiação", repeti.

Ela me olhou, pasma. Depois de alguns passos ela disse: "Você é brilhante".

Eu me senti muito mais velha que Sheela. Ela era facilmente impressionável.

Nós tínhamos chegado ao Evergreen. O restaurante ocupava toda a calçada entre o mercado e o asfalto. Havia lugar para sentar à vontade lá dentro, mas também se podia conseguir uma *chaat*[15] e um *golgappa*[16] na rua caso se topasse comer em pé. Custa menos. Havia um cara com um enorme caldeirão de óleo quente fritando *golgappas* e *aloo tikkis*[17] bem ali no meio da passagem dos pedestres. Pedimos dois pratos de *golgappas*. O incidente no ônibus já parecia mais distante agora. Esse tipo de coisa acontecia o tempo todo, mas havia milhões de pessoas numa pior que nós. Pessoas de quem devíamos ter mais pena. Não devíamos focar nos nossos problemas.

---

15 O *chaat* original é composto de uma mistura de batatas cozidas, farinha de rosca e especiarias. (N.T.)

16 *Golgappa* (*panipuri*) é um alimento oval, aberto em cima, feito de farinha de trigo e que leva em seu interior uma mistura líquida de tamarindo, pimenta, *chaat masala*, batata, cebola e ervilhas. (N.T.)

17 *Aloo tikkis* é um bolo de batata servido com molho de tamarindo ou chutney (condimento de paladar agridoce ou apimentado) verde. (N.T.)

O homem da *golgappa* estava enchendo as pequenas conchas com água de *masala* e passando para Sheela. Ela colocou o *golgappa* inteiro na boca sem se lambuzar. Quando ele me deu, eu descobri que para mim era mais difícil. Eu não tinha permissão de comer na rua. Meus pais diziam que se pegava infecções assim. Eu achei o suco de *golgappa* picante demais e os pedaços muito grandes. O fluido escorria de meus lábios e eu tentei enfiar tudo de uma vez. Limpei a boca com as costas da mão.

"Sheela, nós vamos pegar um *rikshaw* motorizado. Eu vou te levar primeiro."

"Se meu empregado me vir chegando num triciclo motorizado desses, ele vai contar para meus pais e eles vão me dar uma bronca."

"Vamos parar a certa distância de sua casa."

"Quanto é que vai custar?" Sheela perguntou.

"Eu não tenho certeza, mas vou poder usar toda a minha mesada; não se preocupe", respondi.

Nós acenamos para um triciclo motorizado e nos acomodamos. Ele sacudiu ruidosamente, fazendo-nos pular alguns centímetros para fora do assento em cada quebra-molas na rua. O motorista sentava-se na borda do assento, inclinando-se precariamente para um dos lados enquanto tossia e cuspia a cada dez segundos. Uma vez que estávamos totalmente expostas dos dois lados, o vento fazia o cabelo de Sheela voar sobre seu rosto. Ela parecia mais velha, como uma garota de faculdade. Eu achei-a bem sexy. Quedamo-nos silenciosas. Quando chegamos perto da casa, ela deu-me um beijo no rosto e desceu. Eu fiquei surpresa. Não estava acostumada a ver gente se beijar no rosto. Os ocidentalizados faziam-no, mas na minha família não era comum.

Eu morava a apenas dez minutos de Sheela. Pedi ao motorista que parasse no início da viela que levava à minha casa e paguei-lhe. Eu não conseguia decidir se ia contar para Rani sobre o incidente no ônibus. Não queria que ela pensasse que tais coisas podiam acontecer comigo. Queria parecer forte e invulnerável para ela. Ademais, eu não podia dizer a Rani que tínhamos ficado lá na escola para fazer sacanagem.

Rani ofereceu-me um copo de água gelada assim que me abriu a porta.

"Você está se sentindo melhor?", perguntei-lhe, vendo as marcas roxas em seus braços.

"O remédio do doutor *Sahib* foi mágico", disse ela.

Nós tínhamos apenas meia hora antes que minha mãe voltasse para casa.

"Rani, você massagearia minhas pernas?", pedi.

"Claro, *Babyji*, farei qualquer coisa por você."

Ela olhou para baixo, de repente, tímida.

Eu tirei o cinto de minha saia do uniforme, deixando-a cair ao chão, e me joguei na cama. Rani inclinou-se para a frente para me tirar os sapatos. Eu recuei instintivamente, não acostumada a que me tocassem nos pés. Eu deixaria que ela me tocasse em outros lugares que eram muito menos recatados. São só pés, disse para mim mesma. A única hora que alguém tinha me tocado os pés foi quando eu fora convidada pelos vizinhos para um *pooja* (ritual) para virgens. A dona da casa tinha me convidado a ficar em pé numa bandeja de prata enquanto ela me lavava os pés. Eu tinha oito anos então. Os pés estavam carregados de significado simbólico. Eu só tocava nos pés de meus avós e dos ícones de alguns deuses nos templos. Só nos pés dos deuses de quem eu gostava. Rama tinha expulsado Sita de casa embora ela fosse virtuosa, então eu nunca tocava os pés de Rama. Mas eu tocava os pés de Krishna porque, mesmo em seus momentos de desonestidade juvenil, havia nele uma transparência. Eu jamais tocara os pés de meus pais.

O fato de Rani estar tocando meus pés era uma dádiva de amor. Um presente tão grande que eu não sabia o que fazer. Também era uma grande responsabilidade. As mulheres tocavam os pés do marido no fim das sete *pheras*[18]. Ela agora estava tirando minhas meias e esfregando meus pés. Eu jamais soubera como era ter os pés massageados. Todo o meu corpo relaxou e parecia derreter. Os pés eram exatamente como qualquer outra parte do corpo, a parte menos valorizada porque eles tocavam a terra, disse para mim mesma. Os

---

18 *Pheras* são as (geralmente sete) voltas que os noivos dão ao redor do fogo sagrado. (N.T.)

dedos dela sabiamente estalavam cada osso de meus dedos dos pés. Então ela massageou minhas coxas. Ela me tocou com delicadeza, sentindo todos os músculos de minhas pernas. Eu me lembrei do jeito que a unha da mão do cara me tocara na perna. Ela estava grande e quase cortara minha pele. Eu comecei a chorar.

"*Babyji*, Anamikaji, *Didiji*", Rani disse, incapaz de se dirigir a mim adequadamente.

Eu continuei a chorar. Ela imediatamente se aproximou de mim e colocou minha cabeça em seu colo.

"O que aconteceu à minha criança, conte-me", disse ela confortadoramente em híndi, conforme me acariciava a cabeça.

Eu senti o fluxo quente das lágrimas rolar rosto abaixo. Meu corpo estava tremendo.

"O que aconteceu à minha *jaan*, minha estrela, minha lua?" Ela falou amorosamente.

Eu me levantei e escondi o rosto em sua blusa. Ela me abraçou.

"Eu perdi o ônibus e uma outra amiga também", disse.

"Como vocês voltaram?"

"Tivemos que tomar um ônibus municipal lá da escola. A caminho, dois homens sujos subiram no ônibus e começaram a nos apalpar", disse. Minhas lágrimas ainda estavam descontroladas, e meu nariz escorria tanto quanto as lágrimas.

"Onde lhe tocaram?", ela perguntou. Sua voz estava áspera e baixa. Era o outro lado de Rani. O lado rebelde que eu raramente chegava a ver.

Eu apontei para a parte de cima de minha coxa.

"*Kameene*,[19] *haramzade*,[20] *behnchod*, *maderchod*",[21] ela xingou.

Ela estava sentada ereta, agora. Segurou o meu rosto em suas mãos e beijou-me os olhos.

"Eles não pouparam nem mesmo uma criança como você?", disse ela, sua voz se elevando.

---

19 *Kameene* significa bastardo. (N.T.)

20 *Haramzade* significa bastardo, inescrupuloso. (N.T.)

21 *Maderchod* é um homem que tem relações sexuais com a mãe. (N.T.)

Eu não era criança. Ela estava dormindo comigo, ela era minha amante. Os caras eram uns cachorros, mas não eram muito mais velhos do que ela.

"Rani, eles não eram lá tão velhos assim; tinham uns vinte e poucos anos. Eles tinham a sua idade."

"E daí? Eles não podiam ver que você era jovem, uma criança?", disse ela.

Minhas lágrimas pararam como se uma torneira tivesse acabado de ser fechada. Minha cabeça estava doendo.

"Eu não sou criança." Eu queria argumentar, mas senti como se meu vocabulário tivesse se extinguido. "Nós estamos juntas. Eu não sou criança". Eu estava com medo de que ela parasse de dormir comigo agora porque me via como criança.

Eu me senti selvagem, de repente.

"Eu não sou criança", eu gritei e me sentei. Joguei-a na cama e comecei a rasgar-lhe a blusa. Ela fechou os olhos como se não quisesse me ver. Assim que tinha terminado de desabotoar sua blusa, eu arranquei-lhe o sári e levantei-lhe a anágua. Eu não sabia o que estava fazendo, mas apalpei-a e meti meu dedo onde ele conseguia entrar. Ela estava me segurando forte. Seus braços estavam tesos, quase me enforcando ao redor do pescoço. Em minha loucura, tomei seu pé em minhas mãos. A sola estava calejada e dura. Eu agarrei-o com firmeza. Tive uma imagem dos dois caras do ônibus novamente, mas dessa vez isso não me deixou gelada. Fez-me ficar brava, e eu comecei a enfiar em Rani mais vigorosamente. O cara alemão da revista pornográfica, mas com a cara do Chakra Dev, o brâmane do filme com a empregada, as posições do *Kama Sutra* todas misturadas na minha cabeça até que não pude mais pensar. Eu me senti atraída e gulosa por ela. Esses sentimentos eliminaram todo o resto. Depois de algum tempo seu corpo estremeceu e em seguida aquietou-se. Eu parei, um pouco sem fôlego, minhas costas pingando de suor, e lembrei que tinha lido sobre esse momento nos livros.

"Você está bem?", perguntei.

Ela abriu os olhos e sorriu. Parecia outra pessoa. Eu estava no limiar de minha experiência novamente. Era como estar num cômodo em que muito pouco é visível. Quando seus olhos se ajustam, você se dá conta de que algumas partes ainda estão no escuro, mas não pode acender a luz para ver tudo.

"*Memsahib* vai chegar daqui a pouco; tenho que me vestir", Rani disse, levantando-se.

Eu saí da cama e tirei o resto do uniforme escolar e coloquei roupa comum. Fechei a porta de meu quarto e peguei os livros. Tinha prova de Química na segunda-feira. Havia evitado o assunto todo o trimestre e estava certa de que o resultado iria aparecer em meu boletim. Escrever equações distraía. Signos equivalentes entre entidades diferentes faziam-me comparar as pessoas na minha vida.

Eu pensei sobre a tarde com a Rani. Até agora nós tínhamos sido muito gentis uma com a outra, mas hoje eu tinha ficado um tanto violenta, e ela parecia ter gostado. Eu nunca tinha visto Índia naquele estado. Ela seria como Rani ou diferente? Eu só compreenderia os verdadeiros elementos e equivalências da química da vida se experimentasse quão similares e diferentes Rani, Sheela e Índia eram.

Minha mãe mandou Rani com umas amêndoas para o meu quarto antes do jantar. Minha mãe acreditava que se a pessoa colocasse amêndoas de molho a noite inteira e as comesse depois, melhorava da memória. Eu não achava que precisava melhorar minha memória. Às vezes eu não conseguia dormir à noite porque ficava lembrando das coisas. O incidente de hoje já tinha se eclipsado de minha mente. Eu pedi a Rani que fechasse a porta. Enchi-a de amêndoas.

"Então você ainda acha que eu sou uma criança?", perguntei.

"Não", disse ela, enrubescendo.

"Não, eu não sou criança", eu falei, beliscando-a através da blusa.

"*Babyji*", disse ela, olhando escandalizada.

Havia tantas posições do *Kama Sutra* me martelando a cabeça que eu não era capaz de separar uma da outra. Eu me imaginava fazendo todos os tipos de perguntas inadequadas à médica que ia falar lá na escola. Doutora, qual a diferença entre fazer amor e fazer sexo? Doutora, é verdade que algumas mulheres gostam de violência? Doutora, é normal fazer sexo durante o período menstrual? Doutora, a senhora poderia, por favor, dizer para Sheela que eu sou uma amante e tanto? Quando Rani voltou para meu quarto para me chamar para jantar, o meu estômago doía de tanto rir. Quem dera pudesse telefonar para Vidur e discutir meus pensamentos mais íntimos com ele.

À noite eu esqueci de pôr o despertador para tocar. De manhã minha mãe me trouxe o chá no quarto. Rani ainda estava na minha cama. Nós duas acordamos com a batida na porta.

"Abra", ela exigiu do outro lado da porta.

Rani pulou da cama para seu colchão no chão. Ela tentou colocar sua blusa. Nós estávamos peladas. Eu coloquei um moletom e uma camiseta. Pus a calcinha debaixo do travesseiro.

"Hmmm", fiz um som de sonolenta.

Eu coloquei a Rani numa posição deitada no colchão no chão e indiquei que ela deveria tão-somente colocar seu sári por cima sem vesti-lo realmente. Joguei um lençol sobre ela. Ela estava apavorada. Eu fingi que tudo estava bem. Depois deixei minha mãe entrar.

Ela entrou e olhou com desaprovação para Rani , cujos olhos estavam cerrados. Rani era responsável por todas as tarefas da manhã, como preparar o chá matinal e o café-da-manhã. Ela também devia fazer a marmita de meu pai, assim como minha lancheira.

"Mãe, estou com fome. Vamos pegar uns biscoitos na cozinha?", disse. Meti meu braço no dela e saí do quarto. Fechei a porta o máximo que pude atrás de mim. Minhas mãos não estavam firmes.

"Por que a porta estava trancada?", minha mãe perguntou.

"Vimos um rato correndo por aí ontem à noite e eu fiquei com medo", disse. Foi a primeira coisa que me veio à cabeça.

"Tolinha. Você é um neném às vezes."

Minha mãe pegou um pote com biscoitos e colocou-os num prato. Eu escutei a porta do meu quarto se abrir. Rani tinha colocado as roupas rapidinho. Ela se juntou a nós na cozinha e começou a trabalhar. Eu voltei para o quarto e peguei meu uniforme escolar. Meu distintivo de Chefe dos Representantes de Classe, que sempre me fazia sentir tão importante, de repente, hoje, me pareceu infantil, indiferente.

viii
Educação sexual

No ônibus escolar, de manhã, abri minha mochila para tirar a agenda e senti a textura envernizada da revista alemã. Havia levado-a para casa, esquecendo totalmente que Vidur tinha que devolvê-la para Mohit. Revistas indianas não eram impressas nesse tipo de papel tão grosso, e nossos livros de escola pareciam trapos em comparação. Passei a mão sobre a revista, sentindo sua superfície fria e brilhante. Eu estava num assento na janela lá na frente. Minha parada era uma das primeiras da manhã e eu sempre ocupava o mesmo lugar havia anos. Eu podia ver a nuca do motorista, assim como as ruas vazias de Délhi. Nosso ônibus passou por duas grandes favelas a caminho da escola. Uma ficava nas encostas de uma *gandha nalla*, onde todo o esgoto dos bairros vizinhos se juntava. De manhã, as crianças das *jhuggis* ficavam sentadas na estrada principal com cumbuquinhas de água, fazendo suas necessidades diárias. Os adultos em geral escolhiam lugares que ficavam menos à vista. Eu raramente olhava esse ritual de defecação em massa, mas hoje todos os aspectos da vida pareciam-me estranhamente longínquos e semelhantes: as ilustrações na revista alemã, as operações matemáticas das integrais, jovens estrelas de cinema com seios e pele de alabastro como Sheela, personagens como Lulu do livro do Sartre que acabara de ler e *cheapads* que molestavam garotas nos ônibus. Tudo tinha de repente desaparecido, como um buraco negro para dentro de si mesmo, e a única palavra que descrevia isso tudo era "Vida".

Depois da assembleia escolar eu percebi meus pensamentos migrando para um estado mais prazeroso, envolvendo o cheiro e salinidade da pele de Rani. Eu era capaz de sentir sua presença. Passei a primeira metade do período escolar sonhando com ela. Vidur me olhou algumas vezes, mas não tivemos chance de fofocar entre as aulas.

"Você tem que me devolver aquele negócio. O Mohit me ligou em casa e estava puto", Vidur sussurrou assim que o sinal do intervalo soou.

Esperamos uns minutos até que a maioria tivesse deixado a classe e então enfiei a mão dentro da mochila procurando a revista. Queria ter certeza de que a capa estava totalmente escondida antes de tirá-la de lá. Quando estava prestes a puxá-la, eu vi o Chakra Dev caminhar na direção da carteira de Sheela. Uma cena da revista pornográfica me veio à mente, só que, agora, os personagens eram Chakra Dev e Sheela. Fiquei em pânico e imediatamente corri até onde Sheela estava sentada.

"Ei, ei", escutei Vidur dizer.

Era tarde demais. Eu já tinha caminhado na direção de Sheela com a revista aberta, a capa totalmente exposta. O "ei" alto de Vidur tinha chamado a atenção tanto de Chakra Dev quanto de Sheela, que ficou boquiaberta. Chakra Dev tinha me apanhado com a mão na massa. Eu senti vergonha por todos os poros.

Vidur arrancou a revista de mim e enrolou-a novamente.

"Eu poderia contar para a professora sobre isso", Chakra disse.

"Você, o pior dos *cheapads* da classe", Sheela retorquiu.

"Cuidado", falou ele, olhando-a. Depois se virou para mim e disse: "A Chefe dos Representantes de Classe apanhada com uma revista *Playboy*. Ah! Será um escândalo".

"Não tente nos chantagear", Sheela gritou, como se ela também tivesse sido apanhada.

"O que você quer?", Vidur perguntou.

Depois de alguns segundos tensos, Chakra Dev afirmou: "Vou deixar passar por sua causa", disse olhando para Sheela. Depois se virou e saiu empertigado da sala de aula.

Vidur foi rápido até a carteira de Mohit e meteu a revista pornográfica em sua sacola.

"É melhor eu avisá-lo assim que ele chegar aqui. É melhor jogá-la fora", disse Vidur.

"Eu quero vê-la", Sheela se intrometeu. Vidur me olhou com preocupação.

"Você não pode", afirmei.

"Por que não?", ela exigiu, com as mãos na cintura.

"É nojento. Não é para garotas", Vidur disse.

"Se a Anamika pode, então eu também posso."

"Por favor, Sheela, por mim." Eu não queria que ela ficasse com aquelas imagens na cabeça.

"Eu vou me sentir péssimo se você a pegar", exclamou Vidur dramaticamente em híndi. Uma fala tirada do cinema; de fato de todo filme híndi que já foi feito. Embora eu raramente visse filmes, em geral era capaz de prever o diálogo que viria. As histórias eram todas iguais e tudo dava certo como uma reação química no laboratório.

À tarde, o professor anunciou que os médicos falariam aos meninos e meninas sobre educação sexual no dia seguinte. Quando as aulas terminaram todo mundo comentou com grande excitação, mas baixinho. Eu contei para o pessoal sobre a discussão na sala do diretor, sobre se seria junto ou separado. Os garotos ficaram desapontados com a posição da sra. Shah, mas as garotas ficaram felizes por ter uma médica falando só para elas.

Assim que cheguei em casa contei para Rani que eu tinha que pegar uns livros na casa de uma amiga e fui até a casa de Índia. Ela não estava me esperando e notei que a louça da mesa de jantar não tinha sido retirada. Havia dois pratos nela.

"Há alguém aqui?"

"Meu filho está me visitando. A menos que ele consiga ser admitido na sua escola, ele terá que ficar na casa do pai dele. Não há ônibus da escola dele atual para minha casa", disse ela. Ela me pareceu preocupada.

"Quando você saberá da admissão?"

"A diretora da escola primária, a senhora Nyaya Singh, está pensando no caso."

O menino entrou na sala naquele momento. Estava usando uma calça cinza folgada e uma camiseta amarela bem brilhante. Ele era magro e pequeno. Pequeno. Eu nunca vira Índia como mãe. Eu sabia que ele tinha cinco anos, mas ele parecia menor. Eu lhe sorri. Ele não sorriu. Nem mesmo reconheceu minha presença.

"Oi", falei, inclinando-me em sua direção. Estiquei o braço para apertar sua mão.

Ele não me pegou na mão.

"Qual o seu nome?", perguntei.

Nenhuma resposta.

"Diga seu nome para a *Didi*, Jeet", disse Índia.

Por fim houve um sinal de vida. Ele me olhou perplexo.

"Você é uma *Didi* ou um *Bhaiyya*?", ele perguntou. Na verdade ele me confundira com um menino! Eu queria rir, mas minha mãe tinha me dito que era importante não rir das crianças pequenas quando elas faziam perguntas.

"Eu sou uma *Didi*", disse, séria. No silêncio que se seguiu, eu tomei consciência de ser uma *Didi*. Uma *Didi* que estava ali para fazer amor com a mãe dele. Uma *Didi* que na verdade deveria ter sido um *Bhaiyya*. Ou melhor, um *Titio*. Nada em minha vida era típico de alguém com dezesseis anos. Não importa o que a médica da educação sexual dissesse, agora já era. Eu já tinha me educado não apenas sobre sexo, mas sobre o amor. Uma força singular e poderosa que tinha varrido todas as convenções e era mais forte do que as pessoas envolvidas. Uma figura geométrica com mais força nas linhas se juntando em cada ponto do que os próprios pontos em si. Rani, Índia e eu, todas nós, tínhamos chegado a um ponto sem retorno. Era-me impossível ser menos que um *Bhaiyya* e me tornar uma verdadeira *Didi*.

"Você está com soninho, querido?", Índia perguntou, tomando-o no colo. Seu carinho com ele não era diferente de seu carinho para comigo. Era possível que meu amor por ela fosse o mesmo que o meu por minha mãe? Sentei-me numa cadeira ponderando sobre essa ideia.

"Vamos lá, deixe-me levá-lo para a cama", disse ela, beijando-o. Eu segui-os até o quarto. Ele pareceu adormecer em questão de segundos. Onze anos antes eu tinha sua idade; em onze anos ele teria minha idade. Eu não pude imaginá-lo tendo um caso com uma mulher casada, nem com mulher alguma, ou mesmo com uma garota de sua idade. Mesmo o Chakra Dev deve ter tido cinco anos em algum momento da vida. Ele teria sido como Jeet quando criança e depois se tornara um arruaceiro? Em que idade mudara?

Índia fechou a porta e me levou pela mão até seu quarto. Fechou a porta e nós nos sentamos em sua cama. Ela imediatamente se esticou para me beijar. Eu me afastei.

"Qual o problema?", ela perguntou.

"O seu filho está no outro quarto."

"E daí?"

E daí. E daí. O que eu ia dizer agora? Eu abanei a cabeça.

"Tudo bem. Ele está dormindo."

"Não é isso", disse.

"Então o que é?", perguntou ela.

"Parece errado. Ele é inocente."

"Como é que você acha que ele foi feito?", perguntou ela.

Sexo, pensei. Você fez sexo com seu marido. E como é que eu fui feita? Do mesmo modo. Ela estava certa. Então qual era o problema? Eu comecei a rir.

Mas eu não pude fazer com ela nada do tipo que tinha feito com a Rani na tarde anterior. Então falei com ela sobre a *Playboy* alemã e sobre os *cheapads* no ônibus. Eu tive que editar os fatos para que ela não soubesse por que eu ficara até mais tarde na escola com a Sheela. Quando descrevi o molestamento, ela me abraçou como Rani fizera, mas não disse que eu era uma criança.

"O que você está pensando?", perguntei.

"Que nós não deveríamos continuar nosso caso", disse ela.

"Por que não?"

"Porque você é jovem e eu sou mais velha. Porque eles molestaram você, mas eu também me sinto culpada pela mesma coisa."

Eu sabia que isso tudo jamais teria aparecido se não fosse por Jeet e pelo que eu dissera sobre ele ser criança. Eu estava mais próxima da idade dele que da dela.

"Eu a seduzi", eu disse.

"Você ainda é menor de idade. Isso é estupro." Antes que pudesse protestar, ela acrescentou: "Aos olhos da lei".

"Poupe-me de suas legalidades", disse do modo mais suave possível. Eu estava ficando irritada.

Ouvimos um choro vindo do outro quarto. Parecia que o menino acordara. Índia suspirou e deixou o quarto para ir até lá. Ele já saíra da cama quando abrimos a porta. Não ocorrera a Índia trocar as roupas dele antes de pô-lo para dormir a sesta, mas ele estava usando apenas a parte de cima de seu pijama listrado. Ele abriu os braços feito Cristo, olhou-nos e disse: "Oi, Mundo".

"Olá, Mundo", disse Índia.

Então ele veio até mim, de forma muito mais amistosa do que antes da sesta e disse: "Oi, Mundo! Oi, Mundo!".

"Oi, Mundo", disse, meu coração se sentindo mais protetor do que jamais se sentira por alguém, jamais.

"Tenho que ir agora", falei, abaixando-me para acariciar sua cabeça. Índia e ele me levaram até a porta, e enquanto ela a fechava, sussurou: "Vou ter que pensar um pouco mais a respeito".

Eu caminhei até minha casa imaginando se Índia, de fato, terminaria nosso caso. A ideia de não tê-la mais em minha vida me fez sentir como se houvesse um buraco dentro de meu estômago. Se ela se retirasse de minha vida, eu murcharia até morrer. Eu pensei nela o tempo todo.

Naquela noite eu dormi agarrada a Rani, na esperança de que ela pudesse preencher os vazios que a Índia pudesse deixar.

Acordei na manhã seguinte lembrando-me da palestra sobre educação sexual. Assim que a assembleia escolar terminou, eu peguei as garotas do ensino médio e marchamos até o auditório. Um projetor de slides já estava instalado. Quando a orientadora entrou com a médica, eu pedi às garotas que se levantasem e aplaudissem. Todas as garotas estavam sentadas no chão vestindo *dhurries*. Três cadeiras tinham sido colocadas na frente. Eu convidei a médica para se sentar em uma delas.

"Olá, minhas amigas. Nós já temos idade suficiente para aprender mais sobre os fatos da vida. Nossa estimada médica responderá algumas de nossas perguntas hoje. Mas, primeiro, a senhora Shah irá apresentar-lhes nossa convidada", disse. Em geral eu também teria me sentado na frente, mas queria ficar ao lado da Sheela. Então fui lá me sentar no chão.

Depois que a orientadora apresentou a médica, ela se levantou e começou a mexer no projetor de slides. O primeiro slide era a palavra DST. "Crianças, primeiro eu vou falar-lhes das DSTs, e depois responderei quaisquer perguntas sobre sexo ou essas DSTs", começou. As garotas estavam lá sentadas, alinhadinhas, sem nenhuma expressão facial. A médica falou um pouco sobre doenças sexualmente transmissíveis, inclusive o HIV, e abriu para perguntas do auditório. Ninguém perguntou nada.

"Crianças, se sempre se perguntaram sobre algo, esta é a hora de falar. Nós não faremos nenhum juízo sobre vocês. É natural imaginar coisas sobre sexo. Não tenham vergonha."

Uma mão se levantou lá no fundo da sala. Era uma garota que eu conhecia só de rosto.

"Sim?", disse a médica.

"Doutora, o que acontece se um homem e uma mulher fizerem sexo antes do casamento? Por que é errado?"

"Em termos médicos não é errado. A nossa sociedade não aceita isso, é só", a médica respondeu do modo mais natural possível.

"Doutora, como pode dizer isso? Tudo está errado com o sexo pré-marital", disse a sra. Shah. Ela estava toda alterada.

"Senhora Shah, eu estou aqui para responder perguntas médicas. As alunas devem aprender que atividades são perigosas para sua saúde e quais são meras questões de códigos sociais."

"Crianças não devem fazer sexo, doutora", a sra. Shah afirmou. Eu pensei que elas fossem brigar.

"A questão era sobre sexo pré-marital. Que idade a senhora tinha quando se casou, senhora Shah?"

"Dezenove."

"Tudo o que estou dizendo é que se fosse uma garota de dezenove anos solteira em vez de uma garota de dezenove anos casada, isso não teria feito nenhuma diferença do ponto de vista médico", ponderou a médica.

O auditório ficou no mais absoluto silêncio. Por fim eu levantei a mão para perguntar sobre algo que eu não entendera no artigo sobre Rock Hudson.

"Sim, Anamika", a sra. Shah se dirigiu a mim.

"Doutora, eu li em um artigo que os homens que fazem sexo com outros homens têm maior propensão a pegar Aids", disse. A orientadora não me pareceu nada feliz. Eu olhei para a cara das meninas ao redor. Algumas pareciam curiosas, outras nada. Eu prossegui. "Doutora, como é que os homens fazem sexo?"

A sra. Shah olhou com cara de pedido de desculpa para a médica. Mas a médica não parecia se importar.

"Pois bem, não é natural para os homens ter relações sexuais uns com os outros. O sexo foi biologicamente designado para a procriação, e como vocês sabem, um esperma não combina com outro esperma para formar um zigoto." Ela fez uma pausa.

A sra. Shah ficou um tanto aliviada pela virada científica que a discussão tomara.

"Mas alguns homens fazem sexo com outros homens", continuou a médica. "Tais homens são chamados de homossexuais. E sim, os homossexuais estão mais propensos a contrair o HIV e a transmitir a doença uma vez que têm um estilo de vida promíscuo. Todas vocês sabem o que 'promíscuo' significa?"

"Não, doutora", disse Ashima.

"Não, doutora", mais algumas garotas juntaram-se ao coro.

"Promiscuidade refere-se ao fato de ser sexualmente ativo com múltiplos parceiros. As pessoas que se deitam com qualquer um são promíscuas. De qualquer maneira, o Ocidente é mais promíscuo, então a possibilidade de transmitir o vírus é mais elevada. Homens homossexuais também fazem sexo anal e a área anal tem uma alta concentração de vírus, assim como o sangue e o sêmen."

"Doutora, o que é sexo anal?", Tina perguntou.

"Elas realmente precisam saber sobre isso, doutora?", a orientadora perguntou.

A médica pareceu pesar a questão em sua mente por um segundo. A sra. Shah estava se contorcendo toda. Então, como se tivesse tomado uma decisão, a médica olhou para a Tina.

"Eu acho, senhora Shah, que devemos contar-lhes tudo. Essa é uma boa pergunta. Sexo anal é quando há penetração através do ânus em vez da vagina", continuou ela, com um sorriso brilhante.

Eu vi Sheela tentar levantar a mão e retroceder. Mas a médica tinha percebido o movimento.

"Sim", perguntou, caminhando na direção de onde estávamos sentadas. Ela olhou para Sheela.

"Doutora, se dois homens podem fazer sexo, isso significa que duas mulheres também podem fazer sexo?"

"Não, não podem", a orientadora disse, ignorando a médica.

"Ah, podem, sim, senhora Shah. Talvez não sexo como a senhora conhece. Talvez não relações sexuais penetrativas", disse ela com certa ênfase na voz. O que parecera uma ligeira hostilidade entre elas agora era patente. A sra. Shah tinha unhas compridas pintadas de esmalte vermelho-brilhante. Eu até podia imaginá-la arranhando o rosto da pobre médica.

"Para responder a sua pergunta", a médica continuou, voltando sua atenção para Sheela, a voz macia, "as mulheres são capazes de dar outro tipo de prazer sexual, mas, novamente, isso não levará à procriação."

Eu não sabia dizer o que a médica tinha em mente sobre o assunto. Ela me pareceu tradicional. Sua blusa sári tinha um corte modesto e ela estava usando sapatos cobertos em vez de sandálias. Eu tentei fazê-la passar pelo teste das axilas depiladas, mas os resultados não foram conclusivos.

"Mais alguma pergunta, crianças?", a sra. Shah disse apressadamente. Eu podia ver que ela estava para encerrar a reunião, uma vez que o negócio tinha fugido do controle.

Shruti, de nossa classe, pôs-se de pé. Com sua voz esganiçada ela perguntou: "Doutora, meu empregado usa pulseiras como menina. Ele é homossexual?".

As garotas no auditório deram risadinhas. Acho que até a sra. Shah estava a ponto de dar risada.

"Doutora, nós temos *hijras* em nossa comunidade. O que são eles?", outra garota perguntou.

"Não tem graça nenhuma, crianças. Há alguma homossexualidade na Índia, mas, uma vez que não é aceita, nós não vemos muito dela. *Hijras* são travestis e, às vezes, transexuais. Além disso, eles podem, ou não, ser homossexuais", a médica disse.

Outra mão subiu. Dessa feita nem a sra. Shah nem a médica tinham pedido por outra pergunta. O show estava rolando. Era uma garota que não era da área de ciências exatas. Ela se levantou e perguntou: "Só porque não é aceito, isso significa que é errado?"

A médica sorriu para a garota e disse: "Ótimo ponto. Esse será o próximo tópico para a competição de debatedoras do ensino médio. A ciência só é capaz de observar e nos dizer o que acontece na natureza. Ela não é capaz de transmitir juízos morais. Já foi observado entre ratos que eles cruzam naturalmente entre os membros da família. É satisfatório para eles cruzar com seus primos de segundo grau. Geneticamente, funciona. Quem sabe não será satisfatório para os humanos também".

Eu virei a cabeça para olhar a reação das garotas. Todo mundo estava fixado na médica. A sra. Shah parecia aborrecida e resignada. Ela tinha murchado lá na cadeira de metal. Vi-a balbuciando algo para si mesma, torcendo os dedos. Mal se podia ouvi-la, mas eu estava sentada na fila da frente e entendi: "Homossexualidade e incesto são perversões".

"Doutora, o que é perversão?", alguém perguntou.

"Fazer sexo com um cachorro seria um exemplo de perversão."

O auditório tinha aberto a boca em assombro quando ela dissera "sexo com um cachorro". Algumas das garotas estavam abanando a cabeça como se tivessem sido obrigadas a engolir suco de limão pelo nariz. Elas jamais poderiam olhar para seus Snoopies, Boxers e Peludinhos do mesmo modo novamente. Senti um deleite inesperado e imensurável ao ver todo mundo tendo um troço. Eu gostei da médica por forçá-las a imaginar coisas que nenhuma delas jamais questionara.

O sinal para o primeiro período soou. Quando agradeci à médica, disse: "Eu sei que todas querem que a senhora volte, doutora. Tenho certeza de que até os meninos se beneficiarão em ouvi-la".

As garotas estavam felizes. A médica, radiante. A sra. Shah escoltou-a para fora do auditório. As garotas estavam num frenesi enquanto íamos para a classe. Os garotos já estavam sentados. A sessão deles tinha terminado primeiro e parecia, pela expressão de seus rostos, que não tinha sido tão divertida assim.

Eu estava doida para que Vidur me fizesse o relato do ocorrido, mas a professora Thaityallam entrou na sala antes que eu tivesse podido lhe perguntar. Sheela, Vidur e eu nos encontramos no intervalo.

"A Shruti perguntou sobre os *hijras*", Sheela disse enquanto comia seu sanduíche de tomates.

"E a médica falou sobre sexo com cachorros", adicionei.

Vidur assobiou.

"E os garotos?", perguntei a Vidur.

"Eles perguntaram sobre masturbação", disse ele.

"Quem perguntou?", Sheela inquiriu.

"Chakra Dev."

"E o que o médico disse?"

"Ele disse que não era ruim para a saúde", Vidur respondeu.

"E?", eu perguntei. Eu queria saber mais. Vidur estava mudando de cor.

"Os garotos ficaram aliviados", disse ele.

"Você ficou?", Sheela perguntou. Seu rosto estava animado e seus olhos cheios de curiosidade. Isso me incomodou. E se isso o fizesse pensar que ela estava interessada nele? Vidur olhou para baixo sem responder.

"Quantas vezes Chakra Dev bate punheta?", eu perguntei.

"Quantas vezes ele faz o quê?", Vidur perguntou.

"Bate punheta", disse. Eu tinha lido a palavra em um romance de um autor inglês.

"Será que 'punheta' significa aquilo?", Vidur perguntou.

Sheela e ele me olharam. Eu assenti. Sheela parecia impressionada que eu soubesse uma gíria que Vidur não conhecia. Vidur baixou a voz e chegou mais perto de nós. Ele parecia estar mais à vontade.

"Chakra Dev diz que faz isso sete vezes por dia. Ele faz até no banheiro da escola."

Sheela ficou boquiaberta e levou a mão à boca com um olhar de "aimeudeus".

"O cara deve estar carregado", Vidur disse.

Sheela parecia perplexa. Eu também nunca ouvira o termo antes, mas não queria que eles soubessem que eu não conhecia seu significado.

O sinal para o intervalo soou. Sheela voltou para sua carteira. Vidur pegou seu livro de Química. A classe começou a encher e a H_2S entrou. Todos nos levantamos para lhe desejar bom dia.

Enquanto estávamos nos sentando, Chakra Dev entrou. Eu não queria que Vidur me visse olhando-o. Ergui meus olhos sem mexer a cabeça. Chakra Dev tinha deixado de escanhoar um trecho da barba na parte de cima do maxilar. Um chumaço negro era visível. Ele me olhou taciturnamente, sem pestanejar. Seus lábios, olhos, o ângulo da cabeça, tudo me transmitia um nojo tão grande que achei que ele queria me matar. Ele parecia infinitamente mais sujo e perigoso do que os *cheapads* no ônibus.

ix
Sagai

No domingo à noite meus pais foram convidados para o *sagai*[22] da filha do colega de meu pai. Nós íamos dar-lhe duas taças de prata como presente de noivado. O *sagai* tinha sido decidido de repente, uma vez que o noivo estava em Délhi, vindo dos Estados Unidos. Meu pai veio para casa depois do carteado um dia e disse-nos que o sr. Dhingra teve que pedir dinheiro emprestado do irmão da esposa porque suas próprias ações não podiam ser vendidas senão dentro de alguns meses. Meu pai tinha dito, brincando, que outrora arrumar um marido para uma filha era mais fácil. Ele se referia ao *Mahabharata*, em que os pretendentes de Draupadi tiveram que atirar num alvo em movimento enquanto viam seu reflexo.

"Mãe, eu tenho provas amanhã. Acho que vou ficar em casa." Eu queria a casa só para mim. Eu nunca tivera a oportunidade de passar a noite sozinha com Rani.

"Você sabe muito bem que o papai não gosta nada quando você não vai com a gente às funções familiares."

---

22 *Sagai* é uma festa de noivado. (N.T.)

"Os Dhingra não são da família. Mesmo o papai só conhece o senhor Dhingra e não sua esposa e filha. De qualquer maneira, meus estudos não são bem mais importantes?"

"Eu acho que o seu pai não vai concordar, mas você pode lhe perguntar."

Eu me senti pequena e impotente. Eu odiava ter que pedir permissão. Entretanto, meu desejo de passar a noite sozinha com Rani era imenso e, assim, engoli meu orgulho e fui falar com ele:

"Papai, eu tenho muito trabalho para a escola hoje. Posso ficar em casa e estudar?"

"Nós só vamos ficar lá pouco tempo para que você possa voltar e estudar."

"Ainda assim vou perder duas horas. Por favor."

"Você perde bem mais que isso em treinos para o Dia do Esporte na escola e andando de bicicleta", ele retorquiu.

Senti o sangue subir. O Dia do Esporte lá na escola era minha prioridade. Como é que ele podia compará-lo às reuniões sociais? Eu não tive coragem de argumentar sobre esse ponto.

"Papai, eu nem os conheço. Por que tenho de ir?", minha voz saiu mais alta do que desejaria.

"Você é minha filha e essa é uma função social. Todo mundo está levando os filhos."

"O que importa o que todo mundo faz? De qualquer maneira, esse *sagai* está só celebrando o noivado dela e tudo o que significa é que ela vai ficar sentada em casa cozinhando para um cara lá nos Estados Unidos."

Eu queria realizar coisas grandes em minha vida. Obviamente, a garota Dhingra só servia para ser uma máquina humana de lavar roupa. Eu precisava estudar para que não acabasse como ela. Eu senti algo pegando na garganta que só piorava conforme eu falava. Meu corpo estava tremendo.

"Chega, Anamika", disse ele, me dispensando.

Eu continuei ali, bem na frente dele, muda, imóvel, sem arredar pé.

"Quando você crescer e tiver o seu próprio emprego, pode decidir o que quer fazer. Agora, você vai fazer o que lhe dissermos. Vá se aprontar", disse ele. Meu pai sempre usava "nós" nessas horas, como se sua decisão tivesse o apoio total de minha mãe.

Eu saí da sala batendo o pé e fui para o banheiro. Eu era uma escrava em minha própria casa, um animal enjaulado. Senti simpatia para com as pessoas dos países comunistas que não tinham nenhuma liberdade, cidadãos dos regimes totalitários. Meus desejos também não adiantavam nada.

Uma torrente de palavras fluia de meu cérebro, palavras que tive de guardar para mim mesma. Eu não seria livre para dizer o que pensava até que estivesse sozinha, ganhando um salário, vivendo de meus próprios meios. Ainda tinha que esperar anos. Fui até o banheiro e permiti-me chorar. Abri a torneira para abafar o som. Eu não conseguia parar o choro.

Lavei o rosto e depois olhei-me no espelho. Disse para mim mesma que deveria me acalmar. Raciocinei que eles não poderiam me controlar por muito mais tempo. Mesmo que eu fosse forçada a agir de certo modo, minha mente era livre para pensar. Eu tenho amantes. Uma vez adulta, eu poderia ganhar bastante dinheiro e fazer o que quisesse. Eu poderia alardear minha liberdade e minha riqueza. Lutar por minha liberdade agora seria gastar minha energia; uma discussão não ia me levar a parte alguma e ainda talvez acarretasse um maior cerceamento de minha liberdade. Disse a mim mesma que até que tivesse dezoito anos, eu não tinha direitos, mesmo aos olhos da lei.

Respirei fundo e fui para o quarto para me trocar. Escutei uma batida leve na porta do quarto. Rani entrou.

"Princesinha. Meu pequeno príncipe vai a um *sagai* hoje", disse ela. Rani achava que eu etsava toda empolgada com a saída noturna. Ela me lembrou o filho de Índia, incerta se eu era uma *Bhaiyya* ou um *Didi*, um príncipe ou uma princesa.

"Eu tentei cair fora, mas ele não deu a mínima", exclamei.

"Meu príncipe vai se vestir e ficar lindo e se divertir", Rani falou amorosamente.

"Eu odeio *sagais*, casamentos, *namkarans*."[23]

23 *Namkaran* é batizado. (N.T.)

"Quando eu era bem pequena, minha família foi ao casamento de minha prima em outra vila. Eu jamais me esquecerei das cores, das danças e das músicas."

Eu não pude explicar-lhe o quanto eu odiava os colegas empolados de meu pai e seus ternos baratos e seus reluzentes alfinetes de gravata de ouro. Eles eram burocratas de baixo escalão que não tinham ido tão bem assim nos exames de concurso público para trabalhar no serviço diplomático ou em um dos departamentos de maior prestígio do governo. Minas era o mais baixo da lista. Eu teria que escutar todo mundo fofocando no *sagai*. Os amigos de meu pai não liam livros. As esposas eram piores. Todo mundo era complacente e media o sucesso e o fracasso pelo mesmo padrão – carro, casa, aparelhos eletrônicos. O pessoal *jhuggi* como Rani pensava que um servidor público era o máximo do poder e que um empregado público era um grande *Sahib*. Ela não entendia por que eu adorava escritores e artistas, intelectuais que só podiam ser medidos pelo volume de massa cinzenta no cérebro. Ela provavelmente não era capaz nem mesmo de saber o que eram cientistas e escritores. Se você não tivesse educação, poderia saber como o conhecimento em si era classificado? Mas ela sabia o que era um médico.

Eu peguei algumas roupas e vesti-as. Sei que meu pai preferiria que eu usasse um *salwar kameez* tradicional, mas vesti calça. Meus pais já estavam me esperando na sala de estar.Voltei para dar um beijo rápido em Rani antes de me encontrar com eles no portão. Os Dhingras moravam perto de nós, portanto, fomos a pé até a casa deles.

O *sagai* estava acontecendo dentro de uma tenda vermelha que tinha sido erguida no jardim da casa deles. Havia um *dhurrie* vermelho aberto na porta da casa, atravessando todo o caminho até a entrada da tenda. Músicos usando *achkans*[24] de ouro reluzente tocavam o *shahnai*[25] e a *tabla*.[26] A cerimônia foi realizada

---

24 *Achkan* é um paletó. (N.T.)
25 *Shahnai* é um instrumento parecido com o oboé. (N.T.)
26 *Tabla* é um instrumento musical parecido com o pandeiro. (N.T.)

com tanto esplendor quanto um casamento, já que o noivo e a noiva logo estariam partindo para os Estados Unidos. Para se candidatar para um visto de entrada para noivas, Priyanka não poderia se casar até que chegasse là. O noivo e a noiva trocaram guirlandas, como se em um casamento real. Ver a noiva e o noivo dando sete voltas ao redor do fogo sagrado sempre fora meu momento favorito nos casamentos, mas os Dhingras disseram que não haveria nenhuma *pheras*.

Priyanka estava no meio da tenda com seu noivo. Ela parecia linda, ou pelo menos tinha sido maquiada para assim parecer. Ninguém podia vê-la muito bem debaixo de quilos de joias no pescoço e o pesado *chunnat*[27] em sua cabeça. O noivo estava de paletó, era estrábico e tinha queixo duplo.

Assim que entramos na tenda, o sr. Dhingra, que estava na entrada, apertou as mãos de meu pai e disse "*namaste*" à minha mãe. Impensadamente passou a mão na minha cabeça.

Como meu pai frequentemente comentava a política do escritório em casa, eu sabia quem eram seus verdadeiros amigos, aqueles com quem ele jogava cartas toda semana. Eles estavam reunidos em um canto. Ele foi até lá. As senhoras sentavam-se em cadeiras vermelhas do outro lado da tenda e minha mãe se dirigiu para lá. Eu fui atrás dela. As mulheres usavam joias de ouro maciço e sáris bordados a ouro. Minha mãe cumprimentou a mãe de Priyanka.

"*Beta*, venha comigo. Deixe-me apresentar-lhe minha sobrinha para que não se sinta enfastiada com os adultos", a mãe de Priyanka me falou, com sua mão no meu ombro. Ela me pegou pela mão e caminhamos até a casa. Passamos pelo tocador de *shahnai*, que estava soprando com toda a força seu instrumento. Risadas abomináveis vazavam para fora da sala de estar, onde as crianças, das mais variadas idades, estavam sentadas em círculo. Eu fui apresentada a uma garota gorducha com cara de idiota vestida de verde-papagaio e sapatos cor-de-rosa de bico.

"Nós vamos brincar. Você pode se juntar a nós", disse a garota.

---

27 *Chunnat* é um tipo de coroa. (N.T.)

Eu não sabia o que responder; seria um insulto recusar. Pelo que dava para ver ela era a líder. Ela tinha uma bolsa com uma alça que mantinha pendurada ao ombro.

"Em que série você está?", eu perguntei.

"Quarta série", disse ela.

"Que idade você tem?", perguntei-lhe.

"Onze anos", disse ela, dando-me uma olhada feia. Ela estava dois anos atrasada em relação à classe.

"Eu tenho um namorado. Você tem namorado?", ela me perguntou. Sua boca tinha se contorcido num esgar mesquinho. Ela era idiota e sem modos. Meu Deus, tenha piedade dela, pensei.

"Não", respondi.

"Tudo bem, vamos todos jogar algo", disse ela, virando-se e falando com todo mundo na sala, que estava cheia de crianças. Ela bateu palmas. Dois garotos que deviam ter a idade de Jeet começaram a pular e batiam palmas no ritmo dela. Eu não pude imaginá-los andando em círculos e dizendo "Oi, Mundo!" daquele jeito que fez meu coração se derreter até a raiz dos cabelos. Essas crianças não tinham nenhum encanto. Eu tinha perdido o que acontecera antes, mas ouvia muitas garotas, todas de roupinha cor-de-rosa ou verde, batendo palminhas. Muitas delas usavam batom e ruge. Estavam todas agindo como se fossem importantes com suas bolsinhas e seus prendedores de cabelo brilhantes. Eu dei um jeito de escapulir da sala e caminhei de volta à tenda.

Fui procurar minha mãe. Conforme me aproximava do grupo pude ouvi-las falar de suas filhas e do sucesso espetacular que haviam tido no mercado de casamentos arranjados.

"A empresa solicitou um *green card* para ele, e ela poderá juntar-se a ele assim que ele conseguir esse documento de identidade para estrangeiro, porque ele vai colocá-la no formulário também", uma senhora falou.

"Eu espero que minha segunda filha vá também. A mais velha está em Houston. Meu genro trabalha na IBM. Eu quero que a segunda também se estabeleça nos Estados Unidos", disse outra.

Eu passei por perto de onde elas estavam sentadas e fui até umas cadeiras vazias em um canto. Fiquei imaginando se algum dia me casaria e teria filhos. Tentei imaginar como seria. Eu poderia facilmente imaginar-me voltando para casa e Sheela abrindo a porta para me dar as boas-vindas. Também pude me imaginar tendo um filhinho como Jeet andando de quarto em quarto, pegando objetos e fazendo perguntas. Eu ganharia muito dinheiro e Sheela cuidaria da casa. Ela massagearia meus pés quando eu chegasse. Eu trabalharia em um projeto ultra-secreto de Física Nuclear. Ou num que mandaria indianos para Marte. Eu teria garotas correndo atrás de mim, mas seria fiel a Sheela, que seria a esposa perfeita. De algum modo, o papel não cabia lá muito bem em Sheela. A Sheela com que eu sonhava acordada não era a mesma Sheela que eu conhecia. Eu me imaginei casada com o Vidur. Ele seria bonzinho o suficiente para estar comigo. Porém, nada além disso era imaginável com ele.

Embora tivesse uma ambição ardente por ser bem-sucedida, eu não tinha pensado exatamente em como iria chegar a isso. O que é que eu iria fazer depois da escola? Como é que se chegava a ser um gênio?

Alguns homens caminharam na direção de minha cadeira e ficaram reunidos em um pequeno círculo não muito longe de mim. Eles estavam falando tão alto que fui obrigada a escutar. O sr. Chawla, o autoproclamado patriota, estava argumentando com os outros: “E daí se for é país menos desenvolvido? A Índia pelo menos é o nosso país. Nós somos deste solo, desta água”.

“Yogi Chawla, quando seu filho crescer você vai querer que ele vá para fora do país para receber uma educação melhor também. Olhe bem para nós; nem mesmo temos um fornecimento de água e luz de vinte e quatro horas.”

“É o nosso país. Se nós não o mudarmos, quem o fará?”

Eu sabia pelas histórias que meu pai me contava que nenhum deles tinha estado no exterior, mas que eles estavam discutindo os países *estrangeros* e falando com arroubo sobre tecnologia de incineração. Pelo menos Yogi Chawla não era hipócrita como o resto. Ele era o colega favorito de meu pai.

“Vejam bem, eles vão aprovar as recomendações da Comissão Mandal. Então, o que vai acontecer? Quando setenta por cento das vagas nas faculdades forem reservadas para castas e tribos selecionadas, onde nossos filhos estudarão?”, alguém mais perguntou.

Yogi Chawla resmungou. Os jornais traziam editoriais sobre o relatório Mandal e eu queria ouvir sua resposta. Uma guerra de castas estava lançada, com castas baixas reivindicando compensações pelos séculos de opressão e brâmanes reivindicando discriminação reversa.

"Não há jeito de o Parlamento passar essa lei", foi tudo o que Chawla disse.

Uma nova discussão começou sobre os jogos de críquete entre Índia e Paquistão. Eles ficaram empolgados conforme discutiam as perspectivas da Índia no jogo. Estava barulhento demais para mim. Eu me levantei da cadeira e fui até o grupo das mulheres. Em todas as festas eu me sentia suspensa entre o bloco masculino e o bloco feminino. Eternamente em cima do muro.

"Eu achei que você estava com as crianças."

"A mais velha tinha onze anos, mãe."

"Eu não achei que fosse necessário você vir, mas você conhece o papai."

"Você poderia dar sua opinião da próxima vez?", falei de modo cortante.

"Desculpe-me, farei isso no futuro."

"É tão barulhento que não consigo sequer pensar aqui", eu resmunguei.

"Tudo bem, eu fico com você", disse ela, pegando minha mão e caminhando para longe do grupo das mulheres.

"Essa garota Priyanka não fez nada. Um cara escolheu-a em uma busca de noiva de quatro dias e, apenas porque ele está nos Estados Unidos, eles pensam que a garota se deu bem", eu comentei.

"Você está certa. Você não precisa ir aos Estados Unidos para ser bem-sucedida." Ela enfatizou o "você" e acrescentou: "Você pode ser mulher e começar sua própria empresa aqui. Você pode se tornar a mulher mais bem sucedida do mundo".

"E se eu quiser ir para os Estados Unidos?", perguntei, de repente me sentindo rebelde.

"Bem, você não precisa se casar para ir".

"Talvez eu consiga uma bolsa e possa ir depois do ensino médio."

"Você é jovem demais para nos deixar. De fato, mesmo que você estude no IIT, nós preferiríamos que estudasse em Délhi para que ficasse em casa". Meus pais, obviamente, já tinham discutido isso juntos, mas jamais tinham discutido meu futuro comigo.

Eu iria fazer o vestibular no IIT de qualquer jeito, mas não tinha tanta certeza se queria ser engenheira. Todo mundo estava fazendo engenharia. Eu sabia que podia aprender muito numa faculdade de engenharia, mas o que isso me iria ensinar sobre a vida, a morte e o amor?

"Mãe, como é que você consegue manter essa conversa fiada?", perguntei, virando a cabeça na direção do grupo de mulheres que acabáramos de deixar. Elas estavam explodindo numa gargalhada.

"As pessoas fofocam porque a vida delas é um tédio!"

"Você não odeia isso?"

"A gente se acostuma", disse ela tristemente.

"Eu não quero me acostumar a isso. Eu não quero aceitar o tédio ou papo furado. Jamais."

"Não aceite. O mundo está mudando. Você não terá que aceitar coisa alguma. Eu estava pensando que talvez devêssemos convidar a sua amiga Tripta Adhikari para jantar." Havia algo de tenso, enfático, sempre que ela dizia o nome de Índia, como se ela estivesse com uma batata quente na boca.

"Tudo bem, vamos telefonar para a Tripta", disse.

"Ótimo. Peça-lhe que venha na terça."

"Eu ligo."

"O que você acha dela?", minha mãe perguntou.

"Quê?"

"Ela é sua amiga. Conte-me mais sobre ela."

"Ela parece ser legal". Podia sentir meus ombros e costas tensos.

"Ela é divorciada e sexy. Você está intrigada com ela?"

"Acho que sim", eu não tinha pensado nesse recorte seco em relação a Índia, mas minha mãe tinha-a resumido bem.

"O que ela faz?"

Eu não sabia o que Índia fazia. Apesar de nossas escapadas eu não fazia ideia se ela trabalhava, onde trabalhava, ou mesmo quando ela trabalhava.

"Eu não a conheço bem, mãe. Eu não sei o que ela faz."

Minha mãe sorriu.

"Sobre o que falam?"

"Só sobre a escola."

Meu pai se juntou a nós. Muitos de seus colegas estavam saindo e ele estava pronto para ir embora também. Nós agradecemos aos pais da noiva, cumprimentamos o jovem casal de novo e deixamos a tenda.

"Então, foi legal demais, não foi, Anamika?", meu pai disse conforme caminhávamos para casa.

"Não, papai, não foi."

"Não seja teimosa. Você se divertiu."

"Rajan, você se divertiu porque estava com os seus amigos. As crianças tinham onze anos e menos. Ela não tinha ninguém com quem conversar. Verdade, nós não devíamos forçá-la a vir com a gente. Ela vai ter vestibular daqui a pouco."

Ele olhou para nós, mal acreditando.

"Tudo bem. Como quiser, mas você se divertiu, certo?", ele perguntou à mamãe.

"Não exatamente, mas estou acostumada a esse tipo de programa."

Caminhamos em silêncio durante alguns minutos.

Depois perguntei: "O que Rani comeu no jantar?". Minha voz saiu fraca. Soava como se viesse de outra pessoa.

"Sobras", minha mãe respondeu.

Quando chegamos em casa, dei um rápido boa-noite a meus pais e fui para o quarto. Rani estava dormindo em seu colchonete no chão de pedra. Ela tinha colocado meu pijama na minha cama. Vesti-o e me deitei na cama, esperando que a luz do quarto de meus pais fosse apagada. Eles dormiam com a porta do quarto aberta. Depois que a casa ficou às escuras, eu tranquei a minha porta. Sussurrei: "Rani". Mas ela não acordou. Então peguei meu travesseiro e joguei-o no chão, ao lado dela, e me deitei. Encaixei-me debaixo de seus braços. Ela se mexeu, me abraçou e adormecemos. Dormíamos assim todas as noites, com as nossas pernas entrelaçadas feito tranças. Às vezes virávamo-nos de costas uma para a outra, mas eu levava meu braço para trás para pousar minha mão sobre sua bunda. Eu sonhei com a palavra *sagai*. Ela estava escrita em híndi com flores de lótus sobre um lago.

X
Freelance

Na manhã seguinte eu acordei antes de Rani. Escutei sua respiração constante durante alguns minutos; então me levantei, fui até a cozinha e liguei a chaleira. Meus pais ainda estavam dormindo. Fui pé ante pé até a sala de estar e telefonei para Índia. Sua voz estava pastosa.

"Desculpe por acordá-la", disse. "Minha mãe pediu que a convidasse para jantar amanhã."

"Isso vai ser maravilhoso!", disse ela sem hesitação.

"Tenho que desligar. Vou aí hoje à tarde."

Ela se despediu me mandando um beijo. Voltei para a cozinha para fazer chá. Pude ouvir o movimento no quarto de minha mãe e no meu. As pulseiras de Rani tilintavam enquanto dobrava o lençol.

"Você acordou cedo", minha mãe falou, entrando na cozinha.

Rani tinha se juntado a nós na cozinha. Ela ficava mais linda quando acabava de acordar. Suas pálpebras ainda estavam ligeiramente inchadas de sono.

"Rani, você poderia fazer uma *parathas*[28] para o café-da-manhã?", minha mãe pediu.

---

28 *Parathas* são pães recheados. (N.T.)

Rani fez que sim com a cabeça.

"Eu não vou à aula de ioga hoje. Vamos até o seu quarto tomar *chai*?", minha mãe me perguntou.

"Sim." Eu gostaria de convidar Rani para ir com a gente também. Uma vez no quarto, minha mãe fechou a porta de propósito e sentou-se na cama. Ela passou a mão na cama e disse: "Uau! Você até já fez sua cama hoje! O que está havendo?".

Houve um brilho em seus olhos. Ela não poderia saber que eu tinha dormido no chão. Meu coração pulou, mas eu recordei para mim mesma que não devia ser paranoica demais.

"Nada", disse com um dar de ombros.

"Você está ficando farta de ter Rani em seu quarto?"

"Não."

"O papai pensa que você só está fazendo isso porque sente pena dela. Ele acha que isso vai distrair você de seus estudos."

"Mãe, isso não tem nada a ver!"

"Ele disse que você deveria ter estudado ontem à noite, quando voltamos, mas que você não o fez e foi dormir imediatamente porque provavelmente a encontrou dormindo e não quis acordá-la."

"Não, eu estava cansada. A comida pesada me deu sono."

"Querida, não se apegue demais a ela", disse minha mãe, segurando meu rosto com as mãos. Eu olhei para baixo. "Afinal de contas ela é só uma empregada", acrescentou.

Senti minhas orelhas esquentarem. Assenti. Minhas mãos começaram a tremer. Tive que pousar a xícara de chá na cama, pois não conseguia segurá-la mais com firmeza. Pensei em algo para dizer. Peguei o meu diário escolar. Abri sua capa cinza-azulado e virei algumas de suas páginas.

"Mãe, nós vamos ter mais práticas intensivas de Dia do Esporte. Hoje vou ter que ficar na escola até mais tarde." Eu queria ir ver Índia à tarde.

"O que devo dizer a Rani? Ela está querendo voltar à *jhuggi* para falar com o marido."

"Com o marido dela?"

"Ele já pediu desculpa várias vezes. Ele mandou recado pela vizinha dizendo que não está bebendo mais."

“Ah!”, disse, pegando novamente na xícara e levando-a à boca para cobrir a palidez de meu rosto. Mantive-a lá por um instante, mas só tomei um gole. Este pareceu-me uma substância sólida em minha garganta. Rani não tinha me dito nada sobre querer ver seu marido.

“Ela pode ir hoje.”

“Eu lhe direi que ela não precisa vir senão para a hora do jantar, então.”

Eu olhei o despertador no meu criado-mudo e levantei-me para me vestir. Minha mãe deixou o quarto fechando a porta.

O dia inteiro na escola não pude pensar em mais nada senão no fato de que Rani ia voltar a ver seu marido. Eu pairei sobre meus testes, como se outra pessoa os estivesse fazendo. Não pude apreciar a companhia de Vidur. Nem mesmo a de Sheela. Na caminhada para a casa de Índia naquela tarde eu estava ansiosa. Será que ela traria à tona o assunto de terminar nosso caso? Eu imaginei Rani voltando para a *jhuggi* e Índia decidindo que eu era jovem demais para ela. A vida tinha sido incrível nas últimas semanas. Eu deveria ter sabido que iria acabar. A utopia não era um estado estável.

A temperatura estava alta demais e os raios de sol tão ferozes que o ar e o céu tinham um quê de brilho puro. Eu não conseguia ver nada a menos que cobrisse os olhos com a mão. Por fim, tive que parar à sombra de um *gulmohar* na caminhada curta até a casa de Índia e pegar um livro. Escolhi o mais leve e o mais longo dos cadernos em minha mochila, o registro do laboratório de Química, e mantive-o sobre minha cabeça conforme cobria o resto da distância. Eu me lembrei do rosto de Índia com todos os detalhes ao me aproximar de sua casa. Pensando nela eu me senti muito forte, como se pudesse mover montanhas por ela, me deitar sobre estradas de ferro, pular na frente de caminhões para salvar-lhe a vida. Eu não sentia culpa sobre Sheela ou Rani ou alguma outra coisa. Eu a amava completa e absolutamente. O sentimento era tão intenso e certo que espantava até a mim mesma. Ela abriu a porta tão logo eu toquei a campainha.

“Está tanto calor que eu pensei que iria ter insolação”, disse ela, beijando-me no rosto.

"Quase tive."

"Estamos sem força o dia todo. Está um calorzão aqui dentro também."

"Está tão fresquinho comparado com lá fora que não faz mal. Onde está Jeet?", perguntei-lhe.

"Ele voltou para a casa do pai. Ontem foi uma exceção", disse ela. Imaginei se ela estava triste.

"O que você faz?" perguntei, colocando minha mochila no sofá e meu registro sobre a mesa do café.

"O que você quer dizer?"

"Minha mãe me perguntou, e eu não sabia o que você fazia para ganhar a vida."

"Sou designer. Faço layouts para comerciais e coisas desse tipo", disse ela.

"Onde você trabalha?"

"Aqui. Eu sou freelance."

"Freelance", eu repeti a palavra para mim mesma. Pareceu-me exótico. Um espírito livre. Liberdade. Eu queria ser uma freelance. Decidi que seria uma freelance quando crescesse.

Ela tinha pegado meu registro de Química e o abrira. "Orgônio era o meu favorito", disse ela.

"Você me falou que era uma designer. Uma freelance." As palavras dançaram em minha língua.

"Eu sou, mas meu mestrado foi em Química. A gente acaba fazendo coisas que nunca espera."

Eu queria dar voz a minhas dúvidas sobre nosso jantar na noite seguinte, mas não sabia como fazer isso sem trazer o assunto *Rani*, então eu disse apenas: "Não conte à minha mãe que nós nos encontramos hoje".

"Quer um pouco de café gelado? O mixer não está funcionando, mas eu mesma posso bater."

A cozinha estava um tanto escura. Eu vi Índia se mover por ali, abrir a porta da geladeira, pegar cubos de gelo do freezer.

"Você ainda ama seu marido?", perguntei.

"Não". Eu pensei que ia dizer algo mais, mas ela se calou.

"Alguma vez você já se envolveu com outra pessoa?"

"Sim. Com um homem casado."

"Você o amou?"

"Sim. Mas ele era casado."

"Quando foi isso?"

"Há dois anos."

Ela colocou o café numa jarra de aço com tampa e estava mexendo-o com um bastão comprido.

"O que é isso?"

"É para mexer martínis."

Eu não queria lhe perguntar o que era um martíni. Eu iria procurar no dicionário. O café parecia tão cheio de espuma como se tivesse sido feito em um liquidificador. Ela me serviu a bebida em um copo longo e depois me levou pelo braço até a varanda.

"Precisamos conversar". Foi o momento que eu temia. Puxei uma das cadeiras da varanda e aproximei-a da outra.

"Anamika, eu não vou ter um caso com você."

Mas nós estamos tendo um caso, minha mente protestou.

"Por quê?", murmurei.

"Porque você é muito menina. Tenho pensado sobre isso. Eu me deixei levar. Tenho praticamente a idade de sua mãe, e não está certo. Eu não quero te magoar."

Fiquei ali sentada em silêncio olhando fixamente para meu copo de café, imaginando qual seria a melhor maneira de convencê-la a continuar. Eu tinha certeza de que ela tinha gostado quando fôramos tão íntimas.

"Como você acha que me magoará?"

"Você é jovem, devia estar com alguém que pode estar com você. Eu tenho um filho, tenho deveres. Eu já posso ver que isso não vai levar a lugar nenhum. Nós não podemos aparecer juntas em lugar nenhum. Na verdade, você deveria estar envolvida com um garoto."

"Você só poderá me magoar se for malvada. E você pode fazer isso quer esteja tendo um caso ou não."

"Eu jamais seria malvada com você."

"Então você não me magoará."

"Você deveria ficar com alguém de sua idade."

"A idade é irrelevante", afirmei. Eu realmente acreditava nisso também.

"Não me interprete mal, eu também acho. Eu me sinto próxima de você. Deepak, um de meus amigos mais próximos, é muito mais novo do que eu, embora não tão jovem quanto você. Mas não há futuro nisso."

"Eu não quero um futuro. Quero o agora. Eu fui a um *sagai* ontem. Acho que o casamento é uma armadilha."

"É uma armadilha", confirmou ela.

Ela encarou-me. Passei o dedo sobre seus lábios e os beijei. Eu pensei que ela fosse se afastar, mas não o fez. Depois de alguns segundos, falou: "A única maneira de termos nosso caso é se você prometer que não vai se apegar demais".

"Prometo", disse sem esperar um segundo sequer.

"Não", ela murmurou, pegando meu queixo e aproximando-o de seu rosto, "prometa de fato."

"Sim. Sim. Prometo", disse, pensando comigo que o amor e o apego eram duas coisas diferentes.

"Eu não quero me sentir culpada por monopolizar você. Você é tão jovem que deveria ser livre", disse ela. Freelance, pensei comigo.

"Eu sou livre", falei, lembrando-me da noite em que tinha vindo até sua casa pela primeira vez, repetindo a constante de Planck como um mantra em minha cabeça.

"Você é tão linda, sabia?"

Eu ri.

"Do que você está rindo?"

"De eu ser linda."

"Mas você é."

"Não, não sou. Posso ser brilhante, mas não bonita."

"Quem lhe disse que você não é bonita?"

"Eu tenho olhos bonitos. Ninguém precisa me dizer. De qualquer modo, isso não importa uma vez que não tem importância para mim."

Era superficial pensar sobre a aparência de alguém. Eu queria ser apenas uma alma, uma mente inteligente, um coração que estivesse fremente de paixão. Eu queria estar acima e além das aparências.

"Eu vou convencê-la de que você é bonita."

"Eu não estou nem aí para as aparências."

Se eu dedicasse qualquer tempo que fosse ao meu próprio embelezamento, isso negaria minha visão de mim mesma como um ser mental. E, no entanto, eu tinha separado todos os traços de Índia em minha mente, pedaço por pedaço, durante horas. Eu tinha notado a beleza de Rani e a tez cremosa de Sheela. Nesse sentido eu não tinha mostrado a nenhuma delas o respeito que eu demonstrara para comigo mesma. Eu não pensava em nenhuma delas como mentes puras. Eu as enxergava como mulheres. Eu gostava de sua carne. Isso depreciava meu amor por elas, o fato de que eu amava os corpos e não apenas a alma delas?

"No que você está pensando? Você está tão calada?", disse Índia.

"Nada. Minha mãe refere-se a você pelo nome. Eu não estou acostumada a isso. Soa estranho", disse, não querendo falar mais sobre beleza.

"Você nunca me chamou de Tripta. Aliás, nunca me chamou de coisa alguma."

"Eu não queria chamar você pelo nome e ofendê-la. De qualquer modo, eu não sabia o seu nome por um tempo. Mas eu tenho o meu próprio nome para você."

"Qual?"

"Índia."

"Índia? Por quê?"

"Porque quando eu a vi pela primeira vez senti um tipo de amor que sinto pelo país inteiro, não apenas por uma parte dele. Por todas as suas contradições, sua ferocidade, sua beleza, seus rios e suas montanhas."

Ela moveu sua cadeira para a frente e passou a mão em minha cabeça. "O que está acontecendo aí dentro? Eu nunca pensei em tais coisas quando tinha a sua idade. Nem hoje."

Eu bebi o resto do café e mastiguei os pedacinhos de gelo que ainda não tinham derretido. Era tão estranho que outra pessoa pensasse em mim. Índia tinha ideias sobre mim, sobre o tipo de pessoa que eu era, e eu não sabia até que ponto elas correspondiam a quem eu de fato era. Lembrei-me de um teorema sobre triângulos congruentes na aula de geometria. As leis que declaravam sob quais condições certas formas eram iguais a outras formas. Era possível mapear os seres humanos da mesma maneira ou era inevitável que erros se introduzissem?

Nós ficamos em silêncio durante alguns segundos.

"Olha, eu não quero usar você para fazer sexo. Eu não quero que isso tenha a ver com aquilo", disse ela de repente.

"Usar-me para fazer sexo?" A ideia era excitante e adulta. Soava como a história do Sartre que eu tinha lido. Ela poderia de fato reduzir-me totalmente a meu corpo e me desejar? Era melhor do que ser querida por meu cérebro. Minha mente era elogiada desde que eu começara a estudar, mas meu ser físico havia sido negligenciado. Ninguém dera atenção a ele. Mesmo Rani, que dormia comigo, estava comigo porque era apegada a mim emocionalmente.

"Eu quero que você me use."

xi
MANDAL

Eu raramente ligava para meus amigos em casa, mas deixei Índia sentindo a necessidade de falar com Sheela ou Vidur. Vidur era mais inteligente, então eu decidi telefonar-lhe. Um homem com um sotaque extremamente polido atendeu ao telefone. Eu pensei que fosse o primo do Vidur, que estava visitando-o, vindo de Bombaim. Ele perguntou meu nome e disse: 'Espere só um instante, Anamika". O som de meu nome a partir de sua voz foi muito íntimo.

"Era o seu primo?", perguntei.

"Não, era meu pai. Ele chegou mais cedo do trabalho hoje."

Ele me soara jovem. Vidur era articulado, mas não sofisticado assim. Seu pai falava inglês com um sotaque refinado, quase britânico.

"Liguei para lhe falar de uma coisa. Você concorda que as pessoas que colocam a aparência acima da inteligência são superficiais?", perguntei.

"Claro", disse Vidur.

"E que isso acontece porque quando a pessoa vai bem na escola é o resultado do esforço pessoal, ao passo que a pessoa que nasce com boa aparência não faz esforço nenhum?"

"Naturalmente", disse ele irritado, como se tal raciocínio fosse inquestionável.

"Mas, Vidur, uma pessoa nasce com inteligência do mesmo modo que a pessoa nasce bela."

"Mas a pessoa ainda assim tem que dar duro para ir bem na escola. Lembre-se de que genialidade é fruto do suor do corpo."

"Espere aí, imagine um cara na nossa sala que é muito mais brilhante do que qualquer um de nós. Um Einstein. Alguém com memória fotográfica que nunca tem de fazer esforço para aprender."

"Esse é um caso mais difícil", Vidur admitiu com hesitação.

"Ou se Sheela argumentasse que ela tem de trabalhar duro para parecer bela. Que ela usa pepinos como máscaras de rosto, que se lava com açafrão, então ela merece crédito por sua beleza."

"Por que sempre se diz que os garotos são inteligentes e as garotas belas, por exemplo?", ele perguntou.

"Pode ser ao contrário, isso não importa."

"Meu pai diz que, se eu tivesse uma irmã, ela seria mais bonita do que eu e mais inteligente. Ele diz que queria uma filha", Vidur falou mais alto. Eu percebi que Vidur estava falando isso alto para seu pai ouvir.

Eu entendi o pai dele falar à distância: "Eu não disse isso. Estava só tentando dizer à sua mãe que meninos e meninas acabarão bem se você os criar bem". Eu amei a voz, o timbre profundo e o modo como o pai de Vidur pronunciava as palavras.

"Esse é o meu coronel falando", disse Vidur.

Eu sabia que seu pai era do Exército, um *fauji*,[29] mas não sabia que ele já era coronel! Eu tinha uma vaga ideia de quanto tempo levava para um *fauji* chegar a esse posto. Só uns poucos oficiais excepcionais eram capazes de ir adiante. Seu pai devia ser de uma estirpe diferente. Eu queria perguntar a Vidur a idade do pai dele. Mas não o fiz.

"Então, qual a resposta? A Sheela e o Einstein-júnior são igualmente meritórios?", perguntei.

"Eu não sei. Vou pensar nisso."

"Por que você não pergunta a seu pai?"

"Por que não pergunta ao seu?"

29 *Fauji* refere-se a comandos do Exército. (N.T.)

"Eu não falo com o meu pai sobre aparências."

"Tudo bem, eu vou perguntar para o meu e te digo amanhã o que ele respondeu." Desligamos. O vazio da casa me acertou em cheio depois que desliguei o telefone. Eu tinha entrado com minhas próprias chaves, não recebera as boas-vindas de Rani, mas estava preocupada demais para notá-lo. Agora me lembrara que ela fora ao *jhuggi* para encontrar o marido.

Tirei o uniforme escolar e pendurei a gravata, a saia e o cinto. Depois eu me sentei na cama e fitei a parede. O calor, combinado à ausência de Rani, me entorpecera. Quarenta e cinco minutos se passaram assim até que a campainha da porta soou, arrancando-me de meus devaneios. Eu estava usando apenas a blusa do uniforme, então tive que me meter em um par de calças antes de atender.

"Como foi o treino do Dia do Esporte?", minha mãe perguntou assim que eu abri a porta para ela.

"Só tivemos discussões preliminares". Tinha certeza de que meu rosto estava ficando roxo de tanta culpa. Tinha mentido antes, mas dessa vez doera. E, no entanto, eu não podia visitar Índia tão frequentemente quanto fazia porque então eu teria que explicar por que ela era tão importante para mim. Se eu dissesse à minha mãe que estava apaixonada por Índia, então ela poria fim à relação. O jeito era mentir.

"Eu falei à senhora Tripta Adhikari sobre o jantar amanhã."

"Ela é divorciada. Adhikari é provavelmente seu nome de solteira. Você deveria chamá-la senhorita."

"A Rani vai voltar?"

"Vamos saber na hora do jantar. Talvez ela consiga resolver as coisas com o marido dela."

Dei de ombros com indiferença e fui para o meu quarto. Peguei a tarefa de Química. Nossa professora tinha nos entregado uma folha de gráficos com dez questões. A tinta do papel passou para minhas mãos. Eu me sentei à escrivaninha e tentei responder às perguntas, mas não consegui parar de pensar na Rani. Eu geralmente fazia minha tarefa de casa sem olhar para meus livros ou cadernos, mas hoje eu não estava conseguindo me concentrar de jeito nenhum. Fui buscar o registro do laboratório em minha mochila e só aí me dei conta de que o tinha deixado na casa de Índia. Eu precisaria pegá-lo ou pedir-lhe que o trouxesse discretamente quando viesse jantar.

Um pouco antes do jantar, escutei a campainha tocar. Eu me controlei para não correr até a porta. Rani poderia vir me encontrar se assim o quisesse. Olhei o relógio. O segundo ponteiro deu uma volta inteira no mostrador e depois outra e mais outra. Houve uma batida na porta.

"Sim", disse. Rani entrou.

"Princesinha, como você está?"

"Como está o seu homem?", perguntei de modo duro.

Ela veio por trás da minha cadeira e colocou suas mãos em meus ombros.

"Você está brava?"

"Não." Meu corpo estava tremendo. Eu estava com medo de que isso ficasse evidente se me levantasse. Mantive minhas mãos presas debaixo das pernas porque elas também estavam trêmulas.

"Você está brava", disse ela, chegando com seu rosto perto do meu e sorriu. Estava me tratando feito criança, um príncipe mimado.

"Então o que está acontecendo?"

"Ele quer que eu volte para casa. Ele disse que jamais voltará a beber."

"Você vai?". Eu sabia pelo meu jeito de falar que soava distante, embora, de fato, sentisse que estava à beira de cair no choro em seus braços.

"Eu disse-lhe que não iria deixar você. Eu trouxe as minhas roupas", ela murmurou, acariciando meu pescoço.

Senti-me leve, como se o alívio fosse uma força antigravitacional. Abracei-a.

"Você quer que eu fique aqui, princesinha?"

"Sim. Claro", sussurrei.

"Venha comer. *Memsahib* está chamando para jantar."

Fiquei em silêncio durante a refeição. Eu não queria mentir sobre o Dia do Esporte na escola novamente. Mantive o livro de Química sobre a mesa e dava uma olhada nele enquanto comia. Em geral a H_2S nos dava dicas no laboratório que não estavam escritas no caderno ou eram difíceis de encontrar. Minha esperança era que, se eu conseguisse ler todo o capítulo, algo da lição iria acionar minha memória e eu me lembraria do que escrevera na lição do laboratório. Não falei com ninguém à mesa. Se meus pais me diziam algo, eu resmungava. Assim que terminei de comer, retirei-me para o quarto para estudar.

Depois que Rani terminou de arrumar tudo na cozinha, ela veio para o meu quarto. Quando me viu lendo, fez a cama no chão e se deitou. Eu esperei para telefonar a Índia. Li mais um tempinho, até que meus pais apagassem a luz do quarto. Então fechei a porta e sussurrei: "Rani". Ela ainda estava acordada. "Venha cá."

"Princesinha, tem certeza?"

"Claro." Pensei em bater papo com ela durante alguns minutos antes de ligar para Índia.

Ela tinha voltado a falar como empregada de novo consciente de sua posição depois de ter ido à *jhuggi*. Eu queria apagar seu histórico, seu passado, e o estigma de conviver com uma pessoa de casta tão baixa. Isso era algo que eu não poderia contar para ninguém: nem para Índia, nem para Sheela, nem para Vidur, nem para meus pais, nem para algum futuro amor.

Conforme nos deitamos juntas, o cheiro de terra molhada chegou pela janela trazido pela brisa.

"Cheira a chuva", Rani disse.

Levantei-me e olhei para fora. No lusco-fusco podia ver agulhas de chuva caindo.

"Está chovendo", confirmei.

"Fico feliz", ela falou, conforme corria seus dedos ao longo de meu antebraço.

Eu não queria interromper o momento que estávamos dividindo. Decidi ligar para Índia noutra hora e adormeci com o cheiro de Rani e de terra molhada.

Na manhã seguinte, vi a professora Pillai quando desci do ônibus escolar. A chuva tinha esfriado Délhi e uma brisa leve soprava. O *pallu* do sári da professora Pillai drapejava e desceu-lhe do ombro. Ela o segurou. Eu estava andando um pouco atrás dela. Vi seu pescoço de garça sair uns centímetros para fora quando ela colocou o *pallu* de volta sobre os ombros.

"Bom dia, professora", disse, acelerando o passo para alcançá-la.

"Oh, Oi, Anamika. O dia está tão agradável."

"A senhora está linda", afirmei.

"Oh", disse ela.

"Professora, a senhora poderia me recomendar uns livros bons? Estou lendo Sartre", disse, falando rapidamente, envergonhada pelo elogio que eu acabara de lhe fazer.

"Esse autor é negativo demais. Eu vou lhe emprestar algo. Não me deixe esquecer, neném"

Enquanto me afastava fiquei cheia de uma sensação agridoce. Ela não tinha me ignorado, mas tinha me chamado de "neném".

Na assembleia da escola naquele dia, o garoto que leu as notícias disse que o governo tinha decidido aprovar as recomendações da Comissão Mandal e aumentar o número de vagas reservadas para certas castas em escolas e faculdades. Essas eram as notícias fresquinhas da manhã. Deixaram-me chocada. Foi seguida por uma fala breve do outro aluno sobre o Triângulo das Bermudas. Depois disso, o diretor apareceu e falou. Ele geralmente se dirigia à escola na segunda-feira. Era incomum para ele falar no meio da semana. Falou sobre o mérito e o valor do esforço árduo. Os professores não deveriam tomar partido político e, embora ele não tenha mencionado especificamente a Comissão Mandal, é óbvio que estava se referindo a ela.

A fala do diretor tinha criado um frisson. Os alunos se juntavam para discuti-la em vez de se dirigirem às salas de aula. Os próprios professores formaram círculos espontaneamente e argumentavam. Vozes se levantaram. Eu abri caminho até onde meus colegas estavam.

"As novas vagas não têm nada a ver", Vidur estava dizendo para todo mundo.

"As divisões de castas são um erro ao longo de nossa história. Nós temos que pagar por isso", Sheela estava argumentando com igual paixão.

"Os brâmanes vêm explorando todo mundo há séculos. Os *chutiyas*",[30] Chakra Dev disse, se materializando do nada. Ele colocou a mão no ombro de Sheela como se eles fossem do mesmo time.

Eu fiquei doida quando vi isso. Os olhos de Vidur também estavam incendiados. Sheela deu de ombros e olhou para ele. "Não toque em mim", disse ela a Chakra Dev. Ele saiu andando. Ficamos todos reparando até que ele estivesse a certa distância para olharmos uns para os outros.

"Pró ou contra?", Vidur perguntou para mim.

"Contra."

"Você sabe quantas atrocidades são cometidas contra eles até hoje?", Sheela perguntou.

"Isso é um assunto à parte que não tem nada a ver com vagas; é uma questão muito mais ampla."

Nós caminhamos para a sala de aula e fomos direto para as carteiras.

"Ei, Vidur, você fez a minha pergunta a seu pai?"

"Ele diz que depende do contexto. A inteligência é mais importante do que a beleza se você for um cientista, mas se você for um modelo, então a beleza é mais importante."

Eu não fui capaz de decidir se concordava com sua resposta. "Mas será que o crédito por um é melhor que pelo outro?", perguntei.

"Bom dia, crianças", o professor Garg entrou na sala interrompendo nossa conversa.

Vidur inclinou-se em minha direção e falou: "Eu te conto mais tarde".

A aula de Física foi terrivelmente chata naquele dia. A classe fez anotações ao acaso. Eu tinha lido a matéria antes e sabia que não precisaria prestar atenção porque tinha entendido o capítulo.

Quando o professor Garg estava escrevendo na lousa, eu escrevi a lápis no meu livro: "O que ele disse?", e empurrei o livro para debaixo do nariz de Vidur.

---

30 *Chutiya* significa idiota. (N.T.)

Ele escreveu em uma folha de seu caderno durante algum tempo sem levantar os olhos. Primeiro achei que ele estava me respondendo, mas então me dei conta de que estava fazendo anotações de Física porque não parava de escrever. Por fim, ele fechou o caderno e colocou-o debaixo da carteira, passando-o para mim.

Abri-o na última página. Ele tinha escrito: "Na vida real é improvável que haja alguém tão inteligente e tão belo como no seu exemplo. É também improvável que essa pessoa tenha um correspondente nível de sucesso. É difícil dizer se alguém alcançou sucesso sem esforço, puramente na base da inteligência natural ou da beleza natural. E mais, embora a beleza e a inteligência sejam qualidades com as quais se nasce, e que uma pessoa pode desenvolver, a mente é a joia do corpo porque é o que torna os homens diferentes dos animais. É a mente que é a *raison d'être* do homem".

Eu tinha certeza de que Vidur tinha me dito tudo mais ou menos ao pé da letra. Eu não sabia como se pronunciava "*raison d'être*". Conforme li o parágrafo uma segunda vez, eu imaginei a voz do pai dele se dirigindo a mim. Arranquei a folha do caderno de Vidur. Tive que arrancá-la devagar, milímetro por milímetro, para que a classe não ouvisse nada. Dobrei-a e coloquei no bolso de minha saia.

Quando a aula acabou, nós nos levantamos e cantamos: "Obrigado, senhor professor". Na aula da sra. Pillai eu me mudei para a carteira de Sheela. Eu não queria que ela pensasse que eu era uma hipócrita preconceituosa da casta mais elevada cujas opiniões derivavam de meu nascimento brâmane. Era importante que ela soubesse o que eu pensava sobre as castas objetivamente e que tinha chegado às minhas próprias conclusões através da razão.

"Brâmane exploradora", ela sussurrou assim que me sentei a seu lado. Ela tinha usado a linguagem de Chakra Dev para zombar de mim. Agora eu já não podia mais argumentar sem paixão; senti raiva em meu sangue. Ele, de todas as pessoas! Como é que ela podia usar as mesmas palavras dele?

"Como assim?", perguntei, tentando ficar calma.

"Você é a favor do sistema de castas", ela acusou.

"Não, não sou."

"Por que você não quer que as castas inferiores melhorem sua sorte?"

"Mas eu quero. Só não acho que a política Mandal seja o melhor modo, só isso."

"Eles parecem que têm merda na cabeça", ela sibilou.

Eu sabia que poderia fazê-la me enxergar sob outro prisma se lhe contasse sobre Rani. Mas ela podia se ressentir com a ideia de eu ser fisicamente íntima de alguém de uma *jhuggi*. A coisa iria para o outro extremo.

A professora Pillai entrou na sala de aula e todo mundo se levantou. Antes que começássemos a cerimônia de boas-vindas, ela ordenou: "Por favor, não me desejem 'bom dia'". Imaginei se Índia alguma vez se irritara com Jeet e lhe falara para não dizer "Oi, Mundo!". Eu ri.

Abri meu livro de anotações e tirei a tampa de minha caneta-tinteiro. Antes de prestar atenção na aula, eu inclinei-me sobre Sheela e sussurrei: "As recomendações Mandal são perversas. Se um cara da casta baixa entrar na base do mérito, ele não poderá ser encaixado na categoria de reserva. Reservas são para aqueles que não poderiam chegar lá por mérito."

Sheela me ignorou e começou a fazer anotações.

Enquanto a professora Pillai falava, eu contemplei seu pescoço comprido e o movimento dos tendões de seus antebraços conforme ela escrevia na lousa. Deixei minha mente ser freelance.

Quando todo mundo se levantou no fim da aula, eu apertei a mão de Sheela na minha. Eu tinha que voltar para a minha carteira uma vez que a professora Thaityallam era rígida sobre esse tipo de coisa. "Vamos conversar no intervalo", disse enquanto juntava minhas coisas.

"Tudo bem", respondeu ela, ainda um pouco fria.

Quando o sinal tocou para o intervalo a sala de aula ficou vazia. Os garotos foram jogar e as garotas foram assisti-los. Chakra Dev parecia estar enrolando, mas finalmente saiu. Peguei minha lancheira com o sanduíche de geleia que Rani tinha arrumado e caminhei até a carteira de Sheela. O sol estava de matar e eu não queria ir lá para fora.

"Eu sinto muito sobre o que aconteceu no ônibus naquele dia". Nós ainda não tínhamos falado sobre aquilo. E eu não sabia por que tinha trazido o assunto à baila.

"Não foi culpa sua."

"Mas foi minha ideia."

"Não", disse ela, baixando os olhos. Eu peguei em seu queixo para levantar-lhe o rosto. Ela me olhou direto nos olhos. O branco dos olhos parecia maior do que de costume. Senti como se estivesse nadando dentro deles.

"Por que você está me olhando assim?", ela me perguntou depois de alguns segundos. Eu acentuei a pegada em seu queixo e baixei meus olhos até que meus lábios tocassem nos dela. A pele de nossos lábios inferiores estava em contato. Chegamos mais perto por um segundo e então ela se afastou.

"Anamika, a porta está aberta. Você está louca?"

"Estamos a sós", eu falei calmamente.

"Olhe", disse ela, apontando a porta. A menos que alguém de fato pusesse a cabeça no vão, não poderia nos ver. Mas para qualquer pessoa que enfiasse a cabeça para dentro, nós éramos facilmente visíveis. Eu me levantei da cadeirinha de madeira em que estivera sentada. Minhas pernas estavam molhadas de suor. Elas tinham deixado longas marcas de suor na cadeira. Fui até a porta e tranquei-a. Tinha certeza de que nossos assentos não podiam ser vistos pelo visor da porta.

"O que as pessoas vão pensar?"

"O que quiserem!", eu meti a saia debaixo das pernas para que minhas coxas não tocassem na cadeira e me sentei. Nossos lábios fizeram contato novamente. Conforme nos beijávamos eu me inclinei para a frente até ela ficar de encontro à parede. Ela expirou profundamente do lado de meu pescoço. Eu não conseguia ouvir minha própria respiração. Lentamente levei a mão por debaixo da gravata até seu peito. Sua respiração ficou mais forte. Alcancei o botão da blusa e abri-o.

Senti sua respiração mudar imediatamente. Ela segurou minha mão e disse: "Pare".

"Por quê?", perguntei, afastando-me de seu rosto.

"Porque eu não quero que você faça isso."

"Mas você quer beijar?", perguntei agressivamente.

"Eu gosto de beijar", disse ela.Soltei meus braços. Ela levou seu rosto perto do meu e começou de novo. Depois de um tempo a porta mexeu. A pequena trava no topo da porta sustentou-a trancada, mas a parte mais baixa da porta vibrou.

"Deus", Sheela balbuciou. Eu fui até lá e a destravei. Era o Chakra Dev. Masturbador compulsivo, pensei, conforme o deixava entrar.

"Brâmanes são *chutiyas*", disse ele, olhando para minha blusa. Eu não respondi.

"Por que a porta estava trancada?", ele perguntou com tom desagradável.

"Não é da sua conta", eu disse agudamente.

"Assuntos femininos", Sheela ajuntou, tentando sorrir. Ela não queria que ele se exaltasse.

"Garotas", ele grunhiu e caminhou até sua carteira.

"Cansado de jogar no campo?", Sheela perguntou para ele. Fiquei imaginando se ela estava pensando nele fazendo seu troço sete vezes ao dia. Ou se sua posição política a respeito da Mandal a tivesse deixado subitamente interessada por ele. Eu faria qualquer coisa para seduzi-la, mas não podia fingir que minhas ideias sobre o certo e o errado fossem diferentes do que eram.

"Está quente demais lá fora", ele falou. Abriu seu estojo e tirou uma nota de vinte rupias. Depois fechou-o e encaminhou-se para a porta. Então, voltou-se abruptamente e caminhou, dessa feita, na direção de onde Sheela estava sentada. Eu estava do lado da lousa a alguns metros da porta, impacientemente esperando que ele saísse. Ele apoiou os cotovelos na carteira, inclinou-se para a frente até que seu rosto estivesse perto do dela e sussurrou algo. Eu vi o corpo dela pressionar a parede e ouvi-a dizer: "Não". Ele se voltou rapidamente e saiu andando. Enquanto saía, me deu uma olhada irada. Eu não tranquei a porta dessa vez, mas fechei-a e voltei até a carteira de Sheela.

"O que ele disse?", perguntei.

"Ele me perguntou se eu queria uma Coca lá da cantina."

"Conte-me a verdade".

"Juro", disse ela. E colocou o braço em volta do meu ombro.

"Você gosta dele?"

"Um *cheapad* desses; você está louca?". Mas eu não estava convencida de todo. A despeito das unhas sujas e da barba grossa, ele ainda era o garoto mais velho da classe. Quase um homem.

O sinal tocou e o prédio ressoou com as passadas dos garotos correndo pelos corredores vindos do campo. Enquanto a sala se enchia, ela ia ficando cada vez mais quente e cheirando a suor. Um odor desagradável permeou a sala. Eu voltei para meu lugar ao lado de Vidur. Seus antebraços estavam pingando de suor. Ele tirou o estojo que estava na mochila e abriu-o. Todos nós tínhamos uma régua de quinze centímetros, um transferidor e um compasso no estojo. Ele pegou a régua e esfregou seu antebraço, como se estivesse eliminando o excesso de água de uma janela que acabara de lavar. Seu suor marrom juntou-se em uma única linha na altura do cotovelo e derramou-se pela borda da régua. Ele chacoalhou a régua e deixou que o fluido caísse no chão. Fez o mesmo no outro braço.

Eu olhei-o com repulsa, incapaz de tirar os olhos do fluxo. Ele me viu olhando.

"Que coisa horrível", eu observei.

Ele deu de ombros, indiferente.

"Seu pai desaprovaria", acrescentei.

Ele deu-me um sorriso amarelo. "Você não conhece meu pai. Ele diz que os homens suam, que isso é apenas um fato da vida."

Novas gotas de suor já tinham se formado e estavam grudadas nos pelos negros de seus braços. Eu não podia imaginar um Vidur adulto, um coronel do Exército forte com mais pelos que Vidur tinha agora.

"Bem, é melhor limpá-lo do que sujar meus livros", Vidur disse com a maior naturalidade.

"As garotas são mais asseadas."

"Quê?"

"Esquece."

Conforme o dia foi acabando eu fui ficando excitada e tensa em antecipação à visita de Índia à nossa casa naquela noite para jantar. Imaginei-a sentada na sala de estar e depois comendo conosco. Nossa mesa de jantar e as mesinhas da sala de estar tinham um acabamento do qual eu não gostava. Nós tínhamos cortinas claras com estampas de flores, ao passo que eu teria escolhido uma cor lisa. Eu adoraria estar morando em minha própria casa, onde tudo seria de meu gosto.

Em Biologia eu devaneei a respeito da noite por vir, sobre Rani, minha mãe e Índia, todas falando umas com as outras. Eu imaginei-as à vontade, rindo e enchendo a sala com os cheiros diferentes de seus corpos e as cores de suas roupas. Mas e se elas se sentissem mais à vontade umas com as outras do que comigo? Rani e Índia poderiam inclusive se apaixonar uma pela outra. Um caso entre elas viria a calhar mais do que um caso comigo, pensei pouco confortavelmente. Mudei a atenção para a Sra. Ganatra e sua explicação sobre genética. Quatro tipos de genes formando pares em várias sequências para expressar características ora dominantes ora recessivas. Estaria eu atraída por cabelos longos e pele macia devido a um gene em meu corpo? Aqui e agora não era nem o lugar nem a hora de perguntar isso à professora Ganatra. Jamais haveria dia ou local para fazer tal pergunta à professora Ganatra.

"Estou estressada", anunciei a Vidur quando o sinal tocou.

"Meu pai diz que apenas os adultos podem ficar estressados. Quando nós, crianças, trabalhamos demais só ficamos nervosos", disse ele.

"Nervosos sobre o quê?"

"Sobre ir bem na escola. Sobre não satisfazer as expectativas de nossos pais." O pai de Vidur parecia pensar que sabia tudo. Eu queria conhecê-lo e mostrar a ele que havia uma coisa ou duas que ele não sabia."

No fim do dia eu deixei o prédio da escola com Sheela. "Me telefone se quiser falar comigo", pedi quando nos separamos para ir para nossos respectivos ônibus.

"Ligue-me você", disse ela. Quando ela subia no ônibus, ela se voltou e me deu um sorriso. Ela parecia uma modelo em um daqueles comerciais de xampu. As mulheres deixavam a tela e então se voltavam de repente para mostrar o rosto para os telespectadores. Eu me senti como se houvesse *glamour* em minha vida. Eu sabia como os adultos devem se sentir, os homens que assistiam aos comerciais e as mulheres que se afastavam jogando a cabeça para trás para dar aos homens aquele último sorriso. Era um mundo proibido. Rani e Índia não tinham me ajudado a descobri-lo. Elas me protegiam. Sheela era minha verdadeira professora. Ela não cedeu a mim. Não foi seduzida por minha juventude ou inteligência ou maturidade ou outra coisa qualquer. Eu sempre tinha que convencê-la. Ela era um desafio.

xii
AUTOIMOLAÇÃO

Quando cheguei em casa encontrei Rani lavando a porcelana. Nós raramente a tirávamos do armário. Minha mãe estava considerando a visita de Índia um acontecimento. Tirar a porcelana do armário e fazer Rani dar um duro danado o dia inteiro me deixou apreensiva. Fui para meu quarto, chutei os sapatos para longe e tirei a gravata. Abri o cinto e desabotoei minha saia, deixando-a cair no chão. Depois coloquei a calça que Rani tinha colocado sobre a cama. Ela tinha me mimado completamente. Minha mãe sempre insistira que eu fizesse minha cama, dobrasse minha roupa, engraxasse meus sapatos. Mas eu sabia que Rani iria pegar tudo do chão. Era o jeito dela de mostrar amor. Era assim que as mulheres amavam? Como escravas? Devotas? Não admira que os homens não as valorizem. Minha mãe vivia correndo atrás de meu pai, limpando tudo. Minha tia limpava a sujeira de meu tio, minha avó de meu avô. Por um lado isso me deixava louca da vida. Mas por outro, eu achava que ser um pequeno príncipe me servia. Quando eu crescesse, teria um harém cheio de mulheres. Quando eu recebesse visitas, acenaria com a mão e diria: "Não se preocupe, ela fará isso", apontando para uma de minhas noivas. Por sua vez, eu as sustentaria, lhes daria presentes e as protegeria.

Escutei uma batida na porta, embora estivesse escancarada.

"*Babyji*, o que vai comer no almoço?", Rani me perguntou.

Sentia meu estômago pequeno e vazio. "Nada", disse.

"Coma algo, só um pouquinho."

"O que há para comer?"

"Fiz *karela*[31] para você. É uma receita especial de minha mãe."

Eu odiava *karela*. Por mais que você a cozinhasse não tinha como livrar a *karela* de seu gosto amargo.

"Nós não gostamos de *karela*, mas vamos comê-la já que você a fez."

Pensando em haréns e na velha ordem poligâmica me fez falar na forma plural. Rani não percebeu. Ela escapuliu para a cozinha. Eu a segui.

Ela colocou uma pequena quantidade de verduras num prato de aço e me deu. Eu levei-o para a sala de jantar, esperando que ela me seguisse, mas ela ficou na cozinha. Fui até o telefone e liguei para Índia.

"Que bom ouvir sua voz", disse ela.

"Eu estou muito estressada sobre hoje à noite", disse.

"Por quê?"

"Você não vai contar à minha mãe sobre nós, vai?"

"Claro que não."

"Deixei meu registro de laboratório na mesa de sua casa."

"Eu vi."

"Você poderia trazê-lo para mim?"

"Posso levar minha superbolsa. Mas como é que eu vou dá-lo a você?"

"Se tivermos uma oportunidade, você poderá passá-lo para mim. Senão, leve-o de volta."

"Tudo bem."

"Quer trazer o Jeet? Esqueci de perguntar."

"Uma vez que eu ainda não tive notícias sobre a diretora de sua escola, ele continua morando com o pai dele".

---

31 *Karela* é momórdica ou melão-de-são-caetano. (N.T.)

"Você alguma vez teve um relacionamento com uma mulher?", perguntei. Eu sabia muito pouco sobre seu passado, exceto sobre seu marido e seu amante casado. De algum modo Índia parecia ser o tipo de mulher que sempre tivera amantes.

"Não."

"Você se acha gay?"

"As mulheres não podem ser gays."

"Não podem?"

"É normal as mulheres 'brincarem'. Não significa nada." Ela falava com autoridade. Soava tão impessoal reduzir um novo envolvimento a uma frase tipo "pular a cerca".

"Ser gay é um *constructo* ocidental. A sexualidade indiana é um espectro, não é binária", continuou ela.

Eu não fazia ideia sobre o que ela estava falando. "Constructo ocidental" soava ainda mais exótico do que "freelance". Eu tinha ouvido a palavra "binário" apenas na aula da professora Pillay. Ela tinha dito que a representação binária dos números envolvia apenas dois algarismos, zero e um. E espectro derivava da Física, a dispersão da luz através de um prisma. Mas eu não podia pedir a Índia que esclarecesse. Ela pensaria que eu era burra.

Nós desligamos e eu engoli os últimos pedaços de *karela*, tentando mastigar o mínimo possível. Não estava amarga, mas ainda assim eu não gostava. Tinham me ensinado que não devia desperdiçar comida. Levei meu prato para a cozinha onde Rani estava de cócoras, lavando a louça em água morna. Eu me debrucei e dei-lhe o meu prato, depois beijei-a na testa. Sua pele estava úmida de suor, fazendo com que minha boca soubesse a sal. Eu me senti como se apenas Rani me amasse suficientemente para não me questionar. Amava-me de modo quase cego. O sal em seu suor fazia-me ver que eu a amava de modo inquestionável também. Segurei o pescoço dela e puxei-o. Ela se levantou.

"Venha até meu quarto. Vamos nos deitar um instante", disse.

Ela lavou as mãos, depois enxugou-as no sári enquanto me seguia. Eu queria abraçá-la e ser abraçada. Deitamo-nos. Ela acariciou meus cabelos e alisou minhas sobrancelhas. Eu fechei os olhos e adormeci. Quando acordei, Rani já não estava mais lá. Escutei movimentos na cozinha. Olhei o relógio no criado-mudo.

Estava quase na hora de minha mãe chegar em casa. Lavei meu rosto e telefonei para Vidur. Chamou várias vezes. Estava quase para desligar pensando que não houvesse ninguém em casa quando o pai dele respondeu. Senti-me como se estivesse andando rápido em minha bicicleta e brecasse de repente.

"Alô", a voz disse novamente.

"Alô. Posso falar com o Vidur, por favor? É a Anamika."

"Ah, oi, Anamika. Espere um pouco. Deixe-me ver onde ele está." Ele tinha usado meu nome num tipo de tom de aperto de mão firme. Eu esperei por Vidur.

"Sinto muito, parece que ele deu uma saidinha. Quer deixar algum recado?"

Completamente por impulso, eu disse: "Talvez o senhor possa me ajudar. Eu estava querendo saber o que significa '*constructo* ocidental'". Eu queria que ele entendesse que eu compreendia parte disso, então continuei: "Quero dizer, eu sei que é algo construído no Ocidente, uma ideia que é americanizada ou europeia, mas...", deixei por aí mesmo, me sentindo tola e autoconsciente.

"Isso é para alguma aula? Vidur ainda não me perguntou sobre isso."

Eu não havia me dirigido respeitosamente ao coronel Mathur. Eu não dissera: "Como vai, tio?", nem me dirigira a ele com um termo formal de respeito. A palavra "tio" ficou entalada na minha garganta feito um pedaço de *karela* mal cozido.

"Senhor, não é para a aula. Mas será que é um modo binário de olhar as coisas um constructo ocidental?"

"Que tipo de coisas?", perguntou ele.

"A vida em geral", disse vagamente.

"Sim, mas que aspecto da vida, especificamente?", ele insistiu.

"Basicamente tudo."

"Foi você que perguntou ao Vidur aquela outra questão", disse ele, mudando de assunto.

"Sim, senhor." Eu só chamava de "senhor" ao professor Garg e a alguns dos professores de ginástica.

"Vidur fala muito de você, Anamika. Ele acha que você é a criança mais esperta da classe."

"Dificilmente." A palavra "criança" de novo. Mas era melhor do que a "neném" da professora Pillai.

"Bem, meu filho não tem uma alta opinião sobre as pessoas, então você deve ser bem especial". Eu senti como se minhocas estivessem se mexendo em meu estômago. Não queria que ele pensasse que eu estava envolvida com o Vidur de modo algum.

Escutei a campainha da porta soar ao longe.

"Você pode esperar um instante? Há alguém na porta."

Eu enxuguei as mãos na calça porque minhas palmas estavam molhadas de suor de segurar o telefone.

"Parece que ele está aqui. Devo passar-lhe o telefone?", disse ele, voltando.

"Sim. Muito obrigada, senhor."

"Anamika", disse ele, e depois fez uma pausa, dramática.

"Sim", respondi, me sentindo nervosa.

"Sinto-me muito velho quando me chama de 'senhor'", e deu uma risadinha, que tinha uma qualidade rica, ressonante, exatamente como sua voz. Eu deixei a reserva de lado e perguntei: "Isso é bom ou mau?".

"Vidur estava certo. Você é bem diferente das pessoas de sua idade", disse ele. Meu coração deu um pulo.

"Aqui está ele", anunciou ele. Sem demora passei do pai para o filho.

"Sim?", disse Vidur, de repente preenchendo o receptor com um tipo de amizade afetuosa.

"Eu já perguntei a seu pai. Mas não consegui ser específica", disse.

"Ele me disse quando eu abri a porta. Dê-me as especificidades."

"Minha amiga disse que a sexualidade é um espectro. Que a sexualidade binária – quer seja ser gay ou não – é um constructo puramente ocidental. Vidur, por favor, não repita isso para seu pai. Por favor, pense em outro exemplo."

"Que amiga?", Vidur perguntou.

"Índia", disse sem pensar.

"Quem?"

"Não importa", eu balbuciei.

"Quem é Índia?", ele perguntou alto.

"Shhh"! Conto a você depois, Vidur. Por favor."

"Tudo bem, vou descobrir a resposta e te falo amanhã", disse ele de repente sussurrando.

Voltei a meu quarto imaginando o que o coronel Mathur pensava de mim. Ele não respondera à pergunta sobre se era bom ou mau se sentir velho. Ele habilmente se esquivara. Eu falara ao telefone com um homem adulto em sua casa quando ele estava sozinho. O sentimento era como se estivesse em flagrante violação dos constructos da sociedade indiana. Será que a sociedade indiana também era construída, ou a construção era só uma coisa ocidental? Será que o meu atual estado de casos múltiplos era algo que eu tinha construído para mim, ou era o estilo indiano – inevitável fatalmente? Uma mulher divorciada, uma empregada doméstica, uma menor de idade, eu estava assediando as três. Uma palavra honesta, ou duas, ao telefone com um homem mal merecia atenção. Dei de ombros. Estava na hora de escolher a roupa para o jantar. Algo que Índia ainda não tivesse visto.

Vesti uma blusa de algodão e calça cáqui. Um dia, quando a irmã de meu pai tinha me visto naquela roupa ela dissera: "Você está o máximo".

Logo minha mãe chegou. Rani já tinha preparado quatro pratos, arroz e *parathas* para o jantar. Minha mãe havia tirado o sári e vestido uma *salwar kameez* cor de ferrugem escura e deixado seu cabelo cair sobre os ombros. Ela raramente soltava os cabelos. Quando ia trabalhar, ela amarrava-o em um coque bem apertado, e nos fins de semana passava óleo e fazia tranças. Era legal vê-la relaxada, mas eu fiquei nervosa. Se Índia e minha mãe se tornassem boas amigas, onde eu ficaria? Senti-me culpada por ter tanto ciúme delas. Quando Índia chegou, às sete, eu já estava com uma dor de cabeça pulsante bem atrás do olho direito e já tinha engolido duas aspirinas.

"Senhora Adhikari, seja bem-vinda", minha mãe disse formalmente.

"Por favor, chame-me de Tripta, senhora Sharma."

"E você chame-me de Narayani", minha mãe falou afetuosamente. Elas já estavam à vontade uma com a outra.

Elas tinham se cumprimentado com um *namaste*, mas depois pegaram na mão uma da outra e ainda as estavam segurando. Quando as soltaram, Índia aproximou-se de mim e disse: "Oi, Anamika".

"Oi", disse e dei um passo em sua direção para abraçá-la. Eu não abraçava muitas pessoas. Minha mãe notaria. Índia pegou no meu ombro e me beijou no rosto. Poderia passar por um gesto maternal, mas seus lábios estavam suaves e seu hálito, quente. Eu senti que enrubesci. Levei-a até o sofá com a mão em suas costas. A blusa de seu sári era cortada bem baixo ao redor do pescoço, expondo grande parte de suas costas e as curvas de sua lombar.

"O que posso lhe oferecer para beber?", perguntei.

"Qualquer coisa", disse ela, olhando para minha mãe.

"Pegue Coca para nós", minha mãe pediu, me olhando.

"Você parece tão jovem, Narayani", disse Índia. Eu estava saindo da sala de estar e o som do ventilador abafou totalmente o som de suas palavras. Eu não queria deixá-las sozinhas, mas não tinha escolha. Corri até a cozinha, abri três garrafas de Coca no balcão e enchi três copos altos.

"Qual a pressa, *Babyji?*", Rani perguntou.

"Nada", disse, colocando os três copos na bandeja e saindo da cozinha.

"Venha aqui um segundo, pequeno príncipe", disse ela sedutoramente.

"Agora não", respondi, virando as costas. Caminhei sem fazer barulho até a sala de estar, à espera de pegar algumas palavras antes que elas percebessem minha chegada.

"Bem, você não parece ter um dia a mais que trinta anos", ouvi Índia dizer.

"Você parece ainda estar com vinte e poucos", minha mãe retribuiu.

Eu queria ouvir mais.

"Ó! Eu me lembrei daquela noite em que seu cabelo estava preso. Deixá-lo assim, solto, tira uns dez anos", Índia falou para mamãe.

Eu entrei na sala com as bebidas. As duas me olharam e sorriram. Coloquei um copo na mesinha na frente de minha mãe e outro diante de Índia. Minha mãe estava sentada na poltrona e Índia estava sentada no meio do sofá. Conforme coloquei a Coca na frente de Índia, olhei-a nos olhos. Por um segundo estávamos em nosso mundo particular.

Eu me sentei no sofá ao lado de Índia com meu copo na mão. Livrei-me de minhas sandálias e cruzei as pernas. Geralmente minha mãe não me deixaria sentar assim na frente de convidados, mas ela estava de bom humor e pareceu não notar.

Depois de alguns segundos minha mãe pediu licença para ir ver as coisas na cozinha. Depois que ela saiu, eu coloquei a mão no joelho de Índia.

"Você está sexy demais", eu sussurrei em seu ouvido.

"Seu registro do laboratório está aqui", disse ela, apontando a enorme bolsa a seus pés.

Eu me abaixei e peguei-o. Ouvi os passos de minha mãe chegando perigosamente perto, então meti o registro debaixo do sofá. O som característico da cartolina raspando no chão podia ser ouvido conforme minha mãe entrava de volta na sala de estar. Ela não pareceu tê-lo ouvido por causa do som do ventilador.

"Eu estou preocupada com a admissão de meu filho na escola de Anamika", Índia disse com um suspiro.

"Tenho certeza de que eles o receberão. Afinal de contas, trata-se de um caso especial", minha mãe respondeu. Elas já deviam ter falado do Jeet durante alguns minutos enquanto eu estava pegando as Cocas porque minha mãe parecia estar a par da situação.

"Pelo menos você não tem que se preocupar com a Comissão Mandal. Quando a Anamika se candidatar para a faculdade no ano que vem, talvez a nova política de cotas já tenha sido posta em prática."

Minha mãe jamais expressara dúvida quanto à minha capacidade de entrar na faculdade de minha escolha. Isso me fizera imaginar o que aconteceria quando o número de vagas diminuísse a um décimo das vagas atuais.

"Há um garoto chamado Chakra Dev Yadav na nossa classe. De que casta ele é?", perguntei.

"*Yadavs* são *jaats*, não é?", observou Índia.

"Eles estão na lista Mandal e, portanto, qualificados para as vagas embora tenham sido, de longe, a casta política e econômica dominante no estado de Uttar Pradesh", minha mãe observou, levantando-se de sua poltrona.

Ela tinha caminhado até o telefone para pegar o jornal que estava na mesinha. De volta até nós, abriu o jornal na página dos editoriais e mostrou-o a Índia e a mim, dizendo: "Vejam só, eles são considerados castas inferiores".

"Eu espero que meu filho entre em sua escola antes que essa política educacional passe a vigorar", Índia disse. Eu imaginei Chakra Dev Júnior pegando a vaga antes de Jeet. Não havia dúvida em minha mente naquele momento de que Chakra Dev tinha nascido um completo idiota com um gene antissocial, assim como eu nascera com um gene que preferia a suavidade de Sheela à peludice de Vidur.

"O mérito é obsoleto. Só filhos e filhas de políticos e pessoas ricas podem chegar a algum lugar", disse Índia, fechando o jornal.

"*Memsahib*, tudo está pronto. Posso servir?", Rani perguntou, entrando na sala.

Minha mãe assentiu. Rani inclinou a cabeça e saiu. Índia olhou minha mãe e disse: "Ela é uma das empregadas com maior dignidade que eu já vi na vida".

"Ela não é linda?", minha mãe disse.

Minha mente trabalhou com as diferentes reações que a beleza de Rani evocava nas pessoas. Eu já sabia que o dr. Iyer fora tocado pelo sofrimento dela. Imaginava o que tocaria o pai de Vidur. Eu queria saber mais sobre ele e sobre os livros que ele lia.

"Sim. Eu gostei dessa também", minha mãe falava. Eu não fazia ideia sobre o que estavam comentando.

"Sua última coleção de contos era a minha favorita", disse Índia.

Como elas poderiam estar falando de livros no momento em que eu estivera pensando neles? Poderia ser por que os pensamentos eram compostos de elétrons que voavam para dentro e para fora da mente das pessoas? Um dos meus tinha pulado de meu cérebro para o de minha mãe ou para o de Índia de tal modo que elas tinham começado a pensar em livros exatamente quando eu começara a pensar neles. E se elas conseguissem pegar os meus outros pensamentos? Eu queria proteger meus processos mentais, trancar minhas ideias num cofre de aço para que eles não escapassem sem permissão.

"O que você gosta de ler, Anamika?", Índia perguntou, virando-se para mim.

"Tento evitar best-sellers". Eu me dei conta de que isso soava esnobe assim que acabei de falar.

"Por quê?", ela perguntou agradavelmente.

"Bom, eu ainda preciso preencher lacunas na literatura. Eu li a maioria das obras de Dostoiévski no verão passado."

Ela levantou o sobrolho e disse: "Pesado."

"Ela parece gostar de coisas pesadas", minha mãe disse.

Quando eu estava na sétima série, minha mãe monitorava o que eu lia e enchia minha estante com as obras de Jane Austen e George Eliot. No ano anterior eu tinha pegado os livros que queria na biblioteca da escola (geralmente do setor especial marcado Para Professores Apenas). A encarregada da biblioteca, a Senhora Catálogo, fazia vista grossa sobre o que eu levava debaixo do braço. As pessoas faziam pouco caso dela, de sua seriedade bifocal e de sua mania por ordem. Até em ser eleita Chefe dos Representantes de Classe meus amigos me chamavam de "Catálogo Júnior".

"Acabei de ler um romance de Kundera sobre um médico que se tornou um lavador de janelas", disse.

"De acordo com o meu amigo Deepak, que voltou dos Estados Unidos, é a única meritocracia", disse Índia.

"Ele voltou para viver na Índia? Isso é raro", comenotu minha mãe.

"Eu vou apresentá-lo, e a sua esposa, Arni, a vocês. É um casal jovem. Eles farão a ponte entre a geração de Anamika e a nossa", disse Índia a minha mãe, estendendo o braço para pegar a mão dela.

Ouvir que ela achava que havia uma diferença de gerações entre nós era como receber um balde de água fria sobre a cabeça. Meu maior temor estava se tornando realidade. Índia tinha mais em comum com minha mãe do que comigo.

Rani entrou na sala trazendo nossos pratos e copos. Fui até a sala de jantar ajudá-la. Então todas nós lavamos as mãos e nos sentamos para jantar. Minha mãe e eu geralmente comíamos com as mãos. Mas minha mãe tinha pedido a Rani que trouxesse uma colher para Índia.

"Não precisa. Eu também como com as mãos", Índia disse a Rani.

"Por que você não pega sua comida e se junta a nós?", minha mãe falou com Rani em híndi. Foi um gesto e tanto. Mas Rani sentou-se no chão.

"Como está o seu marido ultimamente?", Índia perguntou.

Rani olhou para mim por uma fração de segundo e depois respondeu: "Homens são homens. Eles não mudam nunca".

"Meu marido também costumava me bater", Índia disse a Rani em híndi. Quando ela admitira isso para nós no *dhabawalla*, ela falara em inglês.

Rani parecia chocada.

"É por causa do jeito que eles são criados pela mãe. Eu não vou mimar o meu filho", Índia declarou.

"Eu estou feliz que tenho uma filha", minha mãe disse.

"Eu gostaria de ser um filho", eu falei.

Índia e Rani riram. Minha mãe franziu o sobrolho.

"Os garotos demoram mais para crescer", disse Índia.

"Tem sido difícil criar seu filho sozinha?", minha mãe perguntou.

"Ele vem para minha casa quando está de férias ou se seu pai o puder pegar. Será muito mais fácil uma vez transferido para a escola de Anamika e quando poderá viver comigo."

"O divórcio deve ter sido difícil."

"Era pior tentar viver sob o mesmo teto", Índia disse.

Minha mãe assentiu.

"A comida está uma delícia", disse Índia, olhando para minha mãe.

Minha mãe olhou para Rani:"Você ouviu isso? Eu te disse que estava boa."

Poucas pessoas elogiavam ou agradeciam a seus empregados por algo. Minha mãe era diferente. Eu apreciava esse traço nela. Embora não fosse capaz de superar as divisões entre patrões e empregados, ela era intrinsecamente justa.

"Eu acho que *Babyji* terá mais sucesso do que qualquer homem", Rani falou de repente.

"Ah, sim, *Babyji* terá", disse Índia. Era estranho ouvi-la chamar-me de *Babyji*.

Elas estavam babando por mim feito crianças. Mas talvez as mulheres tratassem os maridos do mesmo modo, enchendo o ego deles. Depois de esperar impacientemente por crescer, talvez eu descubra que não há tal coisa como crescer, que a fase adulta é um mito e que os homens são crianças. Eu sempre suspeitara que ser um adulto era só uma questão de idade biológica. No *sagai* eu me sentira mais inteligente do que os colegas de meu pai, e quase sempre sentia que era mais adiantada do que a maioria das pessoas ao meu redor. Embora Vidur fosse inteligente, eu sabia, pelo jeito como ele falava, que ele não se sentia como adulto. Sheela ainda se via como a filhinha do papai. Chakra Dev era a única outra pessoa de minha idade que era adulta. Ele se portava como um adulto. Um adulto ruim, mas de qualquer modo, um adulto.

"Por favor, não sejam condescendentes comigo", disse em inglês, com a leveza que pude.

"Nós não estamos sendo condescendentes com você. Só estamos dizendo o que pensamos", Índia retrucou defensivamente.

"O que você disse, *Babyji*?", Rani perguntou. Era a primeira vez que ela me pedia que traduzisse algo que eu dissera a outra pessoa em inglês.

"Ela acha que a tratamos feito criança", disse Índia em híndi. Eu senti que um novo elo acabara de se formar entre Índia e Rani, algo independente de mim. Rani assentiu e sorriu para ela.

Terminamos de comer e fomos lavar as mãos. Quando voltamos à sala de estar minha mãe pediu a Rani que trouxesse a sobremesa. Eu liguei a tevê para que pudéssemos ver o noticiário. Conforme voltava para sentar-me no centro entre Índia e minha mãe, eu nutria a esperança de que, após esta noite, o elo entre elas não se mostrasse mais forte do que o tinham comigo.

Minha mãe e Índia estavam com o olhar fixo na tela. Eu me virei para ver o que estavam assistindo. Estavam mostrando um incêndio num local cheio de fumaça e em que as pessoas corriam de lá para cá. O repórter anunciava que um estudante de dezessete anos tinha ateado fogo no próprio corpo para protestar contra as recomendações da Comissão Mandal. Ele fora hospitalizado no Hospital Safdarjang e estava com queimaduras de terceiro grau. Notícias do hospital e demonstrações de protesto nas ruas se seguiram.

As notícias voltaram ao estúdio e o âncora finalizou: "Seu estado é crítico".

"Suicídio?", eu perguntei alto.

Os políticos apareceram em seguida, denunciando a autoimolação e expressando dor. Eu imaginei o Chakra Dev se atirando nas chamas, embora tenha sido um garoto brâmane que fizera o protesto. Entre ele e eu, seria eu encharcada de querosene e virando cinza.

Rani entrou com a sobremesa.

Eu contei-lhe sobre as notícias enquanto ela pousava a travessa na mesa de centro. Ela tinha feito *kheer*.[32]

Eu só comia *kheer* se cada colherada tivesse uma uva-passa; assim, minha mãe tinha pedido a Rani que exagerasse nas uvas-passas.

"Rani, qual seu nome verdadeiro?", Índia perguntou.

"Basanti", ela respondeu. Nunca me ocorrera perguntar a Rani seu nome verdadeiro. A enormidade de minha inconsciência mexeu comigo.

"Devo chamá-la de Basanti?", minha mãe falou.

Eu preferia Rani, uma vez que significava rainha.

"Como quiser, *Memsahib*", disse ela submissamente.

"Você preferiria Basanti?", minha mãe insistiu.

"Rani, Basanti, tanto faz."

"É uma pena que ela não seja instruída", minha mãe disse.

Um dos elétrons flutuantes do cérebro de minha mãe saltou para o meu. Num segundo o mundo todo em minha cabeça mudou. Não havia razão para Rani não ser instruída. Ela poderia ir à escola agora. Eu poderia dar-lhe aulas. Nós poderíamos ensiná-la a ler e escrever. Poderíamos dar-lhe instrução suficiente para que ela pudesse passar de doméstica a uma funcionária de escritório. Eu fiquei tonta com a nossa imagem daqui a dez anos, sentadas num sofá e Rani falando conosco como uma igual. Se os

32 *Kheer* é um tipo de arroz-doce. (N.T.)

elétrons podiam saltar de suas órbitas e pular através dos quanta, não havia razão para Rani não saltar da casta mais baixa dos empregados para se tornar a instruída e verdadeira sra. Basanti.

"Você quer aprender a ler e escrever?", perguntei de repente.

Os olhos de Índia se encontraram com os meus, como se ela estivesse pensando a mesma coisa. As ondas ao redor da cabeça de minha mãe, e da minha e de Índia eram como uma via altamente transitada, carregada de sinais sincrônicos.

"Nós podemos dar-lhe aulas", minha mãe disse.

"Acho que deveríamos ensiná-la a ler e escrever em inglês, não em híndi."

"Talvez", disse Índia, em dúvida.

"Eu estudarei", Rani exclamou empolgada.

"O papai vai concordar?", perguntei em inglês.

"Ele irá ou não", minha mãe deu de ombros. Ela e Índia pareciam prontas para ir à luta por Rani.

"Você participou do 'Uma Pessoa Ensina Outra'?", Índia perguntou. Fora um programa de alfabetização em que kits educacionais tinham sido distribuídos de graça e cada pessoa alfabetizada era encorajada a instruir outra. As pessoas tentavam ensinar seus empregados. A campanha não atingira minha família nem a mim. Mas Rani era uma presença pulsante em nossa casa. A possibilidade de instruí-la parecia real.

"Não. E você?", minha mãe perguntou a Índia.

Ela assentiu. "Não deu lá muito certo. Nós deveríamos almejar mais do que a mera alfabetização. Depois que ela aprender o básico, deveria ir à escola", ela disse em inglês.

Quando Rani ouviu a palavra "escola", disse: "Se eu puder ir à escola eu prometo aprender rápido".

"Você sabe escrever algo em híndi?", minha mãe perguntou.

"Não."

"Você aprenderá rápido", minha mãe concluiu, confiante.

"*Memsahib*, a senhora é uma deusa", Rani disse, olhando para minha mãe. Seus olhos estavam turvos de lágrimas. Minha mãe colocou a mão no ombro de Rani. Meu coração parou de bater.

"Esta é uma noite frutífera!", disse Índia.

"Sim, quem poderia imaginar?"

Sentada no sofá entre Índia e minha mãe, de frente para Rani, eu já me sentia como um tipo de Patriarca. Elas eram todas minhas. Eu era a pessoa mais sortuda do mundo. Rani se levantou e retirou as travessas de sobremesa. Eu desliguei a tevê. Era tarde demais para o governo me separar de Rani simplesmente por colocá-la num certo esquema. Meus fluidos brâmanes já estavam misturados com os de sua casta baixa. O Mandal podia enfiar sua lista de esquemas no nariz.

"Essa foi uma belíssima ideia, Anamika", disse Índia, virando-se para me olhar.

"Sim", disse minha mãe.

"Todas nós pensamos juntas", falei. O elétron-pensamento chamado "instruir Rani" tinha ricocheteado de uma cabeça para outra porque estivéramos sentadas tão próximas. Nós éramos fatias de um grande cérebro. Nossos pensamentos e sentimentos eram como um rio que fluía da montanha para as planícies e para a foz da baía de Bengala. Como a própria Índia, sua geografia sagrada cruzando muitos estados e tornando impossível aos movimentos separatistas dividi-la com alguma precisão. Era um sentimento totalmente novo de pertencer, de aventura, de compartilhar e de ser algo maior do que uma pequena pessoa. Ao invés da paranoia das linhas conectando Índia a minha mãe e a Rani, eu me senti muito mais enriquecida por suas conexões. Ao fim e ao cabo, elas estavam todas conectadas a mim.

Índia levantou-se dizendo que estava na hora de ir. Nós a escoltamos até a porta. Rani veio da cozinha para vê-la ir embora também. Índia abraçou minha mãe e tocou levemente o cotovelo de Rani. Eu disse à minha mãe que acompanharia Índia até o portão. Uma vez lá eu me inclinei e dei-lhe um beijinho rápido nos lábios.

Mais tarde naquela noite, quando Rani e eu estávamos deitadas na cama, eu disse: "Basanti, boa noite", em inglês.

Rani, tentativamente, disse: "Anamika, bo-noite".

"B-o-a noite", eu disse bem devagar, foneticamente.

"Boa noite", disse ela com dicção perfeita.

xiii
Molécula C

A escola, na manhã seguinte, estava cheia de expectativas quanto às notícias da autoimolação. Durante a assembleia eu perguntei ao diretor se ele gostaria de se dirigir aos alunos de novo. Ele recusou. O garoto que deu a palestra naquele dia falou sobre a produção de chuva artificial usando aviões. Quando ele terminou, todos nós marchamos para as classes.

De péssimo humor eu peguei o livro de Química para a primeira aula e me dei conta de que me esquecera de pegar o registro do laboratório embaixo do sofá na sala de estar.

“Você se atearia fogo por um princípio?”, Vidur perguntou-me enquanto eu abria meu livro no capítulo do carbono.

“Não”, disse secamente.

“Vamos lá, Anamika, onde está o seu senso de humor?”

“Onde está a graça? As pessoas estão morrendo.”

“Ei, dê só uma olhada, o carvão e o diamante são uma única coisa”, disse ele, apontando para a pequena bolha ao lado do cabeçalho do capítulo.

Isso me fez rir.

“Então, quem é Índia?”, perguntou ele.

“Só uma amiga”, respondi.

"Não é um nome", disse ele.

"É um apelido."

"Garota ou garoto?", ele perguntou.

"Mulher. Divorciada. Mãe de um filho", disse, resumindo-a como minha mãe fizera.

Ele não reagiu.

"Então, você perguntou a seu pai sobre os constructos binários ocidentais?"

"Sim", disse ele, com um riso diabólico no rosto.

"O que ele disse?"

"Você não pode imaginar o exemplo que ele inventou." Nós fomos interrompidos pela entrada da Ácido Sulfídrico.

"Anamika", ela chamou assim que a classe já estava aquietada.

"Sim, senhora", falei. Eu estava resignada ao fato de ser sua favorita. Eu era uma das poucas criaturas do belo sexo que ela não odiava. Mas era uma verdadeira praga ser a favorita da Ácido Sulfídrico.

"Escreva a fórmula do álcool metilpropano na lousa antes que prossigamos".

Eu me levantei e fui até a lousa. Eu odiava escrever com giz. O cálcio carbonato que se desfaz facilmente grudava debaixo de minhas unhas e me deixava com a sensação de suja. O giz fez um som de guincho conforme eu escrevia na lousa. Eu escrevi a fórmula rapidamente e voltei a meu lugar. Vidur estava sorrindo afetadamente.

"Anamika, Anamika, cheire meus ovos podres", ele me provocou num sussurro.

Eu coloquei meu pé sobre o dele e dei-lhe um pisão.

"O carbono, crianças", a professora disse e se virou para a lousa.

"Desculpa, desculpa", Vidur rogou. Eu levantei o pé.

"Qual foi o exemplo?", eu escrevi a Vidur em meu livro ao lado do diagrama de um diamante.

"Mais tarde", ele escreveu embaixo.

Eu fiquei lá sentada a aula inteira à espera de que ela acabasse. Tudo, da autoimolação do aluno brâmane que queimara seu corpo até a substância mais dura conhecida pelo homem, era feita do diacho da mesma molécula C. Lembrei-me do que meu pai um dia dissera: "Tudo é uma coisa só. Nada".

Eu fiquei lá perdida em pensamentos. A empolgação do dia anterior tinha passado. Índia, Rani, o cabelo sedoso de Sheela – nada mais me fazia sentir-me especial. A vida me parecia interminável. Não me era mais claro para onde tudo ia. Se todos nós tínhamos que virar carbono mais cedo ou mais tarde, então, por que não mais cedo? Quando a aula terminou, não me importava mais o que o coronel Mathur tinha dito a Vidur. Levantamos quando Ácido Sulfídrico saiu da classe e sentamos de novo. Eu comecei a pegar o livro da aula da professora Pillai.

"Então, você não quer saber? Vidur perguntou.

"Conte-me", disse.

"Ele disse que um típico constructo binário ocidental é a ação versus a inação."

"Como assim?"

"Bem, os ocidentais pensam que as pessoas estão fazendo coisas ou não estão fazendo coisas. Mas, na verdade, às vezes uma pessoa pode fazer e não fazer ao mesmo tempo. A meditação é um exemplo. Ao fazer, a pessoa é. E, ao ser, a pessoa faz," Vidur falou com os olhos fechados como se estivesse recitando de memória.

Eu assenti, embora não estivesse certa do que tudo isso significava. Soava como o que meu pai já tinha dito.

"Meu pai disse que o paradoxo é a essência de ser indiano."

"A Índia é a essência de ser indiano", eu respondi.

"Hã?"

"Nada", eu balbuciei enquanto expirava.

"Você se refere à sua Índia?"

"Nada, Vidur", disse, dessa feita com firmeza.

"O que está acontecendo?"

A professora Pillai me salvou ao entrar na classe. Eu me ergui da cadeira e cantei em alto e bom som antes que ela pudesse me deter, "Bom dia, senhora professora".

"Anamika", disse ela, olhando em minha direção e voltando os olhos para o teto. A classe caiu na risada uma vez que mais ninguém tinha se levantado. Eu enrubesci e me sentei.

"O que há de errado com você hoje?", Vidur perguntou, inclinando-se sobre mim.

Eu o ignorei. O pensamento sobre meditação tinha me colocado em um astral diferente. A vida parecia uma viagem na montanha-russa. Eu nunca estivera numa montanha-russa, mas tinha lido a frase em um artigo de jornal muitas vezes. Meu estado de espírito mudava ao final de cada aula. Eu fiquei imaginando se tal inconsistência e turbulência eram sinais de fraqueza ou meramente algo a ver com a idade.

"Anamika, você não está escutando", a professora Pillai disse, lançando um olhar em minha direção.

"Perdoe-me, senhora professora". Não havia como negar. Eu me sentei direito na carteira e peguei na caneta. Vidur me olhou.

Ela desenhou alguns diagramas Venn na lousa, um conjunto vazio com nada dentro, depois outro conjunto Ã que era o conjunto de todos os objetos no universo que não eram A. A e Ã compunham um universo completo, um universo binário. Tudo dependia de como você definia os seus conjuntos. Se você definisse B como não A, então o universo era binário. A sexualidade, a ação e mesmo o paradoxo eram parte de um universo binário. Ou a pessoa podia escolher a Física Quântica, as órbitas e os níveis de energia que permitiam muitos estados e incertezas. Minha mente tinha viajado novamente. Eu retornei para a órbita da Matemática. Era desleal pensar em Física na aula da professora Pillai. A Matemática tinha os mesmos conceitos que a Física. Eu podia definir meus conjuntos de tal modo que o universo fosse a soma dos conjuntos A, B e C ou melhor ainda, 1, 2, 3... n. As escolhas eram infinitas, minhas possibilidades ilimitadas.

Quando a aula terminou a professora Pilai olhou para mim e disse: "Venha cá."

Eu a segui para fora da sala de aula. Era um dia quente e os ventiladores na sala não estavam dando conta. Estávamos todos suando, mas eu sentia que meu corpo suava mais do que de costume. Eu achava que ela ia me repreender.

"O que está havendo? Você parece fora do ar", disse ela.

"Eu estava escutando", disse.

"Algo está acontecendo, Anamika. Você quer falar?"

"A senhora é feliz?", perguntei.

"Eu vou levando", disse ela.

"Colocaria a mão sobre o coração e diria que é verdadeiramente feliz, hein?"

Ela parou um instante e depois disse: "Acho que sim". Ela suspirou. "O que é que está havendo? Você não está feliz?", ela falou depois de ter se recuperado de sua própria hesitação.

"Eu estou bem. O problema não é esse."

"Você está crescendo. É um período difícil. Você é adolescente."

Eu não queria ouvir esse papo de adulto sobre adolescente. Forcei um sorriso de tal modo que pudesse pôr fim à conversa. "Obrigada pelo seu interesse, senhora professora", falei, formalmente.

"De nada", disse ela e voltou-se na direção da sala dos professores. Eu fiquei olhando suas ancas redondas balançarem sob o sári conforme ela caminhava. Seu pescoço era longo e suas costas curvadas e sensuais como as de Índia. Eu imaginei se elas seriam parecidas debaixo da blusa e da anágua.

"A professora Pillai, não", eu pensei comigo ao voltar para a sala de aula.

Quando me sentei, Vidur me perguntou se a sra. Pillai tinha me dado bronca.

"Não."

"O que está havendo com você? Vai me contar ou não?", perguntou ele.

"No intervalo", disse.

"Vou levar você até a cantina". Ele era o único garoto com quem eu ia na cantina.

Enquanto comia um hambúrguer vegetariano e bebia uma Coca, eu contei toda a verdade para Vidur. "Eu não consigo entender."

"O quê? Os sistemas binários ou os espectros?", ele perguntou.

"Como a vida deve ser vivida, o que é certo e o que é errado, o que deveríamos querer, se nossa moralidade deveria ser sobre o que queremos ou o que é estabelecido pela sociedade". Eu estava no limite.

"Nós ainda estamos na escola, não podemos saber tudo agora", disse ele, balançando a cabeça.

"Eu tenho que saber a verdade. A verdade é tudo."

"A verdade sobre o quê?"

"A verdade sobre a vida e sobre o amor. A verdade sobre a própria verdade." Eu queria começar a chorar. Por que uma pessoa que soubesse tudo não podia simplesmente sentar e me contar? Por que é que ninguém sabia nada? Como é que bilhões de pessoas que haviam passado por este planeta por milhares de anos ainda não tinham descoberto as respostas a essas perguntas? Eu morreria se não descobrisse logo. Era a única coisa que me interessava. Todo o resto repousava sobre isso.

"Hoje é quarta-feira?", Vidur me perguntou. Eu assenti ainda meio ausente.

"Meu pai tem meio dia livre. Você quer falar com ele?" Ele parecia chateado. Eu percebi, então, que ele realmente se importava comigo.

"Ele vai achar que eu sou louca."

"Eu adoraria ajudar. Mas eu não penso sobre essas coisas todas. Penso apenas em algumas delas. Ele não vai achar que você é louca. Ele gosta de você."

"Eu tenho que ir para casa."

"Venha até minha casa comigo. Depois a gente te deixa em casa de carro."

"Minha mãe vai ficar brava."

"Telefone para ela", disse Vidur. Eu coloquei a mão no bolso de minha saia e peguei uma moedinha de uma rupia. Só havia um telefone na escola. Ficava no prédio principal, longe da cantina. Perguntei a Vidur se ele podia ir comigo. Eu sentira necessidade de mentir para ficar na escola por causa de Sheela ou para ir até a casa de Índia, mas agora eu ia contar para minha mãe a verdade sobre Vidur. A verdade é que a minha mãe faria mais objeções à minha ida à casa de um garoto. Mas eu não hesitei em pedir-lhe de modo franco.

"Mãe, sou eu."

"Anamika, está tudo bem?"

"Sim. Estou ligando porque o meu colega de classe, o Vidur, diz que seu pai tem meio dia livre e pode me ajudar com uns problemas de Física. Posso ir até a casa dele depois da escola? Eles vão me levar para casa depois."

Minha mãe não respondeu imediatamente. Eu sabia que ela estava pesando os prós e os contras.

"Você tem certeza de que tudo bem?", ela perguntou de modo grave.

"Claro. O coronel Mathur e o Vidur me deixarão em casa de carro."

"Tudo bem. Convide-os a tomar um *chai* com a gente."

"Obrigada, mãe."

"Rani vai ficar preocupada com você. Tome cuidado."

"Tomarei."

Eu me senti mal por Rani, mas eu poderia acalmá-la mais tarde. Desliguei o telefone e fiz o sinal de positivo com o polegar para Vidur.

"Não foi assim tão difícil. Problemas de Física, é?", Vidur perguntou.

"*É* um problema de Física. Seu pai vai se importar?", perguntei.

Eu ficara tão interessada em conhecer o pai dele que nem me passara pela cabeça que pudesse estar me intrometendo.

"Meu pai adoraria te conhecer pessoalmente", Vidur me asseverou.

Quando voltamos para a sala de aula, o intervalo já terminara. Eu não tivera oportunidade de falar com Sheela. Devido às minhas mudanças de estado de espírito, eu a tinha esquecido totalmente na aula da professora Pillai, quando podia ter me sentado ao lado dela. Agora era a aula de Geografia, e não havia a menor chance com a professora Thaityallam. Eu olhei na direção de Sheela enquanto a professora T. entrava na classe. Ela estava ocupada tirando o caderno de Geografia de sua mochila. Por fim Sheela olhou para cima e me viu. Eu mandei-lhe um beijo. Ela enrubesceu. Quando me voltei notei que Chakra Dev estivera olhando. Ele tinha me visto.

"Crianças, desenhem uma linha no lado direito do caderno", a professora Thiatyallam instruiu.

Entre as aulas de Geografia e História, eu fui até Sheela e disse: "Eu realmente quero ficar com você".

"Meus pais talvez saiam no próximo fim de semana. Se saírem, você gostaria de vir até minha casa de manhã?"

No final do dia Sheela, Vidur e eu caminhamos até o estacionamento juntos. Eu não queria dizer a Sheela que ia até a casa de Vidur. Eu a chamei de lado para bater papo e nós nos aproximamos de onde os ônibus estavam estacionados. Eu levei-a até o ônibus e esperei até que ela subisse. Depois fui ter com o Vidur.

"Pronta, capitão?", ele perguntou. Eu assenti. Subimos. O ônibus já estava lotado, então tivemos que ir em pé. Todo mundo estava suando e os garotos estavam cobertos de pó. Suas camisas estavam para fora das calças e suas gravatas com o nó desfeito, penduradas. Algumas professoras estavam sentadas na frente do ônibus, limpando a testa e o rosto com a ponta do *pallus* de seus sáris. Algumas se abanavam com pedaços de papel. Como eu era a Chefe dos Representantes de Classe todo mundo me reconhecia e sabia que esse não era o meu ônibus regular.

"Indo para algum lugar?", uma das professoras do fundamental me perguntou.

"Sim, o pai de Vidur vai nos ensinar Física", disse. Ela olhou para Vidur e depois para mim.

"Muito bem", ela aprovou. Como o ônibus começara a se movimentar, refrescou um pouco. A casa de Vidur era muito mais perto da escola do que a minha, então logo chegamos.

xiv
O Fauji

Um ordenança do Exército em calções cáqui levou-nos até dentro de casa e disse que o pai de Vidur estava jogando tênis. Nós nos livramos de nossas mochilas, tomamos água gelada e decidimos ir até o clube.

"*Bhaiyya* é realmente um doce. Ele vem sendo o ordenança de meu pai desde que eu era criança", disse Vidur.

"O que ele faz?", perguntei.

"Para ser exato, eles devem ajudar apenas com tarefas relacionadas ao Exército, como engraxar os sapatos de meu pai e os pneus de seu carro. Mas *Bhaiyya* também nos ajuda em casa."

"Eles engraxam os pneus do carro?"

"Sim, com graxa das botas. E passam polidor de metais nas calotas."

Caminhamos na rua de três faixas do acantonamento do Exército onde Vidur morava. Era muito mais silencioso do que a minha parte de Délhi. Quando chegamos ao clube, Vidur disse alguma coisa para o guarda, que então nos deixou entrar. Aproximando-nos das quadras, vi duas figuras e ouvi o toque-toque distante das bolas. Conforme nos aproximamos o jogo parecia ter terminado. Os homens estavam se secando com as toalhas. Eles usavam bonés de beisebol para proteger o rosto do sol.

"Meu pai está do outro lado", disse Vidur. Ele pôs na boca as duas mãos em forma de concha e gritou: "Pai!"

Seu pai acenou, pegou a sacola e caminhou até a beira da quadra onde estávamos em pé esperando. Vidur nos apresentou. Nós nos apertamos as mãos.

Seu colega de tênis também se aproximou de nós. "Olá, tio", Vidur disse ao outro homem.

"Este é o coronel Divan", disse o pai de Vidur, apresentando-me seu parceiro de tênis.

"Eu tenho que correr", falou o coronel Divan, enquanto apertava minha mão.

O coronel Mathur tirou o boné. Seu cabelo era curto e grudado no couro cabeludo.

"Deem-me um segundo", disse ele, tirando a sacola do ombro. Retirou de dentro dela outra camiseta e despiu a que estava usando, virando-se de costas para mim. Suas costas musculosas eram lisas e estavam brilhantes de suor, assim como seu rosto e cabeça. Eu fiquei olhando para as árvores e assobiando. Não era decente olhar as costas nuas de um homem assim. Senti que minhas orelhas ficaram vermelhas.

"Muito bem, vamos", disse ele, virando-se novamente de frente. Ele se mostrou instantaneamente amistoso. Não havia necessidade de explicar por que eu estava ali. Sair do clube com Vidur e seu pai pareceu-me bastante natural, como se eu já tivesse feito isso muitas vezes antes.

"Eu acho que as escolas logo, logo vão fechar. Houve mais duas autoimolações, e há uma grande passeata planejada para amanhã, então poderá haver distúrbios", disse ele.

Caminhamos em silêncio um tempinho. Então o coronel Mathur deu umas palmadinhas no meu ombro e disse: "É muito bom finalmente conhecer você, Anamika".

"O mesmo digo eu."

Em casa, o ordenança pegou a sacola do coronel Mathur. Ele e eu nos sentamos em dois sofás na sala de estar enquanto Vidur desaparecia para trocar de roupa. Eu adoraria não estar usando meu uniforme escolar. Eu me sentia mais confortável de calça e usando camiseta de menino.

"Estou feliz por você ter dado uma passadinha aqui hoje", disse ele. Suas palavras saíram fáceis, confortáveis. Eu duvidei que Vidur alguma vez tivesse trazido outra garota para casa depois da escola.

"Na verdade eu quero lhe falar, senhor."

"Ah, não! Senhor de novo, não!"

"Como devo me dirigir a você?", perguntei. Era corajoso falar assim sem introduzir um termo de respeito na frase.

"Chame-me de Adit. É meu nome."

"Adit?", tentei, receosa de ser repreendida por desrespeitar uma pessoa mais velha. E maravilhada que esse momento de maturidade adulta tivesse finalmente chegado. Eu nem mesmo chamava Índia pelo nome.

Vidur voltou numa camiseta polo, parecendo muito melhor do que com o uniforme escolar.

"Ei, Vidur, seu pai disse que eu devo chamá-lo pelo seu nome". Era melhor avisá-lo antes que eu me lançasse numa conversa em que eu diria Vidur-Adit-Adit-Vidur.

"Eu não te disse que ele era o máximo?", brincou Vidur, passando a mão no cabelo de seu pai. Eu nunca vira esse tipo de camaradagem entre pai e filho antes.

A mesa estava posta. "Vamos?", disse Adit. Nós nos levantamos.

Comendo o *roti*[33] e o *sabzi*[34], Vidur falou: "Anamika está vivendo uma crise. Ela está estressada".

Adit me olhou e perguntou: "Que tipo de crise você está vivendo, Anamika?". Ele parecia o dr. Iyer perguntando sobre sintomas quando eu estava doente e minha mãe me levava até ele.

Imediatamente eu cortei um pouco de *roti* e coloquei-o na boca. Pelo jeito que Vidur tinha falado sobre mim, senti-me uma tola. Tanto Adit quanto Vidur estavam olhando para mim, esperando que eu falasse. Eu me senti constrangida e desejava poder mastigar

---

33 Pão indiano, parecido com pizza sem recheio. (N.T.)

34 Prato de verduras apimentadas com manteiga (*ghee*), cominho, coentro, páprica húngara, *garam masala* (cravo, canela, noz-moscada e pimenta-negra), açafrão-da-índia, além de sal e pimenta-negra. (N.T.)

aquele *roti* para todo o sempre. Estiquei o braço para pegar o copo de água assim que tinha engolido o último pedaço de *roti*.

"Anamika, tente explicar tudo para meu pai", Vidur pediu impaciente.

"Eu não tenho paciência para esperar enquanto minha vida desabrocha. Preciso saber agora o que é certo e o que é errado. Eu preciso saber o que de fato quero." Eu tinha falado apressadamente.

"Você está querendo dizer em termos de carreira? Se deve ser médica ou engenheira?", Adit perguntou.

"Ou se devo simplesmente seguir meus sentimentos, aonde quer que eles me levem."

"Aonde eles podem levá-la?", perguntou ele. Vidur se serviu de mais *sabzi*.

"À lua, ao inferno, ao suicídio, à prisão", disse dramaticamente, incapaz de me controlar.

"Acalme-se."

"Desculpe-me, Adit."

Ele sorriu quando pronunciei seu nome. Seu rosto estava bem barbeado e seus dentes eram brancos. Ele se serviu de mais *sabzi*. Seus antebraços eram fortes, suas veias salientes. Ele tinha poucos pelos nos braços e suas mãos eram longas. O telefone tocou.

Vidur levantou-se da mesa e arrastou os pés até ao telefone no corredor entre a sala de jantar e os quartos.

"Alô", ouvimos Vidur dizer.

"Não dá para acreditar que você tem a mesma idade que ele", Adit disse, baixando a voz.

"Não dá para acreditar que eu estou aqui sentada lhe contando que tenho os olhos maiores que a barriga."

"Você está tendo um caso?", ele perguntou abruptamente.

"Vários. Eu tenho um olho perambulador". Como podia dizer uma coisa dessas a esse estranho, pensei comigo mesma. Estávamos os dois falando baixinho, furtivamente. Naquele momento me senti como se nada houvesse no mundo entre ele e eu.

"Adit, eu preciso muito de alguém com quem falar. Eu sinto como se jamais tivesse expressado meus sentimentos antes, e eles estão, de repente, jorrando. Estou perdendo a cabeça."

"Tudo vai ficar bem, minha Lolita", ele disse calmamente.

"Quem é Lolita?"

"Você não conhece o livro?", ele perguntou, dando risada.

"Não."

"Eu vou emprestá-lo a você."

"Você alguma vez já se apaixonou?", perguntei.

"Não recentemente."

Eu podia ouvir a voz de Vidur ao telefone no outro cômodo. A chamada era para ele. Ele estava falando sobre críquete. Sua voz estava empolgada. Ele parecia ter se esquecido da gente.

"Você é verdadeiro para consigo mesmo?", eu perguntei.

"Mais ou menos."

"Você toca o seu coração todos os dias e lhe pergunta o que ele quer? E faz o que ele diz?"

"Não. Isso tornaria a vida impossível", disse ele.

"Por quê?"

Ele levou a mão esquerda ao coração e virou a cabeça para o teto, seus olhos cerrados. "Eu ouço o que ele diz".

"O que ele diz?"

"Ele diz, Adit, tome cuidado ou você vai se apaixonar por essa criança", disse ele, trazendo os olhos do teto para dentro dos meus. Eu senti um raio atingir o meio do meu peito. Senti meu rosto enrubescer. Fiquei constrangida por não ter conseguido me recuperar rapidamente.

De repente ele pareceu inseguro de si. "Você está bem? Eu sinto muito."

"Tudo bem. Estou feliz que você tenha dito isso, se lhe surgiu na mente", eu falei, me recompondo.

"No meu coração!", ele corrigiu.

"Mais importante ainda."

"Você me lembra minha juventude. Algo que eu não posso ter de novo."

Ouvindo Vidur desligar o telefone, ficamos em silêncio. Ele voltou para a sala todo sorrisos e anunciou: "Os paquistaneses perderam o jogo. Parece que a Índia vai ganhar o campeonato!".

"Ótimas notícias", Adit retomou, parecendo tão feliz quanto seu filho. Eu fiquei surpresa com o fato de que aquele homem inteligente gostasse de assistir a jogos. Terminamos nosso almoço sem que Vidur trouxesse à baila os meus problemas novamente. Sempre que havia uma pausa na conversa, pois estávamos todos mastigando, eu sentia meu coração bater forte.

Depois que terminamos o almoço, Adit colocou um disco para tocar. Ele tinha um som maneiro com alto-falantes enormes. A batida clara e alta da música ampliava o mal-estar em meu estômago, que começara com o comentário de Adit. Eu pedi licença e fui ao toalete.

No lavabo, lavei meu rosto e olhei-me no espelho. Minha gravata de Chefe dos Representantes ainda estava adequadamente apertada. Eu soltei o nó e desabotoei o colarinho. Sentei-me no vaso e procurei focar por um minuto sobre Vidur, sobre o que aconteceria com ele se eu algum dia tivesse um caso com o pai dele. Não havia dúvida de que teria um caso com Adit. Eu me levantei para olhar no espelho e assenti para minha decisão. Senti-me mais no controle. Nenhum caso que me envolvesse poderia acontecer sem minha participação.

Voltei para a sala e sentei-me no sofá.

"Chá, crianças?", Adit perguntou, olhando para Vidur. Depois ele me deu uma mirada que descontava o fato de ele ter me chamado de criança. Nós dois assentimos. Ele foi até a cozinha.

"Conte-me mais sobre essa amiga sua chamada Índia", Vidur disse quando Adit não podia ouvir.

"Ela tem a idade de seu pai e é realmente sexy."

Vidur não respondeu.

O pai voltou trazendo uma travessa com três canecas. Ele ainda estava com seu short de tênis. Uma vez que eu estava sentada e ele em pé, eu podia ver suas pernas sem precisar parecer que as estava olhando fixamente. Suas coxas eram musculosas e tinham até uma cor marrom, com pelos castanhos claros que só se podia ver muito de perto. Seus joelhos estavam cheios de cicatrizes de anos de exercícios no solo. Quando ele me entregou o chá eu levantei os olhos e perguntei: "Você alguma vez lutou numa guerra?".

"Guerra indo-paquistanesa. 1971."

"Ele foi ferido", Vidur disse orgulhosamente.

"Você ganhou alguma medalha?", perguntei.

"Verdadeiro *kshatriya*,[35] *Vir Chakra*[36]", Vidur respondeu por ele. Ele idolatrava o pai.

"Pai, conta para ela a história", Vidur pediu com seus olhos brilhando.

"Não há história nenhuma, na verdade", Adit disse com um sorriso em que o canto da boca ficava ligeiramente caído.

"Vamos lá, Adit."

"Meu batalhão estava assentado na fronteira. Eu estava na artilharia e fui ferido no ombro. Fazia tanto frio que demorou alguns minutos antes que me desse conta do que acontecera. De fato, foi outra pessoa que primeiro viu o sangue que escorrera por baixo de meu uniforme."

"Você tem uma cicatriz?"

"Ele tem. Mostre-a, papai."

"Você quer vê-la?", Adit perguntou.

Assenti. Ele se levantou e tirou a camisa polo. Eu não tinha visto a cicatriz na quadra de tênis porque ele virara as costas. Eu também tinha olhado para as árvores. Ele curvou seu corpo em minha direção e levou seu ombro ante meus olhos. A pele ali tinha virado um calombo. Levantei meu dedo indicador para tocá-lo e olhei-o. Ele assentiu. Cuidadosamente eu toquei na cicatriz.

"Não dói", disse ele. Eu notei que seus poucos pelos do peito estavam em pé. Seus olhos olhavam-me sem piscar. Olhei de volta e depois tirei minha mão. Eu tinha me esquecido de Vidur por um segundo. Adit também.

"É por isso que você quer entrar para o Exército?", eu perguntei a Vidur.

"É."

"A gente vai conversar sobre isso", Adit disse, vestindo a camiseta novamente.

"Você não quer que ele o faça?", perguntei.

"Ele pode, caso queira. Tem lá os seus prós e contras", Adit disse. Eu assenti.

---

35 Guerreiro. (N.T.)

36 Condecoração por atos de coragem no campo de batalha. (N.T.)

"Eu não tenho certeza sobre o que quero fazer", desconversou. Estava claro que eles não tinham chegado a um consenso sobre a carreira de Vidur. A atmosfera na sala ficou um tanto tensa.

"Vidur me disse que você é tão esperta que poderia fazer qualquer coisa". Vidur parecia sofrer dessa noção de que eu era muito mais inteligente e talentosa do que de fato era. Eu me senti mal e olhei para o relógio. O tempo tinha voado. Já eram quatro e meia.

"Eu disse para a Anamika que a levaríamos de carro para casa."

"Claro", Adit disse. Então ele me olhou e perguntou: "Quando tem que ir?".

"Agora."

"Eu vou pôr outra roupa. Está quente demais para estas calças", Vidur disse e se levantou. Eu me senti terrivelmente estúpida sentada ali com minha gravata de Representante de Classe e com aquela saia da escola ao lado de um atleta sexy que tinha estado na guerra. Quando a porta do quarto de Vidur se fechou, Adit me perguntou em voz baixa: "Então, o que você quer fazer com sua vida, senhorita?".

O termo "senhorita" me incomodou. Eu desejara ser Índia com sua sofisticação e sári de corte curto. Adit teria falado de modo diferente com ela.

"Eu quero ser um playboy profissional, Adit". Procurei dar um tom em minha voz o mais doce possível.

"E se isso não der certo?"

"Se fracassar nisso, eu entrarei para o Exército. Eles estão aceitando mulheres hoje em dia."

"Por quê? Você sabe que eles não deixam as mulheres irem para a guerra."

"Eu sei. Eu faria isso só para ir para a Academia. Para me exercitar e ter um tremendo corpo."

"Você tem um corpo estupendo", disse ele.

"O que eu quero dizer é um corpo definido como o seu", falei, decidindo ignorar seu comentário.

"Então você gosta de meu corpo também", disse ele com um sorriso afetado. Ele não ia deixar que eu o ignorasse.

Estávamos os dois sentados no sofá, encostados no respaldo. Ele se movimentou para a frente até que estivesse inclinado com os cotovelos sobre as coxas. Então ele segurou minha mão na sua e segurou meu polegar entre seu polegar e o dedo do meio, dando-lhe um apertão firme, quase dolorido, antes de soltá-lo.

Meu coração começou a bater rápido e, em meu nervoso, eu disse: "Conheço uma mulher de quem você vai gostar".

"Hã?" Seu "hã" soava exatamente como o de seu filho.

"Ela está mais perto de sua idade do que da minha. Uma designer freelance. Muito sexy."

"Eu não estou procurando um caso com outra pessoa", ele sussurrou.

"Não estou sugerindo um caso. Eu a chamo de Índia", sussurrei. Falar de minha vida para Adit fazia com que eu ficasse menos nervosa com relação a ele. Senti que ele era meu amigo.

"Índia", ele repetiu, assentindo com a cabeça.

Nós ouvimos a porta de Vidur abrir. Adit voltou à sua posição inicial no sofá, aumentando a distância entre nós. Vidur apareceu de short e sandálias e uma camiseta. Suas pernas eram cobertas de pelos pretos obviamente herdados de sua mãe.

"Você está pronto, leão?", Adit perguntou a seu filho.

"Sim, coronel."

"Por que você não deixa um bilhete para sua mãe?", Adit sugeriu.

"Ah, sim!" Vidur disse. Ele saiu da sala de estar para o corredor onde ficava o telefone. A casa estava em tal silêncio que eu podia ouvir o som do lápis sobre o papel.

"Minha esposa chega em casa por volta das seis. Ela trabalha na American Express."

Eu senti o sangue correr para meu rosto quando o ouvi dizer "minha esposa". Minha boca secou. Eu tinha certeza de que Adit podia ler meu rosto. Eu chamei Vidur numa altura de voz exagerado, como se ele estivesse mais longe.

"Sim", disse ele. Eu corri para perto dele.

"Minha mãe quer que você tome *chai* com a gente", eu disse.

"Depois do chá", ele adicionou no bilhete. Eu olhei o pedaço de papel. Podia distinguir a letra de Vidur em mil. Eu me sentava a seu lado na sala de aula fazia anos. Mas nós escrevíamos com esferográfica em nossos cadernos com linhas. O lápis sobre papel branco era como um rascunho. Parecia que tinha sido feito por um artista, às pressas. Era como um band-aid no meu peito. Eu fiquei aliviada por ele estar ali.

Nós voltamos para a sala de estar. Vidur colocou o bilhete sobre a mesa da sala de jantar embaixo da fruteira com algumas bananas maduras demais e alguns *chikoos*.[37]

"Prontas, crianças?", Adit perguntou em uma voz neutra. Ele não olhou para mim. Nós saímos da casa rumo à garagem.

O pai de Vidur deu ré enquanto Vidur e eu abríamos o portão.

"Sabe, minha mãe acha que eu estou gamado em você", disse Vidur.

"Está?", perguntei, olhando-o de frente.

"Não! Você é minha melhor amiga!".

"Eu só estava te provocando, Vidur". Era legal ter um bom amigo. Eu sabia que ele era do tipo que não usava o termo levianamente.

Vidur abriu a porta do carro para mim e sentou-se atrás. Eu fiquei constrangida pelo fato de Vidur e Adit irem até minha casa. Nossos sofás com suas estampas coloridas e acabamento em madeira com brilho eram muito diferentes daqueles da sala de estar de Adit. O pai de Vidur era moderno, e embora meus pais fossem provavelmente da mesma faixa de renda, na vida de um militar havia viagens e guerras. Portanto, sua vida era mais glamourosa comparada à vida dos servidores públicos.

Minha mãe já estava em casa quando chegamos. Eu nunca a tinha visto apertar a mão de um homem antes. Ela geralmente juntava as palmas e dizia, "*namaste*" aos colegas de meu pai.

Vidur apertou a mão dela também e disse: "Olá, senhora".

Todos nós nos sentamos na sala de jantar. Adit estava sentado no mesmo lugar onde Índia se sentara antes.

"Gostaria de tomar *chai* ou café, *coronel Sahib*?", minha mãe perguntou.

---

37 Sapotis. (N.T.)

Adit ficou radiante. Era óbvio que ele gostava de ser chamado assim.

"Vamos tomar o que vocês forem tomar", disse ele.

Eu estava dolorosamente consciente de suas pernas másculas dentro de seus calções cáqui. Ele parecia indecentemente exposto. E se minha mãe notasse? Eu queria cobri-las.

"Mãe, eu cuido disso", disse para poder escapar.

"Rani está na cozinha. Seja bozinha com ela. Ela estava chorando quando eu cheguei aqui."

"Por quê?", eu estava preocupada que algo tivesse acontecido.

"Ela estava doida de preocupação por sua causa."

Eu fui para a cozinha. Rani tinha ouvido a gente chegar. Ela já estava preparando uma bandeja com xícaras e pires. Eu segurei sua cintura por trás e apertei-a. Ela sorriu para mim.

"Eu sinto muito por ter deixado você preocupada."

"Tudo bem. Estou feliz que você esteja bem."

"Por que estava tão preocupada?"

"Achei que alguma coisa tinha acontecido com você. Eu me lembrei do que aconteceu da última vez que você tomou aquele ônibus."

"Estou aqui', sussurrei em seu ouvido.

"Quando você levar o *chai* e os biscoitos para todo mundo, leve para você também. Eu quero que conheça o meu amigo Vidur e o pai dele".

"O que direi a pessoas grandes?", ela perguntou e abriu bastante os olhos, sedutoramente.

"Você vai falar do mesmo jeito que fez na noite passada com a senhora."

Rani me seguiu uns minutos depois carregando uma grande bandeja com quatro xícaras e pires, um bule de chá, outro de leite, açúcar e um prato de biscoitos. Ela não separara chá para si mesma. Através das meias mangas da blusa de seu sári eu podia ver seus braços se movendo. Eles eram magros. Seus bíceps pareciam pequenos camundongos. Seu *pallu* estava puxado sobre sua cabeça e cobria parte de seu rosto. Mais vinte centímetros de carne magra apareciam entre o sári e a blusa. Seu umbigo estava à mostra. Conforme ela se inclinou para colocar a bandeja na mesinha do lado, o *pallu* desceu, expondo sua blusa apertada. Rapidamente ela colocou-o de volta no ombro. Adit olhou-a por um segundo antes de levantar os olhos. Eu fiquei feliz por Adit ter notado Rani, sua beleza. Eu queria exibi-la mesmo que ele não soubesse que ela era minha.

Eu disse para ela, alto e bom som, em híndi: "Por que você não põe isso aí e traz o seu próprio *chai*?".

Minha mãe deu-se conta da presença de Rani e parou de falar para olhar para ela.

"Sim, Rani, por que não se junta a nós?", disse ela, sorrindo.

Adit olhou para Rani novamente. Ela era tão linda que era impossível não sentir prazer direto e intenso ao olhar para ela. Depois de pousar a bandeja, ela saiu da sala. O *pallu* de seu sári drapejou no ar.

"Nós vamos ensinar-lhe inglês", disse, olhando para Adit.

"Que bom", ele comentou quase que automaticamente. Havia algo de condescendente em seu tom. Eu me senti uma criança recitando minhas resoluções de Ano-novo para um adulto. Fiquei louca da vida comigo e com ele.

O telefone tocou naquele momento e eu me levantei para atendê-lo. Era Índia.

"Posso ouvir vozes", disse ela.

"Meu colega de classe, Vidur, e seu pai, Adit, estão aqui." Eu me sentia uma verdadeira adulta usando o nome de Adit. Queria que minha mãe me ouvisse chamando Adit pelo nome. Eu queria oficializar nossa amizade.

"Ele é legal? Você não mencionou Vidur antes."

"Vidur é legal. Ele é o meu melhor amigo", falei, esperando que Vidur estivesse ouvindo.

"Posso falar com sua mãe?"

"Sobre o quê?", perguntei, um tanto desconfiada. Eu gostaria de ser capaz de parar de fazer esse tipo de pergunta.

"Eu quero agradecer-lhe pelo jantar", disse Índia. Ela parecia um pouco irritada.

"Vou chamá-la", falei, chateada por causa da irritação dela. Minha voz tinha murchado.

"Antes de você ir, Anamika", disse ela, fazendo uma pausa dramaticamente.

"Sim?", perguntei. Achei que ela ia terminar comigo.

"Você poderia me ligar mais tarde? Eu sinto sua falta."

Eu fiquei desconcertada por sua mudança de tom. Ademais, ela tinha vindo jantar aqui em casa na noite anterior.

"Eu ligo para você quando puder falar", sussurrei. Não tinha jeito de eu sair de casa para ir à noite à casa dela com Rani dormindo no meu quarto.

"Tripta quer falar com você", chamei minha mãe.

"Ah!", minha mãe disse, escusando-se. Ela sorriu enquanto pegava o telefone.

Eu me sentei perto de Vidur e sussurrei, como se eu não quisesse que Adit ouvisse: "É Índia".

Vidur assentiu. Ele gostou que eu tivesse compartilhado isso com ele. Adit olhou para as cortinas na janela francesa de nossa sala de estar, com uma expressão vazia no rosto. Eu estava me sentindo irracional e incoerente. Tinha ficado triste: ele tinha esposa e se tornara distante. Se eu quisesse ser amiga dele, precisava ser agradável. Senti-me imatura.

Minha mãe terminou a conversa com Índia. Assim que eu a ouvi dizer "adeus" senti uma tremenda necessidade de chocá-la. Eu não tinha certeza se ela tinha me ouvido dizer o nome de Adit na primeira vez.

"Adit", disse.

"Sim?", respondeu ele, olhando-me.

Minha mãe, que estava a caminho do sofá, parou por um segundo. Ela não estava nem mesmo chamando-o de sr. Assim & Assado ou de coronel Fulano. Ela estava radicalizando e chamando-o de *coronel Sahib.*

"Você já leu algum livro de Kundera?", perguntei.

"Não. E você?", Adit perguntou como se fosse uma competição. Ele parecia pensar que eu estava fazendo-lhe perguntas para mostrar quanto eu sabia.

"Essa é a pergunta que você faz para todo mundo?", minha mãe disse com irritação súbita. Eu podia dizer que ela estava atrapalhada por esse novo desenvolvimento, esses adultos com quem eu fizera amizade e os livros sobre os quais eu falava. O ar na sala tinha mudado. Eu estava chateada com Índia e com Adit, e os dois estavam chateados comigo. Minha mãe brava era a gota d'água. Eu pensei no convite de Sheela para visitá-la no fim de semana. Parecia a única coisa pelo que ansiar.

Rani voltou para a sala de estar e sentou-se no chão a certa distância de nós. Ela colocou a xícara de chá no chão a seu lado.

"Eu não sei como ela lê esse troço", minha mãe disse como se desculpando por meus gostos.

Adit ainda estava olhando vagamente para a cortina.

"Que tipo de livro ele escreve?", Vidur perguntou, chegando para salvar todo mundo.

"Ele é checo exilado. Há sobretons de realismo mágico em sua obra."

Vidur assentiu, impressionado por minhas palavras. Ele estava mais interessado no que eu lia do que minha mãe ou Adit. Este voltou de seu devaneio, deu-me um sorriso falso e disse: "Interessante". Seu comportamento tinha mudado muito desde o início da tarde, quando tocara seu coração. Ele tinha se tornado intoleravelmente condescendente. Fiquei com raiva. Queria causar-lhe uma grande dose de dor.

"Então, *coronel Sahib*, o senhor já deve ter vivido em toda a Índia servindo no Exército. De que lugar o senhor gostou mais?", minha mãe perguntou.

"De Ladakh e de Kanyakumari. Os extremos do país são os mais dramáticos. Eu não poderia ir para Ladakh hoje. Meu corpo está velho demais para suportar o ar rarefeito de lá."

"Tenho certeza de que mantém a boa forma, *coronel Sahib*."

Eu pensei nas coxas musculosas de Adit e a imagem do modelo Old Spice dos comerciais de tevê me veio à mente. Eles mostravam coxas masculinas de perto, com músculos sinuosos e definidos. Eu viajei.

"Ela é uma mulher forte. Ela trabalha para a American Express", Adit estava dizendo.

"E você quer servir no Exército como seu pai ou trabalhar para um banco como sua mãe?", minha mãe perguntou a Vidur.

"Eu quero servir no Exército, senhora."

"Isso é ótimo, *coronel Sahib*. Ele quer seguir-lhe os passos", disse minha mãe.

"Eu acho que isso não é nada bom", afirmou Adit contundentemente.

Alarmada por essa reação, minha mãe imediatamente disse: "Anamika não sabe o que quer".

"Mas, tia, ela é a primeira da classe. A senhora não devia se preocupar", Vidur veio em minha defesa.

"E todos esses vestibulares? Ela não vem se preparando para eles".

"Mãe, eu quero fazer Física", disse.

"Que tipo de carreira há em Física?", minha mãe se dirigiu à sala.

Eu dei uma olhada em Rani. Ela estava olhando para todos nós enquanto falávamos. Adit deu uma olhada nela também. De onde estávamos sentados, o sol da tarde refletia em seu rosto, fazendo-o brilhar e parecer escuro e reluzente ao mesmo tempo.

"Ela pode fazer pesquisas no Centro Nacional para a Ciência ou ir para os Estados Unidos", disse Adit.

Tínhamos terminado nosso chá. Adit e Vidur levantaram-se para sair. Minha mãe apertou a mão de Adit de novo: "Obrigada por ajudar Anamika com a Física".

Meu coração quase parou. Vidur tinha se esquecido de dizer-lhe a desculpa que usáramos e pigarreou fortemente. Adit foi rápido na recuperação e disse: "Senhora Sharma, foi um prazer. Ela é um encanto. Tem uma filha brilhante". Depois ele se aproximou de mim e passou a mão no meu cabelo no que parecia um gesto paternal, mas quando sua mão chegou na parte de trás de minha cabeça, ele me beliscou naquele lugar que sempre ficava tenso. Só Rani notou. Ela esfregava meu pescoço sempre que me massageava.

Depois que partiram eu peguei o material para estudar.

Minha mãe entrou no quarto com amêndoas e perguntou casualmente: "Então, como é que você chama o *coronel Sahib* pelo nome?".

Imediatamente me pus na defensiva. Antes que pudesse pensar no que iria dizer, falei: "Então, como é que você lhe apertou a mão em vez de dizer *namaste*?".

Minha mãe me olhou de modo esquisito. Então ela disse: "Não é tão estranho apertar a mão de um homem".

"Você nunca apertou a mão de um homem."

"O que você está querendo dizer?"

"Nada. Nada." Eu senti um temor enorme invadir o meu coração. Estava entrando numa discussão que era irracional. Uma coisa era me sentir totalmente incoerente dentro de mim mesma, mas expor minha falta de racionalidade ao falar assim era outra coisa.

"O que está havendo com você, Anamika?". Ela falara meu nome. Ela só fazia isso quando estava ficando brava. Eu respirei fundo.

"Eu chamei-o pelo nome porque ele me pediu que assim o chamasse. Ele disse que 'senhor' o fazia se sentir velho."

Minha mãe parou de falar e deixou o quarto, balbuciando: "Adolescência. Tudo em você mudou no último mês".

Eu fiquei arrasada.

XV
Papai

Eu busquei refúgio no livro de Física durante o jantar. Li a respeito da teoria geral da relatividade de Einstein enquanto enchia a boca de colheradas de *rajma chawal.*[38] Minha mãe periodicamente tinha que me lembrar de comer. Para me concentrar eu tinha que ler a mesma frase várias vezes. Às nove levei o prato para a sala de estar e juntei-me a meus pais para assistir ao noticiário. Um terceiro garoto tinha posto fogo no próprio corpo.

"Eu não sei o que está havendo com esses garotos", minha mãe disse.

"Eles estão fazendo isso por uma causa", disse meu pai.

"Ora, Rajan! Convenhamos. Uma pessoa não ateia fogo ao corpo por causa de uma nova lei parlamentar."

"Certas pessoas têm princípios rígidos", meu pai insistiu.

Eu senti como se ele estivesse me desafiando, acusando-me de não ter os mesmos valores morais firmes dos garotos que estavam se imolando. Eu era uma brâmane. Eu achava que a política

38 Prato de feijão roxo com arroz, muito popular no norte da Índia. (N.T.)

de cotas de vagas estava errada. Por que eu não estava protestando? Arriscando minha vida? Aliás, por que *ele* não fazia isso, é o que eu queria lhe perguntar.

"Princípios coisa nenhuma", eu disse. "Eles são adolescentes imaturos e insanos. Todo mundo está fazendo isso levado por um instinto de manada. Eles precisam derrubar o governo, não se queimar. Esse não é um comportamento racional. É egoísta e ridículo se atear fogo."

"Eles acreditam nisso. É assim que a não-violência funciona. Foi assim que Mahatma Gandhi nos levou à independência. A pessoa se sacrifica em protesto."

"Por favor. Isso é um monte de merda."

"Anamika!", meu pai gritou, levantando-se da cadeira.

Eu olhei para ele sem me desculpar. "O que foi?".

"Como se atreve a falar assim?"

"É para dar nome aos bois."

Ele olhou para minha mãe e falou: "O que está havendo com essa menina? Ela está ficando muito saidinha".

"Rajan, por favor, sente-se. São as dores do crescimento."

Então minha mãe me olhou e disse: "Peça desculpas, *Beta*".

"Por quê?"

"Você não deve falar com o seu pai assim."

"Eu não falei nada sobre ele. Eu só disse que seu argumento não era bom." Eu não olhei na direção de meu pai enquanto falava.

"Ainda assim, isso não é jeito de falar", minha mãe disse com firmeza.

Eu coloquei mais *rajma chawal* na boca para que ficasse cheia.

"Peça desculpas", minha mãe insistiu.

Eu olhei para meu pai. Ele estava afogueado. Isso me deu bastante coragem.

"Devo pedir desculpas mesmo quando não sinto que devo?", perguntei com voz calma.

Minha mãe colou seus olhos nos meus e fitou-me furiosa, tentando passar a mensagem de que ela não queria que eu levasse esse negócio adiante. Eu tinha certeza de que meu pai explodiria. Cedi.

"Eu sinto muito", disse com indiferença.

"Não, você não sente", seu tom de voz tinha alguma amargura.

Eu dei de ombros, não querendo prolongar mais a tortura. Rani devia estar de olho na gente lá do corredor. Ela entrou no cômodo e pediu mais instruções à minha mãe. Eu comi a última colherada de comida de meu prato e fui para o quarto.

Sentei-me à escrivaninha. Estava tanto calor que era difícil manter os braços na mesa sem que sua superfície ficasse pegajosa de suor. Meu ventilador não dava conta, embora estivesse ligado na rotação mais alta. Entretanto, quando me pus a decifrar todas aquelas coisas importantes no livro de Física, esqueci momentaneamente a umidade. O som do ventilador do teto trouxe um ritmo para o meu interior. Minhas emoções me abandonaram.

Acontece que, embora eu fosse envelhecer e morrer, poderia ter um irmão gêmeo sentado num satélite movendo-se à velocidade da luz, que não envelheceria no mesmo ritmo. De repente fez o maior sentido que alguns momentos passassem rapidamente e outros lentamente. Também fazia sentido que meu cérebro, que eu tinha certeza de que viajava à velocidade da luz, era capaz de viajar para trás e para a frente no tempo. Ele podia viajar a várias velocidades e fazer acontecer as coisas dentro de seu universo de um modo que meu corpo físico, com toda a sua massa, não podia. Eu invejei Gandhiji, seus jejuns e sua magreza, sua habilidade de comer umas poucas amêndoas por dia e sobreviver. Leveza se traduzia em ligeireza. Significava longevidade, a coisa mais perto da imortalidade.

Eu sabia que não havia aplicação prática para isso, mas a ideia em si era suficiente para me fazer querer continuar a viver; talvez até mesmo achar um modo de transpor essa Física teórica para uma Física mais prática. Virar carbono em nome de algum drama político que todo mundo esqueceria dentro de alguns meses estava completamente fora de questão.

A noção de o tempo ser relativo era muito mais libertadora do que o princípio da incerteza. Este não era útil na escala humana. Valia para a escala das galáxias. Mas não interessava. Ao longo de uma coordenada relativa, eu era jovem. Imatura. Uma adolescente. A briga com o meu pai não fazia sentido. Minhas emoções por Adit muito menos. Eu tinha toda sorte de hormônios cruzando meu corpo à toda velocidade, o que me fazia agir impulsivamente. Eu me levantei da cadeira para ir pedir desculpa a meu pai.

Minha cadeira chiou quando ela correu no piso de pedra. As luzes se apagaram e o ventilador rodopiante diminuiu seu giro e depois parou. Tudo ficou no escuro. Nem um raiozinho de luz chegava da rua; havia um blecaute no bairro. Eu caminhei lentamente até a porta do quarto, às apalpadelas, esperando meus olhos se ajustarem. O calor e a umidade estavam insuportáveis agora. Minhas axilas estavam molhadas.

"Fique aí, Anamika, eu pego uma vela", minha mãe falou de algum lugar da casa.

"*Babyji*", Rani disse.

Esperei que ninguém a tivesse ouvido. Era como um suspiro, o sussurro de uma amante. Eu respondi com um murmúrio.

Minha mãe tinha acendido uma vela e estava andando no corredor na direção de meu quarto.

"Tudo bem, mãe, eu sento na sala. Não vou poder estudar assim. Está quente demais."

Ela se virou e ambas caminhamos até a sala de estar. A vela estava me fazendo sentir mais calor ainda. Minha camisa de algodão estava grudada na minha pele e meu corpo estava empapado. Ouvimos o som de passos com pés descalços no chão. Rani tinha nos seguido. Eu pude ver a silhueta de meu pai na frente da tevê, onde eu o tinha visto na última vez.

"Está tanto calor", eu me queixei, soltando-me no sofá. Rani pegou um jornal da pilha da mesinha e se sentou ao lado. Ela começou a me abanar.

Meu pai virou-se na nossa direção por um segundo. Minha mãe limpou seu rosto com o *pallu* de seu sári. Meus olhos já tinham se ajustado à pouca luz. Eu podia ver que meu pai estava olhando para Rani, mas eu não via a expressão do rosto dele. A sala estava silenciosa demais, o farfalhar do jornal diante de meu rosto preenchendo o vazio.

"Você tem sorte. Ela é devotada demais a você", falou meu pai.

Eu não sabia o que responder. Isso significava que ele sabia?

"Sim. Ela realmente cuida de você. Ela a ama", minha mãe ajuntou.

Eu fiquei com medo de que eles fossem me confrontar. Eu tinha certeza de que Rani e eu tínhamos sido cuidadosas e de que eles não tinham visto nada, mas meu coração estava pulando de medo. O farfalhar do jornal nas mãos de Rani ficou cada vez mais alto. Eu queria que ela parasse.

"Tudo bem, Rani", eu disse em híndi. Eu não queria que meus pais me dissessem mais nada.

"Não, *Babyji*, você suará." Era bem estranho que ela estivesse me abanando e não a minha mãe, mas falar comigo daquele jeito tão carinhoso era um perigo. Será que ela esquecera que meus pais estavam ali?

"Quem dera alguém estivesse me abanando agora", meu pai soltou.

Ele geralmente não falava num tom de voz petulante assim. Estava tentando sugerir que minha mãe o abanasse. Ela estava amarrando o cabelo num coque mais apertado para mantê-lo longe do pescoço.

"Quem dera alguém estivesse me abanando agora", disse também minha mãe.

Eu ri, encantada que ela lhe tivesse retribuído na mesma moeda. Meu pai riu, também. Ele estava tirando uma dela. Eu o amava.

"Papai, eu sinto muito pelo que disse mais cedo", falei. Saiu fácil.

"Tudo bem. Eu também peço desculpas", disse ele.

Eu jamais tivera uma troca assim com meu pai. Minha mãe tinha cedido em relação a mim anteriormente em muitas ocasiões, mas um pedido de desculpas vindo de meu pai era algo totalmente novo.

O telefone tocou. Soou estridentemente, reverberando por toda a casa. Eu pulei do sofá e corri para pegá-lo, batendo em algo pontiagudo no caminho. Eu não esperava que Sheela fosse confirmar tão cedo que os pais dela iam sair.

"É o Adit." Meu coração estava a cem por hora agora. Mais rápido que minha bicicleta ou meu cavalo, Sugar. Apertei o receptor do telefone com as duas mãos para que meus pais não ouvissem nada. Fiquei em silêncio.

"Dá para falar agora?", ele perguntou baixinho.

"Não."

"Eu precisava ligar para você. Conhecê-la me afetou profundamente."

"Jura?" Eu estava feliz em ouvi-lo a ponto de não estar mais brava com ele.

"Há alguém aí?"

No escuro, tentei ver meus pais. Rani estava abanando minha mãe agora. Eu não sabia o que poderia dizer a ele sem levantar suspeitas por parte de meus pais. Era bem melhor fingir que era o Vidur ligando sobre tarefas da escola para casa.

"Vidur, eu não sei a resposta para essa conta."

"Sinto muito, Anamika, eu não deveria fazer isso. Quando é uma boa hora para ligar?"

"A terceira", disse.

"Eu ligo amanhã às três da tarde, está bem?"

Desliguei o telefone e caminhei lentamente de volta para o sofá, sem força nos joelhos. Eu precisava de uma história bem coesa para meus pais. Em que ordem eu dissera "jura", "sim" e "não"?

"Como é que está o Vidur?", minha mãe perguntou.

"Ótimo", disse. Rani ainda estava abanando-a. Fiquei imaginando se ela ia me abanar agora.

"Abane a *Babyji*", minha mãe disse-lhe, como se me respondendo.

Ela se aproximou de onde eu estava e começou a abanar-me novamente.

"Vocês, mulheres, estão tendo mordomia demais", meu pai comentou. Ele estava certo. Fiquei contente.

"Quando não temos força, como é que o telefone ainda funciona?", minha mãe perguntou.

"O tom de chamada e a força são levados por um fio desde o escritório central da DESU, que tem seu próprio gerador", respondi.

"Eles ensinaram isso a você lá na escola?", meu pai perguntou.

"Não", respondi.

"O que eles ensinam na escola?", ele continuou.

"Teorias de partículas-ondas e incerteza, biologia humana, teoria da probabilidade, formações geológicas, a estrutura das moléculas."

"Você tem alguma pergunta sobre o que seja?", meu pai completou.

Eu tinha muitas dúvidas. E me ocorreu, pela primeira vez, perguntar a meu pai em vez de perguntar a Adit ou à professora Pillai ou a Índia.

"Como é que uma pessoa sabe o que é bom e mau? É estabelecido pela natureza?"

"Para que matéria você precisa saber isso? Você não quer fazer engenharia?"

"Eu preciso saber isso para a vida, papai."

"Deus nos diz o que é bom e mau. A sociedade e os costumes também."

"Mas nossos costumes são diferentes dependendo da casta e o que é bom e mau não pode variar com a casta", argui. Eu tinha certeza de que era muito mais admissível alguém como Chakra Dev, sendo casta *yadav*, se safar de mais coisas do que eu, uma brâmane.

"O que é bom para o pato não é bom para o ganso. Os livros antigos como *O Gita* e *As Upanixades* falam de nossos deveres, e cumprir o nosso dever é bom."

"Mesmo que estivessem corretos quando foram escritos, como é que nós sabemos que continuam certos hoje?"

"Eles são eternos", ele afirmou categoricamente.

"Meninas não iam à escola então. Mas hoje elas vão. O mundo mudou", eu argumentei.

"Rajan, ela está certa. As mulheres não deviam ter carreira e criar filhos, tudo ao mesmo tempo. É um mundo diferente. Não há respostas fáceis sobre como devemos viver a vida", minha mãe disse. Ouvi-la falar fez-me dar-me conta de que, para ela, toda essa discussão não tinha a ver apenas com o meu futuro e comigo. Tinha a ver com ela ter um emprego, uma filha e cuidar da casa.

"Mas, *jaanu*, a pergunta dela era sobre como adquirimos os nossos padrões de moralidade e dever. Eu não estou falando de outras coisas", meu pai disse.

"Mas e a felicidade?"

"*Jaanu*, você é infeliz?", meu pai perguntou mansamente.

"Não, Rajan. Mas eu fico imaginando, com tantos deveres para tudo, onde sobrará lugar para se viver uma vida feliz." Ela parecia cansada.

"Mas os estágios da vida prescritos nos livros antigos respondem à nossa necessidade de conhecimento, de amor, de fazer o bem aos outros e de renúncia."

"Você realmente acha que há apenas uma via para a felicidade quando há tantos tipos diferentes de pessoas?", minha mãe perguntou.

"Você gosta de chá e eu, de café. Eu quero ser Física e Vidur quer se alistar no Exército. Eu não quero casar e a mamãe quis. Como é que a mesma fórmula pode nos fazer a todos felizes?", questionei.

"O que você quer dizer com 'eu não quero casar'?", meu pai disse.

"Ela é jovem demais para querer casar. Não diga nada", minha mãe respondeu.

"Na sua idade eu também não queria casar. Eu queria andar de moto no interior da Austrália", meu pai disse. Eu sabia que minha mãe o proibira de andar de moto quando se casaram. Ele havia vendido sua Rajdoot usada e comprado uma Vespa. Mas meu pai nunca falara sobre querer aventura antes.

As luzes na sala piscaram e acenderam. O ventilador de teto começou a girar novamente. A geladeira zumbiu. A força voltara.

"Graças a Deus", minha mãe exclamou. A luz parecia forte demais. O rosto de minha mãe estava suado. A cabeça de Rani ainda estava coberta pelo *pallu* de seu sári do jeito que sempre estava, mas ela tinha transpirado tanto que o cabelo estava colado ao *pallu*. Minhas pernas estavam grudando uma na outra, mas a abanação de Rani tinha mantido meu rosto seco. Eu disse "obrigada" para ela em inglês.

"De volta ao trabalho", anunciei e me levantei.

No meu quarto eu vasculhei minha mochila e decidi atacar o hercúleo dever de casa que a professora Pillai tinha dado. Eu pensei na senhora Pillai com suas ancas balançando enquanto saía da classe. Fechei os olhos e imaginei meus lábios sobre os dela. Não era nada difícil de imaginar. Era errado? Quebrava todas as regras do estágio estudantil da existência conforme descrito pelas escrituras. Um aluno era um *brahmachari*, celibatário e casto por definição. Por outro lado, se o bem e o mal tivessem que ser medidos, como papai dissera, na base de se eles ajudavam a meta da vida estudantil, então ter um caso com a professora Pillai só poderia melhorar minhas habilidades matemáticas. Eu estudaria muito mais porque não ia querer desapontá-la. Eu não estava pensando em mais nada senão em casos vinte-e-quatro horas por dia. Era insano. Abri o livro e olhei para a sequência de Fibonacci.

Quando Rani entrou no quarto depois de terminar seu trabalho da noite, fiquei surpresa ao ver que mais de uma hora se passara. Eu havia feito a maior parte de meu dever de casa sem perder a concentração entre as dobras dos sáris das mulheres. Ela veio até onde eu estava estudando e passou a mão no meu cabelo. Eu fechei o livro.

"O que se diz em inglês quando alguém diz 'obrigado'?", ela me perguntou.

"De nada", disse.

"De nada", ela repetiu.

"Ótimo."

"Significa?", ela perguntou.

"*Accha*", perguntei.

"Eu quero aprender o alfabeto", pediu.

"Eu vou escrever duas letras para você amanhã antes de sair para a escola. São vinte e seis letras. Você vai aprender o alfabeto em treze dias."

"Escreve quatro. Eu aprendo em metade do tempo."

Deitamo-nos na cama abraçadas em silêncio. Eu me lembrei de que prometera ligar para Índia.

"Esqueci que tenho uma coisa importante a fazer", falei para Rani, livrando-me de seu abraço. Pé ante pé fui até a sala e liguei para Índia.

"Tenho sentido a sua falta. Muito", disse ela. Eu me senti culpada.

"É impossível ir aí à noite. Rani dorme no meu quarto", sussurei.

"Não quero que você se arrisque. Eu não quero que ninguém saiba sobre nós."

Escutá-la levou-me para sua órbita. Eu poderia ter ficado assim horas a fio. Quis ir até a casa dela imediatamente.

"O que vamos fazer?", perguntei.

"Eu vou pensar em algo. Agora volte para o quarto e não deixe Rani suspeitar de nada."

Voltei para o quarto e deitei-me de novo ao lado de Rani. Algo tinha mudado. Agora, eu só conseguia pensar em Índia. Eu desejava que não me demorasse tanto para mudar de uma para a outra. Eu queria ser rápida como um elétron pulando de uma fase para a outra. Rani estava quieta. O silêncio me assustou. Eu desabotoei a parte da frente de sua blusa.

"Não, *Babyji*", disse ela, colocando suas mãos sobre as minhas para que eu parasse.

"Por que não?"

"Você precisa dormir."

Acesso restrito a Rani era inaceitável. A ideia de que ela pudesse dizer não para mim era extremamente excitante. Eu joguei suas mãos para os lados e prendi seus pulsos à cama. Seus lábios não respondiam, feito travesseiros inanimados.

"Qual o problema?", perguntei.

"É errado. Você deve casar com um rapaz como Vidur *baba*. Você tem toda uma vida pela frente. Eu tenho azar de ter um bruto por marido". Eu percebi que ela estivera pensando sobre o assunto a noite inteira. De certa maneira eu estava aliviada de que não fora a chamada telefônica ou o fato de eu ter deixado a cama o que tinha causado sua recusa, mas seus próprios pensamentos.

"Vidur é só uma criança."

"Mas vai crescer. Nesta idade todos os garotos são crianças."

"Olhe só, não há nada de errado. Eu quero você". Eu não era capaz de manter uma conversa séria quanto à casar com Vidur.

"Não, *Babyji*, eu não quero que você faça isso", disse ela. Fiquei imaginando se ela não queria mesmo. Mas eu sabia que se insistisse e ordenasse que ela o fizesse como empregada eu poderia tê-la. Eu queria que ela soubesse que me dava prazer, mas não sabia a palavra híndi para prazer. Em vez disso, eu disse que me fazia feliz. Na fraca luz do quarto pude ver seu sorriso vago.

E sem pensar no vilão do filme híndi, eu simplesmente fiz tudo o que achava que ele faria. Embora ela não tivesse me detido, eu sentia que algumas partes dela me resistiam. Mas então houve um momento claro quando ela cedeu. Eu me senti unida a ela, até que, por fim, caí num sono sem sonhos que foi interrompido apenas pelo som do despertador tocando. Rani me abraçou com uma lamúria, e eu vi seu corpo se espreguiçar. Seu sorriso era belo, sua felicidade sem censura. Se ela tivera dúvidas à noite, agora elas já tinham sumido. Eu me senti abençoada por tê-la.

Ao vestir o uniforme, eu escrevi A, B, C e D em quatro cartões e deixei-os com um lápis e um caderno para ela praticar. Quando ela veio a meu quarto para me dar a lancheira, eu pronunciei cada letra para ela e a fiz repetir. Fizemos isso duas vezes antes de eu sair para a escola.

xvi
Hulla Gulla

Quando cheguei à escola havia segurança armada em todo o campus. Eles olhavam com alguma hostilidade para os alunos, especialmente os garotos mais altos. Paravam aqueles que estivessem carregando qualquer coisa além das mochilas da escola e inspecionavam seus pertences. Tinham sido chamados para pôr fim a quaisquer incidentes inadequados relacionados ao caso Mandal. Grupos de alunos e professores falavam uns com os outros em sussurros. Havia uma atmosfera de motim em toda parte. O *bahadur* da sala do diretor me achou quando eu estava caminhando na direção do bloco Pushkin.

"*Babyji*, o diretor *Sahib* quer ver você."

Fui até a sala do diretor.

"Anamika, o ambiente está muito estranho. Planejamos continuar as aulas o máximo de tempo possível", o diretor me disse, depois fez uma pausa dramática.

"Mas?", eu disse, levantando as sobrancelhas.

"Mas a Administração de Délhi talvez declare o fechamento de todas as escolas. Então ficaremos impotentes. Eu quero discutir como podemos encaminhar nossa segurança nessa hora."

"Nós deveríamos nos certificar de que há uma lista com os números de telefone de todos os alunos e professores em cada sala de aula. Os professores de cada matéria também devem dar um plano de estudo de quatro semanas para os alunos."

"Quatro semanas! Nossa Chefe dos Representantes de Classe é uma pessimista!", disse ele.

"Nunca se sabe. Eu me lembro de que o recesso de 1984 durou mais do que pensávamos."

Eu tentei procurar Vidur e Sheela depois de ter falado com o diretor, mas era impossível encontrá-los naquele hospício. Na assembleia eu fiz alguns anúncios pelo alto-falante, continuamente pedindo às classes que se mantivessem na fila, mas sem resultado. Ao invés de pôr ordem no campus, os militares tinham provocado um resultado oposto.

"Que *hulla gulla* é este?", o diretor me perguntou enquanto subia no tablado.

Eu dei de ombros.

"Diga a todo mundo para ficar na fila", ordenou ele.

Levando minha autoridade ao limite máximo, eu comecei a me dirigir aos professores de cada classe. "Senhora Thaityallam, por favor, ponha a IX E em fila", disse. Tecnicamente era responsabilidade dos professores certificar-se de que os alunos formassem filas. À Chefe de Representantes de Classe cabia apenas ajudar. Mas foi um prazer tremendo apontar para a senhora T., a rainha do dever e do decoro, e dizer-lhe o que ela precisava fazer. Eu achei que ela ia ficar furiosa comigo, mas ela me deu uma olhada rápida quando ouviu seu nome e tratou de pôr seu grupo na linha.

Quando enfim nos juntamos para a reunião da assembleia já estávamos quinze minutos atrasados. Cantamos a *Ode à Alegria* de Schiller e depois um menino um pouco mais velho do que Jeet leu as notícias. Ele estava terrivelmente nervoso por ter que falar na frente da escola e engoliu uma série de palavras na ânsia de acabar logo a leitura. Suas pernas magras tremiam sob o calção cinzento. Quando terminou, dei umas palmadinhas em sua cabeça.

A fala da escola foi dada por uma garota do ensino médio que discorreu sobre a figura da Deusa-mãe na civilização harappiana. Eu pensei em Índia toda vez que ela disse: "Deusa-mãe".

"Eu falarei depois dela", cochichou paramim.

"Quer que eu o anuncie, senhor?"

"Boa ideia. Todo mundo está adormecendo neste momento."

A garota falou num tom monótono. Quando ela terminou, demorou um segundo para os alunos perceberem que fala dela tinha acabado e começarem a bater palmas. Eu fui até o microfone e comecei: "Todo mundo deve ter notado os guardas de segurança espalhados pelo nosso campus. Eu tenho certeza de que vocês querem saber o que está acontecendo. O diretor vai se dirigir a nós".

Ele caminhou até mim e disse: "Fique aqui."

Eu fiquei do lado dele, olhando as seis mil crianças em formação certinha, enquanto a voz dele ecoava através da assembleia. Ninguém se mexia.

"Se tivermos que fechar a escola, devemos estar preparados. No período zero todos os professores farão listas com os números de telefone dos alunos de todas as classes e irão fotocopiá-las e distribuí-las. Nós não queremos ficar para trás no repasse da matéria se formos forçados a fechar as portas. Isso está claro?"

Não houve resposta.

"Está claro?"

"Sim, senhor", os alunos responderam em coro.

"E as classes X e XII devem se dar conta de que o exame do conselho acontecerá independentemente de conseguirmos cobrir a matéria na sala de aula. Então certifiquem-se de que vão estudar." Depois de uma pausa, ele continuou, "O Exército emprestou-nos esses guardas para evitar autoimolações. Nós não queremos que ninguém se machuque. Alguém vai se atear fogo?"

Não houve resposta da assembleia.

"Alguém vai se atear fogo? Respondam-me", ele trovejou.

"Não, senhor", todo mundo cantou.

Depois de sua fala, desceu uma sobriedade no ambiente. Mesmo o mais desordeiro dos alunos caminhou diretamente para as classes. Eu passei pelo professor Garg, que trazia os lábios cerrados.

"Bom dia, senhor."

"Oh, Anamika!", ele disse distraidamente. Então ele voltou-se para me olhar.

"Sim, senhor?"

"Você é uma de minhas melhores alunas. Se a escola fechar, eu não quero que você se prejudique."

Eu não tinha certeza do que dizer. Não achei que ele estivesse tentando me elogiar.

"Se você quiser, eu posso ir até sua casa para dar-lhe aula", disse ele.

Fiquei tocada. Mesmo que ele tivesse a intenção de cobrar pelas aulas, era incrível que estivesse disposto a ir além do dever para me dar aulas porque eu era boa aluna.

"Obrigada, senhor", respondi. com o coração pleno de gratidão. Eu jamais dera a mínima para o professor Garg fora da sala de aula. Eu me senti como se tivesse saboreado algo bonito e puro. Sua oferta era tão destituída de egoísmo que me fez acreditar em coisas nas quais deixara de acreditar há muito tempo. Eu desejei que ele fosse o chefe da nação. Voltei para a sala de aula me sentindo idealista e cheia de esperança.

A professora responsável pela nossa classe, sra. Ganatra, que também nos dava aula de Biologia, passou uma folha de papel na qual devíamos escrever nossos números de telefone. Ela pediu-nos que lhe telefonássemos se tivéssemos alguma pergunta.

"Não pensem que vão me incomodar. Eu me deito por volta das onze e acordo cedo."

"Obrigado, senhora professora", Vidur disse. Alguns alunos o imitaram.

Quando a folha chegou à nossa carteira, eu olhei para a lista enquanto Vidur escrevia seu número de telefone. Chakra Dev já tinha posto o dele, e Sheela também. O número de Chakra Dev estava bem abaixo do de Sheela. Eu fiquei imaginando se ele o tinha visto e anotado.

A professora Ganatra pediu-nos que pegássemos os nossos livros e disse-nos quais capítulos eram mais importantes e que perguntas deveríamos tentar responder nas próximas semanas. A principal seção da biologia humana tinha sobrado para nós. Pessoalmente, eu já tinha olhado a matéria (tinha desenhos dos órgãos reprodutores masculinos e femininos). Vidur e eu tínhamos aberto o livro juntos no início do trimestre e alegremente olhamos no índice – "Capítulo IV, Seção III: Gônadas". Agora parecia que o prazer de ver todo mundo se contorcer de constrangimento estava perdido. Fiquei desapontada. Por outro lado, se eu não tivesse de vir à escola, poderia dedicar bastante tempo tanto à Índia quanto à Rani. Eu poderia passar os dias com Índia em sua casa e as noites na minha com Rani. Vez por outra eu poderia até ser capaz de ir de bicicleta até a casa de Sheela.

A aula terminou na hora em que a professora Ganatra tinha nos feito marcar os livros. Vidur debruçou-se sobre mim e disse: "Se as escolas realmente fecharem, você pode vir estudar lá em casa. Meu pai dará aula para nós".

Minhas orelhas esquentaram e me senti culpada quando ele mencionou o pai.

"Eu irei se ele me ensinar Química. Eu odeio essa matéria."

"Claro! Ele é ótimo nisso. Ele sabe tudo sobre reações químicas", disse ele, seus olhos dançando. Mas Vidur estava sempre brincando e a gente não sabia se realmente ele sabia alguma coisa.

A aula seguinte era da professora Pillai. Ela entrou na classe com o cenho franzido. Era incomum vê-la perturbada.

"Crianças, eu sinto muito sobre tudo isso. Vocês vão sofrer muito porque terão exames." Todo mundo pegou os livros e ficou olhando para ela.

Ela voltou as costas para a classe e pegou um pedaço de giz. A maioria das professoras tinha unhas compridas, e quando elas escreviam na lousa eu imaginava o giz entrando embaixo de suas unhas. Tremi com esse pensamento. Mas a professora Pillai tinha dedos finos e unhas bem aparadas. Ela escreveu seu número de telefone na lousa e sublinhou-o. Virou-se de frente para nós novamente.

"Eu sei que ninguém aqui dá a mínima à Matemática. Mas se alguém tiver uma dúvida, eu quero que me telefone em casa."

Cadernos se abriram, páginas foram viradas e todo mundo anotou o número.

"Se alguém aqui quiser ter aulas extras comigo, tudo o que precisa fazer é me ligar. Eu talvez dê aulas em casa se houver alunos suficientes. Senão, se estiverem perto o suficiente, eu vou até vocês de Vespa. Eu não quero que ninguém que esteja interessado em dar duro se prejudique. Entenderam?"

"Obrigado, professora. Nós agradecemos", eu disse. Eu queria dizer isso antes que Vidur o fizesse.

"Eu fico feliz que alguém aprecie. Olhem para vocês. Eu estou mais preocupada do que vocês com os exames ." Ela estendeu o braço na direção da sala e fez um gesto largo de parede a parede.

"Obrigado", Chakra Dev disse em tom inadequado. Eu me virei para ver o rosto dele. Ele estava meio sorrindo, meio zombando. Eu não queria que a professora Pillai fosse à casa dele darlhe aula. Provavelmente ele batia uma pensando nela.

Eu olhei de novo para a professora Pillai. Ela estava ocupada escrevendo uma lista de capítulos, seções e números de questões na lousa. Todo mundo estava copiando. Eu não podia imaginála no trafego caótico de Délhi numa Vespa, seu sári flutuando e seu rosto enfiado num capacete. Era incrível ela montar uma Vespa. Era raro numa mulher, era sinal de independência. Seu sári de algodão claro estava bem engomado. Embora estivesse enrolado, muitas vezes a borda de sua anágua aparecia. O *pallu* do sári caiu de seu ombro enquanto ela escrevia na lousa. O tempo estava quente demais, e ela usava uma *choli* sem mangas. Eu podia ver seus ombros brilhantes e rotundos. Meu pulso acelerou.

Depois que ela terminou de escrever na lousa, virou-se para a classe novamente. Seu *pallu* ainda estava ligeiramente caído, revelando sua clavícula e todo o seu pescoço. Minha boca salivou do jeito que fazia quando eu tinha fome. Vidur olhou para cima e mirou-a também. Eu limpei o rosto na manga da camisa para que pudesse me virar para ver Chakra Dev. Ele estava olhando para algum lugar sob o rosto dela, possivelmente para seu colo. Eu me virei e sob o *pallu* era possível perceber a forma dos seios dela. Eu fiquei imaginando se ela fazia sexo com o marido e como seria sob a roupa. Depois que a aula terminou e a professora Pillai deixou a sala, eu me virei para Vidur e perguntei: "Você acha que ela é sexy?".

Com ar desinteressado, Vidur disse: "Ela é atraente". Isso já foi muito: ele jamais admitiria mais que isso, mesmo que achasse.

Chakra Dev estava perambulando por ali e ouviu o que dizíamos. Ele veio até nossa carteira e inclinou-se sobre ela, seus cotovelos sujos amassando meu diário escolar. Eu fiquei irritada e arranquei-o de debaixo dele. Ignorando-me, ele dirigiu-se a Vidur. "Eu passei a aula inteira pensando em como seria foder ela."

"Você não deveria falar assim sobre uma professora", Vidur disse, suas pupilas se dilatando.

"Ora, vamos lá, cara!"

"Quer dar o fora daqui?", perguntei com voz serena. Eu odiava sua intrusão. Odiava o fato de que por ser homem era livre para pensar e ousar expressar-se como quisesse.

"Você é uma cadela." Chakra Dev ergueu seu corpanzil.

"O que você disse?", Vidur falou de modo cortante.

"Ela é uma cadela", Chakra Dev cuspiu bem alto. Outras pessoas na classe se viraram para ver quem estava falando.

Antes que me desse conta do que estava acontecendo, Vidur tinha empurrado a carteira na direção de Chakra Dev e pulado sobre mim. Vidur agarrou-o pelo colarinho como se fosse estrangulá-lo.

O som das carteiras arrastando no chão encheu a sala enquanto Ashu e Satnam abriam caminho até Chakra Dev, seguindo Vidur. Eu nunca tinha visto Vidur bravo antes. Uma veia em sua têmpora estava pulsando. Ele era magro e não muito alto. Chakra Dev era bem maior do que ele, mas Chakra parecia estar com medo de Vidur, cujo joelho estava pronto para dar um chute em suas pernas.

"Seu merda do cacete", Vidur sibilou.

Satnam e Ashu seguravam os cotovelos de Chakra Dev torcendo seus braços para trás.

Chakra Dev se encolheu.

"O que você disse? Diga novamente!", Vidur mandou.

"Desculpa", Chakra Dev balbuciou.

"Diga de novo", Ashu disse.

Vidur pegou na cabeça de Chakra Dev e odenou: "Diga para ela".

"Eu sinto muito, Anamika", disse ele, não soando estar sentindo o menor remorso. Eu queria chutar seu estômago.

"Nunca mais fale assim da professora Pillai", eu disse, brava. Ashu e Satnam viraram os braços dele ainda mais.

"Nunca mais", ele guinchou.

"Ela tem idade para ser sua mãe", disse-lhe eu.

"Eu sinto muito", ele repetiu, dessa feita com verdadeiro arrependimento. Havia suor na lateral de seu rosto, onde seus pelos grossos brotavam. Ele estava realmente sentindo dor.

"Soltem-no."

Vidur tirou a mão da garganta dele. Satnam e Ashu o soltaram com alguma relutância. Eles tinham curtido a sensação de poder. Nenhum dos rapazes era muito grande. Chakra Dev poderia ter dado conta deles individualmente, mas não dos três juntos. Ele voltou para seu assento sem me olhar.

Todo mundo na classe ficara em volta vendo o espetáculo. Vidur colocou as carteiras de volta no lugar. Sheela veio falar comigo.

"Você está bem? O que é que ele falou?"

"Oh! Ele me chamou de cadela."

"Por quê?"

"Eu disse para ele sair de minha carteira porque ele falou que queria foder a professora Pillai." Queria me ouvir dizendo "foder a professora Pillai".

"Ele é louco? Ela é uma besta", Sheela disse enfaticamente.

"Para com isso."

"Você gosta dela, não gosta?"

"Ela é ótima professora. Quem mais se ofereceu para nos dar aulas fora daqui?"

"Por favor. É tudo teatro."

"Se há uma coisa a respeito da professora Pillai que até você mesma tem de admitir, é que ela não faz teatro nunca."

Vidur, que devia estar ouvindo nossa conversa, disse: "Anamika está certa".

A Ácido Sulfídrico entrou naquela hora, dez minutos atrasada, e pôs fim à discussão em grupo. Com seu modo tipicamente severo, ela mostrou-nos no que deveríamos focar nos três capítulos seguintes. Depois escreveu seu número de telefone na lousa e disse: "Esse é o meu número".

Depois da aula da Ácido Sulfídrico tivemos intervalo. Fui até a carteira de Sheela.

"Ainda estou convidada para ir a sua casa quando seus pais saírem?", perguntei sedutoramente.

"Só se parar de defender a professora o tempo todo. A professora Pillai isso, a professora Pillai aquilo", disse ela, enrugando o nariz e mostrando a língua.

Dei de ombros. As caretas que ela mostrava fizeram com que meu desejo por se evaporasse. Eu disse que tinha um trabalho urgente e saí da sala, deixando Sheela para o Vidur. Fui até o bloco da escola primária e dirigi-me ao escritório da coordenadora do curso. O intervalo dos alunos do primário era uma hora mais cedo do que o nosso, então as crianças estavam nas salas de aula e o prédio estava calmo. A coordenadora Nyaya Singh estava sentada sozinha em seu escritório.

"Senhora Singh, posso entrar?", perguntei.

"Anamika, que surpresa! Acho que você não vem aqui desde a quinta série."

"Senhora, perdoe-me por incomodá-la", falei. A coordenadora sempre gostara de mim. Quando estava no primário, eu ganhei o troféu anual pelo Melhor Desempenho do Ano, e a coordenadora ainda dizia às crianças que a Chefe dos Representantes de Classe era uma campeã. Eu sabia que no auge da intriga para a indicação dos Representantes de Classes, a sra. Nyaya Singh tinha me recomendado. Ela havia dito que eu fora a candidata unânime de todos os professores da escola primária. A professora Pillai me contara isso. Ela e a sra. Singh tomavam o mesmo ônibus escolar.

"O que a traz aqui?", a sra. Singh me perguntou.

"Eu conheço uma senhora divorciada que tem um filho. Ela tem um monte de problemas porque seu filho tem que frequentar uma escola próxima da casa do pai dele. Ela espera transferir o menino para cá para que ele possa morar com ela."

"Lembro-me do caso. É a senhora Adhikari, não é?"

"Sim, senhora."

"*Beta*, o problema é que só podemos permitir admissões no meio do ano em casos excepcionais."

"Mas, senhora, é um caso excepcional. A senhora poderia considerá-lo do ponto de vista humanitário", disse.

"Eu poderia rever o caso."

"Senhora, a mãe está sofrendo", falei, praticamente implorando.

"Por você, eu vou rever o caso, *Beta*. Peça-lhe que me ligue na semana que vem."

"Obrigada, senhora."

"Você já decidiu o que vai fazer quando sair da escola?", ela me perguntou.

"Vou fazer o exame IIT, senhora. Tenho certeza de que vou entrar", disse sem pestanejar. Uma resposta imperfeita agora e as chances de Jeet já eram.

"Excelente! Boa sorte, criança."

"Muito obrigada, senhora", agradeci novamente e voltei para a classe.

Vidur estava sentado sozinho na sala comendo seu lanche.

"O que foi?", perguntei.

"Aonde você foi?"

"Tinha que fazer uma coisa."

"Queria falar com você sobre o Chakra Dev", disse ele, parecendo perturbado.

"Obrigada pelo que você fez. Não precisava."

Ele enrubesceu e passou a mão no rosto como se não fosse nada.

"Acho que ele gosta de Sheela", Vidur disse.

"Por que está dizendo isso?"

"Ele convidou-a para ir à cantina."

"E ela foi?" perguntei.

"Claro que não", disse ele.

"Onde ela está?"

"Ela foi com Ashima."

"E qual o problema?", perguntei.

"Agora ele tem o telefone dela. Eu acho que não dá para confiar nele."

"Isso também passou pela minha cabeça."

Vidur abanou a cabeça como se fosse uma pena. Eu olhei para ele. Seu rosto estava engraçado.

"Vidur, você está gamado na Sheela?", eu perguntei de repente. Isso não me ocorrera antes.

Ele não fez contato visual comigo, mas disse: "Não. Não". Ele negou demais.

Eu dobrei os joelhos de modo a poder olhá-lo no rosto: "Por favor, diga-me a verdade, Vidur. Você gosta dela, não é?".

Ele olhou para baixo e depois para cima, para mim e pediu: "Por favor, não conte para ela".

Isso era um problema. Eu desejava que ele gostasse de outra pessoa. Havia outras garotas atraentes na classe. Eu não queria pensar no que poderia acontecer agora.

"Eu não contarei nada para ela", disse, suspirando.

Fomos tomar água no bebedouro. Dois meninos menores estavam por ali. Só uma das várias torneiras do bebedouro estava funcionando, e a pressão estava muito baixa. Eu tive que manter minha cabeça inclinada por alguns minutos para conseguir beber um pouco de água. Vidur tomou depois de mim. O sinal tocou e um bando de garotos se aproximou de nós, trazendo poeira do campo de Educação Física. Antes que algum deles chegasse, Vidur e eu terminamos e saímos do nicho onde os bebedouros estavam localizados. Nesse momento, Vidur e eu escutamos uma explosão tremenda atrás de nós. Eu girei sobre os calcanhares.

Uma bomba do tamanho de uma toranja, cor de laranja e verde, tinha explodido a meio metro de mim. Os garotos que vinham correndo do campo de jogos imediatamente recuaram. Vidur olhou para o grupo e correu numa direção. Eu dei de ombros e caminhei até ele, chutando a bomba atentamente para um canto. Vendo que ela tinha acabado, os garotos se acotovelaram e formaram uma imensa fila na frente dos bebedouros.

Enxerguei Vidur voltar segurando dois garotos pelo pescoço. Ele estava arrastando-os com uma força tremenda. Eu me lembrei do dia da cerimônia de investidura dos Representantes. Eu estava absolutamente certa de que Vidur iria se tornar Representante de Classe, mas embora vinte garotos e garotas tivessem sido escolhidos, ele não estava entre eles. Os professores tinham cometido um erro crasso.

"Foram estes dois", Vidur disse, colocando-os debaixo do meu nariz. Ele soltou o pescoço deles e deu-lhes um cascudo na cabeça. Instintivamente, eles levantaram os ombros e baixaram a cabeça. Eu levantei a mão para pedir que ele parasse de bater neles.

"Não fomos nós", um deles choramingou.

"Eram só eles por aqui quando estávamos bebendo água", continuou Vidur.

"Quem acendeu aquilo?", perguntei. Eu não notara ninguém em volta.

"Não fomos nós", disseram os dois. Eu não tinha nenhuma prova. Mesmo que eles estivessem por ali, não havia como provar que eles acenderam a bomba. Eu olhei em seus rostos para ver se conseguia ler algum sinal. Eu olhei-os de cima a baixo para verificar se estavam corretamente uniformizados. Um pequeno pedaço de papel da mesma cor da bomba estava grudado ao sapato de um deles.

Eu gritei na direção do nicho dos bebedouros: "Alguém me traga a bomba queimada".

Segundos depois um garoto veio com o que sobrou da bomba. Estava molhada e cheia de sujeira, uma vez que o piso da área do bebedouro estava enlameado. Eu não quis tocá-la.

"Segure isso", eu disse para um dos meninos. Ele estendeu a mão e pegou-a.

O caso se espalhou rapidamente. As crianças punham a cabeça para fora das salas. Antes que virasse um show de rua, eu decidi levar os garotos até o diretor. Eles pareciam culpados.

"Olhem aqui, eu vou levá-los à sala do diretor. Vocês poderão contar-lhe o que aconteceu", disse.

O garoto com a evidência da bomba no sapato falou. Ele apontou o outro e disse: "Foi tudo ideia do Sanju".

"O que você estava tentando fazer?", perguntei, olhando para o Sanju.

"Eu... eu... eu... eu... *Didi*... Eu só queria ver o que aconteceria", ele gaguejou.

"Em que classe você está, Sanju?", eu perguntei.

"Classe... Classe VI, *Didi*."

"Não vê que alguém podia ter se machucado?"

"Sim, *Didi*. Eu sinto muito", ele choramingou.

"Qual o seu nome?"

"Digvijay."

"Vocês dois, venham comigo", disse.

"Devo ir com você?", Vidur perguntou. Eu balancei a cabeça.

"Desculpa, *Didi*. Por favor, não leve a gente ao diretor," Digvijay choramingou.

"O plano foi de vocês, e agora estão tremendo."

"Desculpe-nos, *Didi*", Sanju choramingou de novo.

"Crianças, venham", disse.

"Por...", Sanju começou de novo.

"Cale a boca."

Nós descemos o lance de escadas até o térreo. Sanju arrastava-se enquanto Digvijay olhava para o chão. Ao nos aproximarmos da sala do diretor, Digvijay disse baixinho: "*Didi*, por favor, eu já tenho dois cartões amarelos. Meus pais vão me dar uma surra".

"Se já tem dois cartões amarelos, sabe que um terceiro significa que você será suspenso", disse, parando e me virando para olhá-lo. "Por que recebeu os outros dois?"

"O primeiro foi porque bati num menino com uma corrente de moto. Ele teve que levar pontos. E o segundo foi porque eu roubei dinheiro da bolsa da professora Divan."

"Por que fez isso hoje? Você nunca pensa nas conseqüências?

"Sanju também tem um cartão amarelo", ele balbuciou.

A luz vermelha diante da sala do diretor estava acesa, o que significava que ele estava ocupado. O *bahadur* abriu a porta e saiu do escritório.

"Quem está lá dentro?", eu perguntei.

"Os professores de Educação Física", o *bahadur* disse.

"Diga-lhe que é urgente", falei.

O *bahadur* desapareceu escritório adentro e depois abriu a porta para que entrássemos. Os professores estavam numa discussão animada com o diretor. Ele levantou a mão, pedindo-me que esperasse.

"Mas veja bem, senhor, ele vem fazendo isso com os alunos há anos", um professor disse.

"A reputação da nossa escola está em jogo", a professora Rishi falou. Ela era a única professora de Educação Física. Ela dava aula de voleibol e tinha voz grossa, parecendo o som de papel rasgado. Todos os professores homens flertavam com ela.

"Ele ameaça os pais ou simplesmente pergunta e informa?", o diretor perguntou.

"Ele os ameaça", dois dos professores falaram simultaneamente.

"Muito bem, vamos ver o que Anamika tem a dizer". Os professores, que não tinham notado a minha presença, viraram-se.

"Senhor?", eu perguntei.

"O professor Bala alguma vez já solicitou que seus pais entrassem no esquema de seguros?"

"Sim", disse.

"Eles o compraram?"

"Não, senhor."

"Ele disse alguma coisa?"

"Não, senhor."

"E você?", o diretor perguntou, olhando para Sanju.

"Não, senhor. Eu não fiz nada", Sanju choramingou. Ele não estava prestando atenção. Suas mãos e pernas tremiam.

"O que está havendo com você, rapaz?", um dos professores de EF perguntou a Sanju.

"Eu sinto muito, senhor."

"O que aconteceu, Anamika?", o diretor me perguntou.

Eu contei.

"E você não é o garoto da correia de motocicleta?", o diretor perguntou a Digvijay, que estava ali sem se mexer, cabisbaixo.

"Você acha que há motivo para ser clemente com eles?", o diretor quis saber de mim.

"Não. Pelo contrário."

"Eu vou suspendê-lo. Não há razão para manter esse tipo de elemento por aqui. E vamos dar um cartão amarelo a Sanju", disse o diretor.

Eu assenti.

"Eu não fiz nada", Digvijay disse.

"Nós não queríamos machucar você, *Didi*", Sanju balbuciou.

"Alguém pediu a vocês que fizessem isso?", perguntei a Digvijay.

"Não, *Didi*", disse Sanju.

"Cale a boca", o diretor mandou.

"Responda à Anamika, *Didi*", o diretor disse a Digvijay.

"Eu vou contar a verdade se não me suspenderem", ele falou, ainda cabisbaixo. Eu mal podia acreditar que ele tivesse a audácia de negociar assim com o diretor. Os professores de EF ficaram boquiabertos.

"Vou quebrar suas pernas", um dos professores de EF vociferou.

O diretor fez um gesto com a mão para que todo mundo ficasse calmo.

"Diga-nos o que aconteceu", ele falou com suavidade.

"Um aluno do ensino médio me pediu que eu jogasse a bomba quando a *Didi* estivesse lá. Mas eu cheguei tarde demais", Digvijay disse.

"Nós decidimos, de propósito, acender uns segundos depois. Tinha um pavio longo, então sabíamos que não explodiria imediatamente e machucar você, *Didi*", Sanju continuou. Agora ele já estava chorando.

"Quem disse para vocês fazerem isso?", perguntei.

"Eu não posso contar", ele disse simplesmente.

O diretor estava olhando para mim e eu podia sentir os olhos dos professores de EF espetados nas minhas costas. Eu me senti envergonhada por ter sido responsável por tal distúrbio na escola. Eu sabia que o único modo de me livrar disso era criando uma situação em que eu estivesse limpa, onde ficasse claro para todo mundo que eu não incitara a ação.

"Diga que sim com a cabeça, se não puder me contar", disse.

Digvijay levantou os olhos pela primeira vez. Sanju continuou a soluçar. O diretor esperou.

"Foi o Chakra Dev Yadav?", perguntei.

"Foi ele", Sanju disse, suspirando aliviado. Digvijay assentiu com a cabeça.

"Ele vai nos matar. Ele conhece *goondas*[39] de verdade. Eles têm armas", Digvijay falou, todo perturbado.

---

39 Gângsteres; bandidos; malfeitores. (N.T.)

"Quem é este bandido?", o diretor quis saber.

"Posso falar com o senhor a sós?", eu solicitei. Eu queria contar ao diretor toda a história desde o início do dia, mas eu não queria mencionar os palavrões na frente das crianças ou dos professores de EF. Ele assentiu e pediu a um dos professores que levasse os meninos para o campo e os fizesse dar várias voltas correndo enquanto pensava em seus destinos.

Uma vez sozinhos, eu contei-lhe o que acontecera mais cedo na sala de aula. Relatei a história usando as palavras exatas de Chakra Dev em relação à professora Pillai e a mim.

"Seus colegas de classe estão pensando em relações sexuais com professoras enquanto a orientadora do colégio acha que uma aula de educação sexual com garotos e garotas juntos é um escândalo", ele observou, rindo.

"Eu sei. Há uma enorme diferença de gerações."

"Eu posso dar uma suspensão ao Chakra Dev hoje", disse ele.

"Senhor, nada vai detê-lo". Eu queria que o diretor pensasse que eu estava falando a verdade, mas que não tinha medo.

"Mais uma razão para dar-lhe uma suspensão imediatamente."

"Posso falar com ele? Eu lhe direi que já sabemos. Que o senhor sabe", disse.

"Para que ele a machuque de verdade?"

"Senhor, por favor, confie em mim. Eu consigo um pedido de desculpas dele por escrito até amanhã de manhã", falei confiante. Ele ficou em silêncio. Eu sabia que ele achava que deixar o Chakra Dev sair dessa ileso seria como pedir para apanhar dele. Ele não era um homem fraco. Minhas chances de conseguir a coisa do jeito que eu queria eram escassas.

"Eu acho que consigo persuadi-lo a mudar completamente seu modo de agir". Depois acrescentei: "Se eu não conseguir, o senhor sempre poderá puni-lo."

"Você se dá conta de que agora está assumindo responsabilidade não apenas pelo seu bem-estar, mas pelo de seus colegas de classe que estiveram envolvidos na balbúrdia?"

"Sim, senhor. Se a bomba não tivesse sido endereçada a mim pessoalmente, eu nem mesmo sugeriria essa opção", respondi sem pestanejar.

"Ele tem menos de vinte e quatro horas. Eu espero que ele venha até mim na assembleia escolar com uma carta assinada por ele e pelo pai dele", o diretor disse.

"Sim, senhor. Não se preocupe", eu asseverei.

Quando voltei para a classe, a professora T. estava explicando o que era um platô. Eu tive que esperar e pedir permissão para entrar.

"Onde você estava, Anamika?", ela perguntou, em vez de dizer sim.

"Com o diretor. Houve um problema."

"Tudo bem, *Beta*".

A caminho de minha carteira eu notei que Chakra Dev estava escrevendo com a mão direita, pois a esquerda estava no bolso da calça. Era um jeito estranho de sentar. Eu tinha certeza de que ele estava se esfregando. Pegando meu caderno, notei que Vidur já tinha preenchido uma folha com anotações sobre platôs. Eu abri o estojo e olhei as fotos do George Michael por um segundo antes de começar a escrever o que a professora T. estava ditando.

Quando o sinal tocou a professora disse: "Eu vou continuar até que o próximo professor entre. Nós temos muita matéria a cobrir".

Eu decidi que esperaria as aulas do dia acabarem para falar com Chakra Dev. Eu estava nervosa com o tipo de conversa que iria ter com ele e insegura se deveria abordá-lo de modo leve, honesto, ou como figura de autoridade. Fosse qual fosse, o tiro poderia sair pela culatra.

No fim do dia o *bahadur* veio até a nossa sala e forneceu-nos cópias das listas de classe. Decerto que Sheela, Vidur, Chakra Dev e eu estávamos na lista. Eu decidi, então, que era melhor ligar para a casa dele. Dessa forma eu teria a opção de falar com o pai dele.

XVII
Casta atrasada

Quando voltei para casa naquele dia, eu contei a Rani o que tinha acontecido na classe. Geralmente eu não comentava minha vida escolar com ela, mas minha mãe lhe contara que eu era Chefe dos Representantes de Classe. Eu mencionei Chakra Dev. Disse-lhe que tinha de ligar para ele. Eu queria perguntar-lhe como lidar com ele.

"Gente assim é ruim. Não muda", disse ela. "Um escorpião é um escorpião."

Eu estava sentada na cama contando a história quando o telefone tocou. Meu corpo estava tão relaxado que eu não tive vontade de me levantar.

"Você atende por mim?", pedi a Rani.

Ela me perguntou se eu tinha certeza. Nós não a deixávamos atender ao telefone por nós. Mas eu não via nisso nenhum problema. Todo mundo que ligava sabia falar híndi.

Ela caminhou rapidamente até o telefone.

"Alô", disse ela.

Depois de alguns segundos eu escutei-a dizer em híndi: "É o senhor?"

Então ela colocou a mão no bocal do jeito que eu e a minha mãe sempre fazíamos.

"É o coronel *Sahib*, de ontem, para você", ela anunciou.

"Você esqueceu que ia me ligar?", ele perguntou assim que o cumprimentei.

"Eu tenho outras coisas em mente". Eu queria dizer algo adulto.

"Já vi que você vai ser difícil,", ele replicou.

"Pela linha telefônica não se vê nada mesmo."

"Bem, o que estou dizendo é que eu gostaria de ver você."

Eu queria provocá-lo, me fazer de difícil. Era diferente do sentimento imediato e sério que eu tivera com Índia e Rani. Eu estava sempre ansiosa e pronta para elas. Isso agora era mais livre, mais divertido.

"Por quê? Por que eu sou uma jovem donzela núbil?", perguntei.

"O que é que há, Anamika? Você não está me levando a sério."

"Tenha dó, Adit, você é o pai do meu amigo. O que devo fazer?". Agora eu estava com medo de estar falando demais. De não me policiar.

"Não vamos fazer nada, quero apenas encontrar você." A voz dele estava calma

"Você acha que alguém compreenderá por que nós estamos nos encontrando? Meus pais, não. Seu filho, não. Sua esposa decerto que não. Teremos que nos esconder. Qualquer coisa clandestina terá o valor de um caso."

"Com esse 'terá o valor' você soa como um editorial do jornal *Indian Express*", ele deu risada.

"Pare de gozar da minha cara."

"Nós precisamos ser dissimulados porque nossa sociedade está ferrada, mas nós dois sabemos que não estamos fazendo nada errado."

"Eu estou tendo três relacionamentos. Não aguento esconder mais nada", disse. A palavra 'relacionamentos' rolou pela minha língua facilmente, embora eu não a tivesse usado antes. Conforme eu dizia as palavras eu me vi atravessando o portal cinzento da adolescência para a idade adulta.

Eu visualizei meu casamento, mas em vez do noivo me levando através de sete círculos ao redor do fogo sagrado, havia só uma linha desenhada em giz. Eu cruzava três vezes. A primeira vez com Rani me levando pela mão conforme eu passava um pé sobre a linha, depois o outro. Na segunda vez, Índia segurava minha mão, e na terceira vez, Adit.

"Eu acho que você precisa falar com alguém com experiência nessas coisas. Você pode se machucar feio." A voz de Adit tinha ficado séria. "Não me pergunte por que ou como eu de repente me preocupo com você. É algo mais forte do que eu."

"Como vamos nos encontrar?", eu perguntei.

"Eu poderia te encontrar depois da escola. Iria até sua casa", ele sugeriu.

"Você não pode vir até minha casa. Nós temos uma empregada fixa". Eu enunciei a palavra "empregada" como se fosse toda uma frase, um universo.

"Aliás, uma empregada linda", disse ele.

"É verdade."

"Eu tenho certeza de que nós podemos dar-lhe algo para que fique calada". A charada e a vida dupla faziam-me sentir maculada. Aquilo era demais para mim.

"Eu estou dormindo com ela", eu disse baixinho.

"Você o quê?"

"Você me escutou". Ele fez uma pausa pelo que pareceu ser um longo tempo.

"Isso é só uma fase. Passará", falou ele, sua voz adquirindo um tom de pelúcia, como se ele conhecesse mais da vida do que eu. Eu podia vê-lo afundar no sofá enquanto falava comigo, seu rosto relaxando, um conhecimento maior do que o meu o envolvendo.

"Que diabos você sabe?". Eu estava pronta para explodir.

"Acho que todo mundo passa por essa fase experimental", ele disse condescendentemente.

"Ah, é? Então com quantos ordenanças você já dormiu?"

"Eu não sinto atração por homens", ele falou calmamente, não querendo começar uma briga.

"Nem eu", eu disse rudemente.

"No final você vai querer o negócio de verdade", afirmou ele com enorme confiança. Eu o odiava e não me sentia mais próxima dele. Eu não via razão para falar mais. Não respondi.

Por fim ele disse: "Telefone-me amanhã".

"Ligue-me você."

"Eu ligo. E anote meu número, também."

Ele me deu o número do telefone de seu trabalho e depois desligamos. Quando eu coloquei o fone no gancho, decidi telefonar para Chakra Dev. Depois de ter falado com Adit, eu me sentia confiante o suficiente para fazer aquela ligação. Voltei a meu quarto para pegar a lista da escola na sacola. Rani estava sentada no chão ao lado de minha cama, olhando para o alfabeto. Sem nem mesmo saber o que estava acontecendo, ela sabia tudo.

"Qual o problema?", eu perguntei.

"Nada", disse ela, olhando para seus pés.

"Diga-me, Rani", ordenei, minha voz mudando imediatamente para o tom de comando de patroa.

"*Babyji*, não é da minha conta, mas eu não gostei do *Sahib* naquele dia em que ele veio aqui. Vidur *baba*, seu amigo, é muito simpático. Mas você deve tomar cuidado com *Sahib*", disse.

"Cuidado em que sentido?"

"Só cuidado."

"Diga-me a verdade. O que está querendo dizer?"

"É só o jeito que ele olhou para você uma ou duas vezes."

"Ele não olhou para mim de jeito nenhum. Ele olhou para você."

"Eu sei dessas coisas. Você ainda é jovem. Inocente."

"Você só tem cinco anos mais do que eu, Rani. Você é inocente também", falei, rindo.

"Sim, *Babyji*, mas de onde eu venho, a gente aprende essas coisas muito cedo".

"Então você acha que ele me deseja?", disse bruscamente.

Ela pareceu um pouco surpresa por minhas palavras rudes. Meu híndi era limitado.

"Sim. Eu acho que ele deseja você', disse ela.

"Eu vou falar com o Chakra Dev."

"Eu ainda digo que você não deveria", insistiu ela.

"Eu tenho que fazer isso senão ele não vai poder voltar para a escola por três semanas". E peguei a lista.

"Eu vou levar chá para você no telefone. Você vai precisar", disse ela.

Eu tive que discar o número dele duas vezes porque meu dedo escorregou no disco do telefone na primeira vez.

"Alô", ele atendeu. Sua voz parecia menos grossa ao telefone.

"É Anamika."

Não obtive resposta. Ele estava esperando eu fazer a jogada.

"Como vai você?", eu perguntei.

"Não é de sua conta", ele respondeu, soando totalmente insatisfeito por ouvir minha voz.

"Escute, nós sabemos da bomba", falei, indo direto ao ponto. Outras amenidades estavam fora de questão.

Nenhuma resposta.

"Por 'nós' eu quero dizer o diretor e eu", disse, reunindo toda a minha autoridade.

"Você não pode provar nada", ele desafiou.

"O diretor decidiu suspender você. Eu consegui evitar."

"Nossa! Como você é gentil!" disse ele sarcasticamente. Ele não acreditou em mim.

"Os dois garotos confessaram tudo na frente dos professores."

"Eu não sei do que você está falando."

"Cale a boca e escute". Fez-se silêncio. "Eu sei que me odeia, mas eu disse para o diretor que você não vai fazer isso de novo. Não há razão para envolver outras pessoas da escola no seu ódio por mim."

"O que faz você pensar que é tão importante?"

"O fato de que você mandou outra pessoa me machucar com uma bomba."

"Só porque você é a Chefe dos Representantes de Classe, acha que pode mandar em mim?", foi a resposta dele.

"Eu não estou mandando em você. Mas é só porque eu sou a Chefe dos Representantes de Classe que o diretor deixou você se livrar desta. Ele concordou em lhe dar vinte e quatro horas."

"O que você quer?", ele grunhiu.

"Uma carta de desculpas assinada por seu pai."

"Vá se danar, Senhorita Alta e Poderosa."

"Você vai se dar mal, e eu não vou ajudar você de novo", eu ameacei.

"Quem precisa de sua ajuda?"

"Tudo bem. Seja refratário a todos os avisos. Eu fiz o que pude", disse.

"Você e suas palavras difíceis. Eu gostei do barulho da bomba. Pena que não pegou você. Todos os outros brâmanes *chutiyas* estão queimando. Eu quero que todos vocês, brâmanes *chutiyas*, queimem", ele cuspiu.

Suas palavras me dilaceraram. Eu soube, então, que ele realmente fizera aquilo de propósito. Chakra Dev queria ser louco em nome da loucura.

Eu desliguei na cara dele.

Rani tinha colocado o chá a meu lado e estava sentada no chão, tomando goles de sua própria xícara. Eu meneei a cabeça.

"Eu falei para você não tentar", disse ela em híndi. Parece que ela tinha acompanhado a conversa totalmente baseada no tom de minha voz.

À tarde eu decidi me encher de coragem e ir até a casa de Índia com o pleno conhecimento de minha mãe.

No caminho, eu revi minha conversa com Adit e Chakra Dev. Apesar de minha irritação, eu queria me encontrar com Adit, e apesar do ódio de Chakra Dev, eu desejava que ele quisesse mudar. Índia me deu as boas-vindas de modo tão afetuoso que meu coração subiu aos céus feliz, livre.

"Eu quero falar com você, mas nua, na cama", disse, levando-a confiantemente pela mão. A sensação de ter uma amante já não era nova.

"Como você conseguiu sair?", ela perguntou.

"Eu disse à minha mãe que tinha de falar com você sobre a admissão do Jeet."

Uma vez no quarto, eu apaguei a luz. Não podíamos ver nada. Meu coração disparou. Eu manuseei desajeitadamente seu sári, tomando cuidado para não desenrolá-lo até que tivesse retirado o alfinete que segurava as pregas no umbigo. Eu não conseguia mais lembrar as coisas sobre as quais eu queria falar. Apressados, fomos para a cama. As rotundas orbes de suas nádegas cabiam dentro de minhas mãos familiares, carnudas, e minhas. Quando nós fizemos amor pela segunda vez, eu segurei seus pés em minhas mãos e entrelacei os dedos de minhas mãos nos dedos de seus pés.

Eu voltei para casa tarde, me sentindo mais leve que um balão de gás, e só na hora que toquei a campainha de casa me dei conta de que tinha esquecido de pedir à Índia que ligasse para a coordenadora na semana seguinte. Minha impotência como Chefe dos Representantes na questão relativa a Chakra Dev tinha deixado de me incomodar. O diretor que o suspendesse. Isso lhe daria uma boa lição.

No noticiário das nove, as manchetes mostraram que outro garoto tinha ateado fogo em si mesmo. As autoimolações pareciam incêndios na floresta, se espalhando rapidamente e sem controle. Eu sentei-me na frente da tevê e gritei para que minha mãe viesse ver as notícias. O garoto tinha feito isso na frente das câmeras, com os policiais sendo incapazes de pará-lo. Ele gritava: "Eu sou um brâmane" o tempo todo enquanto queimava. O âncora disse que todas as escolas estariam fechadas por prazo indefinido. Eu soltei um grito de alegria e dancei pela sala. Minha mãe olhou para mim em estado de choque.

"São notícias tão ruins, como você pode pular assim?"

Eu parei. Senti-me estúpida. O telefone tocou.

"Você escutou?", Sheela disse toda empolgada no telefone.

"Sim."

"Eu vou estar sozinha amanhã de manhã. Você quer vir até em casa?", ela perguntou.

Fiquei contente com sua objetividade. Mas não queria demonstrar isso ao telefone, nem para minha mãe nem para ela.

"Deixe-me pegar seu endereço. Posso ir de bicicleta", falei em voz baixa e de maneira direta.

Assim que eu desliguei, o telefone tocou de novo. Dessa feita era Vidur.

"Eu sei que a escola está fechada", falei assim que ouvi sua voz.

"Papai queria que eu lhe perguntasse se você não quer vir aqui amanhã à tarde. Ele vai dar aulas para nós."

"Como é que eu vou até aí? É longe."

"Ele disse que pode pegar você quando estiver voltando do trabalho. Ele tem direito a uma licença, então vai tirar a tarde de folga."

Eu concordei e desliguei. Eu não acreditava que Adit estava pondo o Vidur para fazer seu trabalho sujo. Eu disse à minha mãe que iria ver Sheela e encontrar Vidur. O telefone tocou de novo. Era Índia.

"Eu esqueci de dizer que você deve ligar para a coordenadora, a senhora Nyaya Singh", comuniquei a ela.

"Você falou com ela sobre Jeet?"

"Eu disse a ela que era um assunto humanitário."

"Eu sou o assunto humanitário", disse ela e depois acrescentou: "Eu ainda consigo sentir você na boca do estômago. Achei cabelos seus no meu travesseiro".

Eu prendi a respiração.

"Eu quero que você me foda de novo", pediu ela. Essa palavra, carregada com todo o poder de Sartre e da autoimolação, a pornografia alemã e a professora Pillai.

O desejo, agudo e poderoso, apropriou-se de minhas entranhas.

"É intolerável não estar com você, Anamika."

"Eu posso ir amanhã bem cedo, mas depois eu vou ter que me encontrar com meus colegas de classe", disse.

"Venha quando quiser."

"A escola vai estar fechada, então estou livre", falei, o impulso irracional de dançar estava me possuindo novamente, minha voz sumindo no ritmo da liberdade.

"Você acha que poderíamos sair alguns dias?", ela propôs.

"Para onde?"

"Eu vou pensar em algum lugar e pedir para sua mãe. Eu quero deitar e acordar com você."

Na cama com Rani à noite, eu disse-lhe para não se preocupar sobre o *coronel Sahib*. Falei que Adit era honrado, como um pai para mim, embora, de fato, ele não fosse totalmente honrado.

"Você se lembra do alfabeto?", eu perguntei.

Ela se afastou de mim e ligou o abajur. Mostrou-me o caderno onde eu havia escrito quatro letras. Ela praticara página após página, sua escrita tornando-se progressivamente menor e mais assertiva. Uma página tinha outras letras, escritas de forma cursiva. Eu mal podia entender o que estava escrito, pois a letra estava torta. Eu consegui entender as palavras "solitária", "amor" e "dor".

"O que é isso?", eu perguntei.

Rani sorriu sedutoramente e disse em híndi: "Diga você, *Babyji*".

"Onde você viu isso?", senti meu rosto esquentar.

"Primeiro me diga o que está escrito."

"Só *raat*", falei, usando a palavra híndi para noite.

"Só isso?", ela perguntou.

"Rani, onde você pegou isso?"

Ela foi até minha escrivaninha e me passou o registro de Química.

"Estava debaixo do sofá", disse ela, usando a palavra inglesa "sofá".

Eu abri na última página. Ali, numa letra escolar, redonda, estavam umas quinze linhas sobre noites comigo e aquelas sem mim, sobre partes de seu corpo e mente, sobre sentir saudade de mim. Eu me senti progressivamente mais quente e mais culpada conforme lia. Eu podia ver que Rani estava me olhando. Fiquei imaginando se ela era conseguia entender que a letra da última página era diferente daquela da frente do caderno. A letra de Índia foi um choque. Parecia a de alguém mais jovem do que Vidur e mais ordenada e moralmente pura do que a de Sheela. Eu prometera a Índia não me apegar a ela. Eu devia ter pedido que ela fizesse o mesmo.

"Tudo isso não pode significar noite", Rani disse, colocando a mão sobre a página.

"Não, são instruções para estudos", eu balbuciei. Para ocupá-la com outra coisa, eu escrevi algumas letras em seu caderno. Ensinar inglês sem o uso do alfabeto híndi era estranho. Eu tinha que lhe dizer que era o *e* de "egg" (ovo), mas também que um ovo era um *anda* e que o *g* era o de "ghost" (fantasma) que era um *blooth* e que ela não deveria se preocupar com as letras *o*, *s*, ou *t* pois iríamos vê-las mais tarde. Ensiná-la a ler e escrever em híndi teria sido muito mais prático, mas eu não me lembrava mais da ordem do alfabeto em híndi. Eu não lembrava como eu tinha aprendido o alfabeto ou aprendido a ler.

De manhã eu arranquei a página do caderno de anotações de Rani, na qual ela tinha escrito as palavras de Índia, assim como a página no meu registro de Química, que Índia tinha preenchido. Depois de ler a folha algumas vezes de tal modo que pudesse me lembrar de suas palavras para sempre, rasguei as duas páginas. Isso quase partiu meu coração.

xviii
Morte

Quando me encontrei com Índia para tomar nossos cafés gelados, eu contei-lhe tudo o que acontecera na escola e pedi sua opinião sobre o Chakra Dev. À luz brilhante da manhã, não havia tanta urgência para fazer amor. À noite parecia mais sexy.

"Eu acho que Rani está certa. Você deve deixá-lo para lá."

"Do jeito que está, vou ter que fazer isso. O diretor vai dar-lhe uma suspensão assim que a escola reabrir. Eu vejo Chakra como energia bruta. Pode ser canalizada em qualquer direção", disse.

"Ele já foi para o caminho errado. Isso não tem nada a ver com a Química e suas reações reversíveis", ela falou. Eu imaginei o que ela teria dito se fosse Jeet em vez de Chakra Dev. Ela deixaria de tentar melhorar o filho porque achava que era tarde demais?

Antes de sair, Índia me disse que talvez combinasse para nós duas pegarmos carona com seus amigos Deepak e Arni até a montanha, onde uma amiga dela tinha um chalé. Eu não tinha certeza se meus pais me dariam permissão. Índia me disse para deixar isso com ela.

Eu voltei para casa para pegar minha bicicleta e pedalei até a casa de Sheela. Um empregado abriu a porta para mim assim que eu toquei a campainha. Sheela sorriu para ele e chamou-o de *Bhaiyya*. Ela me levou até seu quarto no segundo andar. Eu fechei a porta.

"Não, deixe-a aberta."

"Como assim?"

"*Bhaiyya* ficará desconfiado", disse ela.

Eu me resignei a ter uma calma sessão de estudo, certo desapontamento amargo se acumulando em mim. Sentei-me na cama e peguei o meu livro de Física.

"Eu quero estudar Matemática hoje", ela pediu.

Eu peguei o livro e abri-o no capítulo da probabilidade. Ela pôs para tocar uma fita. Era Terence Trent D'Arby cantando "If You All Get to Heaven" [Se todos vocês forem para o céu].

"Como é que a gente vai estudar com todo este barulho?"

"Eu não consigo me concentrar sem música", disse ela, sorrindo. Seu sorriso era daqueles de comercial de tevê. Me perguntei se seria ensaiado.

Eu tentei esquecer o barulho e focar na probabilidade. Mas ela não me deixava trabalhar. Começou a passar os dedos nas minhas sobrancelhas. Ela sussurrou: "Tããããoooo séria".

"Pare de tirar uma de mim."

"Você fica tão linda quando está mergulhada em pensamentos. Tão estudiosa."

Eu me senti uma tola completa. A garota mais bonita da classe estava me chamando de estudiosa. Eu não queria ser certinha. Eu queria ser sexy. Eu me senti humilhada e envergonhada.

"Você sabe alguma coisa de probabilidade?", perguntei, ignorando-a.

Em vez de responder, ela se levantou e começou a dançar ao ritmo da música, a porta do quarto ainda escancarada. Minha preocupação era se o empregado a visse e começasse a ter ideias. Seu corpo se mexia em um movimento lânguido, líquido, como se ela tivesse feito isso a vida inteira. Ela dobrou seu dedo indicador chamando-me para si. Eu me levantei. Ela me pegou pelos quadris e balançou. Eu me senti tremendamente desconfortável e perguntei-lhe novamente: "Você sabe a probabilidade?".

"A probabilidade de você se divertir é nula", disse ela, rindo. Então apertou minha bochecha como se eu fosse uma criancinha.

Isso me deixou uma vara. Eu voltei para a cama dela e olhei o livro. Peguei meu registro e tentei fazer uma conta. Senti-me assoberbada e continuei a ler a pergunta uma vez e outra. Uma vozinha me dizia que era ótimo que Sheela quisesse dançar comigo, mas o resto de mim era incapaz de estar à altura da ocasião.

Então o empregado entrou trazendo uma bandejaa com dois copos de limonada. Eu olhei para Sheela, imaginando se ela iria continuar dançando. Ela não parou. Ele olhou para ela, colocou a bandeja na escrivaninha e saiu. Eu mal podia acreditar que ela ficasse tão à vontade com ele. Havia algo abertamente sensual na dança ocidental. Eu a associava aos hippies, ao sexo livre, à moral lassa. Eu imaginei se ela estava tendo um caso com ele. Eu desliguei o som.

"O que é que há?"

"Temos *nimbu pani*[40] aqui. E mais, eu quero saber uma coisa."

"O quê?"

"Você está dormindo com ele?"

"Com quem, com Ramu *Bhaiyya*? Você está louca? Ele trabalha com a gente desde que eu era pequena."

Eu fiquei em silêncio. Eu pensara que, como Sheela era religiosa, ela seria indiana demais em seus modos. Vê-la balançar ao som de música americana fez-me pensar se eu de fato a conhecia.

"Qual o problema, Anamika? Você parece bem infeliz. Não queria me ver?", ela me perguntou simplesmente. Eu bati na cama, onde estava sentada, e ela veio sentar a meu lado.

"Eu sinto muito. Não gosto de dançar."

"Mas você é uma sedutora", disse ela.

"Eu não sei dançar."

"Você não dança nos casamentos?"

Eu balancei a cabeça.

"Vem aqui que eu te ensino."

Ela se levantou e me puxou para si. De repente eu me dei conta da pele macia da palma de sua mão e fiquei com vontade de aprender a dançar. Pedi que ela me desse um minuto. Fui até a porta e tranquei-a.

---

40 Limonada. (N.T.)

"O que ele vai pensar? Eu nunca fecho a porta."

"Ele vai pensar menos do que costuma quando vê você dançar assim", disse. Seus seios estavam duros e sua boca carnuda demais para ela agir feito criança.

Ela trouxe seu quadril para mais perto do meu. Nossos rostos estavam próximos e meus óculos ficavam encostando no rosto dela. Ela os tirou e colocou na escrivaninha. Eu deixei que ela me levasse. Meus pés mal se moviam e minha mão estava debaixo de sua camiseta.

Eu a beijei.

"Você gosta do cheiro de Old Spice?", sussurrei.

Ela retribuiu meu beijo, mas seus lábios estavam cerrados. Eu empurrei minha língua.

"Não. Eu não quero fazer isso."

Sua resistência fez-me tentar de novo e de novo. Ao fim e ao cabo ela suspirou e abriu um pouco os lábios. Eu brinquei com a fivela que podia sentir debaixo da mão.

"Pare, Anamika, não me sinto à vontade."

Eu me lembrei dela dançando quando o empregado trouxe as bebidas. Depois desse desempenho, parecia improvável que meu assédio a fizesse se sentir pouco à vontade. Eu insisti. Ela puxou minhas mãos para fora da sua camiseta e deu um passo para trás.

"Pare!"

Ela parecia brava, por isso parei e peguei o copo de *nimbu pani* e comecei a tomá-la. Ela pegou o copo dela também. Nós duas nos sentamos na cama sem dizer nada. Eu coloquei minha mão dentro de sua camiseta novamente, desta vez de frente. Ela puxou-a para baixo, parecendo irritada. Minha mente voou para a cena do estupro no filme *The Fontainhead* [Vontade Indômita], quando Howard Roark estupra Dominique sem nenhuma troca de palavras, e seu caso amoroso começa. Chakra Dev faria isso, pensei eu, embora ele não fosse nenhum Howard Roark. Eu me levantei com cuidado e coloquei minha *nimbu pani* na mesa. O copo de Sheela também.

"Eu achei que você gostasse de mim", disse.

"Eu gosto."

"Então porque resiste dessa maneira?"

"Você está indo depressa demais."

Eu me deitei na cama. Dessa feita ela colocou seu rosto no meu ombro e brincou com o meu cabelo. Minhas mãos voltaram para debaixo de sua camiseta. Ela não me impediu. Depois de um tempo eu tirei sua camiseta. Seu sutiã estava apertado e mostrava a linha entre os seios. A pele de seu peito era muito clara em comparação com a do rosto e braços. Eu nunca tinha visto pele tão branca na minha vida, exceto em filmes estrangeiros. Eu comecei a abrir o zíper de seu jeans.

"Pare", ela disse, colocando sua mão sobre a minha.

"Eu não vou parar. Eu quero você."

"Você tem que parar", ela falou baixinho. Eu senti que ela estava resistindo apenas por resistir.

"Não", eu sibilei.

Eu prendi-a na cama e segurei seus braços sobre a cabeça. Beijei seu rosto e pescoço. Ela fechou os olhos e sorriu. Eu prendi suas duas mãos em uma das minhas e abri o zíper de seu jeans.

"Por favor, não faça isso", ela disse em pânico.

"Shh", fiz enquanto tentava fazê-lo descer além das coxas. Eu baixei sua calcinha também.

"Anamika, por favor, pare", ela sussurrou com urgência.

Se ela realmente não quisesse, até gritaria ou se afastaria ou me empurraria. "Você é linda", disse, enquanto metia minha mão entre suas coxas, onde sua calcinha deveria estar. Ela fechou os olhos de novo, mas agora eu não saberia dizer se ela estava gostando ou não. Eu meti-lhe os dedos. Não fui devagar, como havia feito com Índia ou Rani. Eu tinha medo de que, se fosse gentil demais, ela usaria isso para se afastar. Eu usei toda a força que fui capaz de reunir.

Ela soltou um uivo. "Pare, dói."

Eu me afastei e disse: "Eu acabei de te foder". Havia sangue em meu dedo.

Ela abriu os olhos e me olhou como se eu fosse doente. Então, muito baixinho, ela falou: "Saía já de minha casa".

Eu fiquei magoada. Eu não queria fazer-lhe mal. Eu me levantei, coloquei meus óculos e peguei meu registro e a mochila. Queria falar com ela.

Ela se levantara da cama e estava estindo o jeans e a camiseta.

"Por que você fez isso?", ela perguntou.

"Eu queria entrar em você."

"Eu não entendo você. Você é capaz de ser tão gentil às vezes, noutras, você é como aqueles *cheapads* no ônibus."

"Eu sinto muito", balbuciei. Não sabia o que responder. Eu desejaria poder dizer algo para fazê-la se sentir melhor e pensar diferente de mim.

Ela ficou ali plantada no meio do quarto com os braços dobrados sobre o peito, como que se guardando. Eu juntei as minhas coisas e caminhei na direção da porta.

"Vejo você depois", disse, destrancando a porta. Então, eu saí do quarto sem olhar para trás e desci as escadas rapidinho, com o dedo ensangüentado dentro do bolso. O *Bhaiyya* olhou da cozinha quando desci a escada. Eu o ignorei e fui até a porta de entrada.

Destranquei minha bicicleta e montei. Conforme pedalava, minha agitação foi passando. Eu pensei no que havia acontecido. Eu não era culpada de estupro. Eu a tinha apenas obrigado a fazer algo mais depressa do que ela queria.

A porta estava trancada quando cheguei em casa. Eu tive que procurar minha chave para abri-la. Rani provavelmente tinha ido ao mercado comprar verduras. Logo que ela se mudara para casa, minha mãe não queria dar-lhe a chave. Mas agora ela tinha uma. Eu lavei o rosto e depois tirei o livro de Matemática da mochila, substituindo-o pelo de Química para ir estudar na casa de Vidur. Eu não estava mais empolgada em ver Adit. Não me sentia como uma *femme* ou *homme* sartriano, mas como um detrito humano. Eu era *gauche*, uma quase-estupradora, uma libertina que não era melhor do que os *cheapads* no ônibus. Talvez eu estivesse sendo dura demais comigo mesma, mas até com o máximo benefício da dúvida, eu era um pavão de dezesseis anos com grandes delírios de ser um Dom-Juan.

Enquanto esses pensamentos rodopiavam em minha cabeça, a campainha tocou. Eu abri a porta para Adit e ofereci-lhe um copo de água. Ele me seguiu até a cozinha. Eu enchi o copo com água da geladeira. Ele bebeu de um só gole e devolveu o copo.

"Você quer mais?"

"Não."

Eu coloquei o copo na pia. Ele ficou ali em pé na cozinha.

"Vamos", disse.

"Anamika", ele falou, as ondas de som ganhando peso conforme vibravam no ar, solitárias.

"Sim?", disse, depois que nada se seguiu à pausa.

"Você me daria um abraço?"

Eu fiquei em pé onde estava e não disse nada. Ele se aproximou de mim. Por um breve segundo, eu vi seus olhos, o jeito que eles olhavam para mim. Ele chegou ainda mais perto e me apertou. Eu me senti aliviada, como se uma carga enorme que eu estivera carregando dentro de meu corpo acabasse de se dissipar, entrando na terra como uma descarga elétrica.

"Não se preocupe, eu não vou me aproveitar de você. Eu só precisava abraçar você."

A palavra "aproveitar" me fez corar. Eu fiquei quieta enquanto seus braços me apertavam cada vez mais.

"Agora está bem melhor", ele murmurou, quando me soltou.

Eu me lembrei de Sheela de novo. Mesmo um homem teria se comportado melhor do que eu.

"Eu estuprei uma garota hoje."

"Isso é impossível", disse ele. Eu não consegui replicar. Eu me sentia um bagaço e encostei-me no balcão da cozinha. Ele tocou a pontinha de meu nariz com o dedo.

"Falaremos sobre isso no caminho. Eu tenho certeza de que não é tão ruim quanto você pensa", determinou ele.

"Tenho que pegar minhas coisas", disse.

"Espere". Ele me levou de volta à sala de estar, onde tinha deixado sua maleta.

"Eu lhe trouxe o livro". Eu olhei a capa, um desenho de uma garota. A palavra "Lolita" parecia um pirulito.

"Obrigada."

"Vamos", disse ele.

Eu juntei minhas coisas e fomos para seu carro. Quando saímos, eu vi Rani pelo espelho lateral do carro andando a caminho de casa. Eu baixei a janela e acenei para ela. Ela acenou de volta.

"Conte-me sobre a moça", ele falou com um tom natural conforme dirigia.

"Ela é uma colega de classe. Eu fui à casa dela e a forcei."

"O que, exatamente, você fez?"

"Entrei, mergulhei, furei", disse dramaticamente. Eu mal podia acreditar no que dizia. Alguns minutos antes eu ficara constrangida ao simplesmente ouvi-lo usar a palavra "aproveitar." O meu estado de espírito era totalmente caprichoso. Eu me senti um tubo de ensaio cheio de químicos, com rótulos de "perigo" escritos sobre ele.

"Ela deixou você fazer isso?", ele perguntou.

"Não. Ela me pediu que parasse, mas eu não parei."

"Eu não acho que seja estupro. Não estou dizendo que foi um negócio bonito de fazer, mas não foi estupro."

"Você só quer que eu me sinta melhor. Eu fui nojenta."

"Você é tão jovem", disse ele.

Eu estava me sentindo jovem. Mas depois de um tempinho, falei: "Sempre pensei que a inteligência contasse mais do que a idade".

"Conta. É por isso que eu não me sinto mal de assediar você."

Meu coração começou a bater constrangedoramente. Adit dirigia e eu olhava pela janela. O ar-condicionado estava ligado, então voltei a fechar a janela. Era legal não ter que respirar o ar lá de fora. Cada vez que um caminhão ou ônibus se encontrava na nossa frente, expelia fumaça negra em nós.

"Adit, eu não quero que o Vidur saiba nada sobre nossa amizade."

"Claro que não. Isso está fora de cogitação", ele disse imediatamente.

"Você se sente culpado?"

"Não há motivo para me sentir culpado. Pensar em você torna a vida um prazer."

De seus lábios a palavra "prazer" tinha mais tons ilícitos do que a palavra com "F" quando Chakra Dev a dizia.

"Eu fiquei muito empolgada em poder ver você hoje", confessei a ele.

"Eu também. Agora, se eu não quisesse você, seria perfeito."

Eu deixei a observação passar ao largo. Adit me queria? Meu coração começou a bater forte de novo. Eu não queria que ele falasse nisso, mas ao mesmo tempo eu estava um pouco curiosa sobre a ideia.

"O problema em ser homem é que se pensa com a cabecinha às vezes", disse ele.

O pai do meu amigo referia-se à sua anatomia nesses termos. *Tauba! Tauba!* Eu senti meus órgãos internos enrubescerem. Minhas orelhas estavam queimando. Eu queria sair do carro. Olhei para fora da janela do carro novamente. Nós já estávamos no acantonamento. Havia menos trânsito e as árvores eram maiores e mais verdes. Havia mais espaço.

Quando chegamos à casa de Adit, Vidur estava no pórtico. Eu acenei para ele e pulei do carro assim que estacionamos. Dois copos de *nimbu pani* estavam esperando por nós dentro de casa, que estava pelo menos dez graus mais fresca do que o carro. Sentamo-nos todos no living. Adit esticou as pernas. Eram longas. Dei-me conta de quão alto ele era. Talvez tivesse um metro e oitenta. Quando eu era pequena sempre pensara em casar com um homem bem alto. Minhas pernas eram curtas. Como alguém tão sofisticado quanto Adit podia me querer?

"Então, crianças, o que querem estudar?", Adit nos perguntou, olhando-me e a Vidur.

"Química orgânica", disse.

"Etileno, metileno, derivados de hidrocarboneto", Vidur cantou.

"Muito bem, crianças, peguem seus cadernos. E não liguem para o cheiro de meu ovo podre", Adit disse num alto falsete, imitando a Ácido Sulfídrico. Obviamente, Vidur tinha lhe contado, em detalhes, sobre nossos professores.

Adit nos explicou conceitos, primeiro em palavras, depois com algumas fórmulas e, por fim, com exemplos numéricos reais, tirados do livro. Vidur prestou mais atenção do que na classe. E até eu parei de pensar em tudo o mais. Nós estudamos por uma hora, depois do que o ordenança nos trouxe chá com biscoitos ingleses.

"Vidur contou sobre os incidentes na escola ontem", Adit disse.

"Sim, os políticos jamais poderiam imaginar que o Mandal iria causar tal tumulto", Vidur comentou.

"Chakra Dev quase foi suspenso", falei para Vidur.

"O que está me dizendo?", Vidur perguntou. Eu contei aos dois tudo que tinha acontecido na sala do diretor e sobre a ligação que dei mais tarde.

"Se puserem o Mandal em operação, só o Chakra Dev entrará na faculdade de engenharia, mesmo que ele seja suspenso da escola. Não é de admirar que haja tal fuga de cérebros. Os nossos médicos e engenheiros mais brilhantes estão na Inglaterra e nos Estados Unidos", Adir disse.

"A Universidade de Délhi tem trinta e cinco mil candidatos para mil e quinhentas vagas. Se noventa por cento dessas vagas forem reservadas para castas específicas, eu não vou conseguir entrar", Vidur afirmou. "Nós somos *kshatriyas*",[41] continuou. Eu olhei para Adit. Ele ainda estava em seu *dharma*,[42] trabalhando como seus ancestrais haviam feito. Meu pai, por outro lado, embora um brâmane, era agora um burocrata, lidando com papéis.

"Mesmo você talvez não consiga entrar", Adit acrescentou, olhando-me de soslaio.

"Decerto que não", falei, rindo.

"Deixem o país, garotos, deixem o país. Vão para os Estados Unidos ou para a Austrália", Adit disse com voz animada. Eu podia imaginá-lo usando o mesmo tom para mandar os soldados para o campo de batalha.

Os colegas de meu pai no *sagai* professaram grande patriotismo, mas alguém como Adit, que tinha tomado um tiro por seu país, queria que seu filho saísse do país.

Após a aula, Adit e Vidur deixaram-me em casa, mas não ficaram para o *chai*. O dia tinha me deixado exausta. Eu me encontrara com Índia, Sheela e Adit, tudo num só dia. Também tinha

---

41 Casta "guerreira". (N.T.)

42 Trata-se da terceira meta da vida do indiano, o trabalho social, em que cumpre o seu "dever". (N.T.)

feito algo de que me sentia profundamente envergonhada. Adit não havia entendido a plena extensão de minha vergonha. Embora pudesse falar com ele abertamente, eu não senti que ele fosse tão sensível quanto Índia ou Rani, que pareciam compreender melhor meu coração. Mas eu não poderia confessar-lhes sobre Sheela. Elas me viam como sua amante, não um *cheaphad* à solta.

Eu abri meu livro de inglês e li a lição para me acalmar. Em geral, eu lia as lições de inglês uma só vez, na aula, quando todo mundo lia junto. Eu jamais estudara para uma prova de inglês. Eu reli a história de Ray Bradbury que descrevia a vida de um animal pré-histórico, tipo dinossauro, que vivia no fundo do mar. Era o único de sua espécie que sobrevivera. Quando ele ouviu o som pungente de um farol, achou que era uma fêmea de sua espécie chamando, então ele veio até a superfície. Ele fez isso ano após ano em uma data específica. Então a coisa ficou insuportável e ele destruiu o farol, batendo nos tijolos com sua cauda. Era uma história de solidão. Era oposta à minha de certa maneira, porque eu tinha muitas pessoas na minha vida. Mas lá no fundo também era a minha história. Eu me dividira feito um átomo em muitos elétrons e nêutrons. Cada partícula subatômica dançava com uma pessoa diferente e levava vida própria. Mas meu todo não existia para mais ninguém senão para mim mesma. Em um dia como o de hoje, eu estava tão só que não me sentia inteira, nem mesmo por dentro.

No jantar, meus pais e eu assistimos ao noticiário. Não havia incidentes de autoimolação naquele dia, mas um grande número de alunos universitários se reunira em Délhi para uma passeata de protesto, todos sentados de pernas cruzadas no Rodoanel em protesto. Eu assisti tevê me sentindo totalmente morta.

"Você parece bem chateada hoje", meu pai disse.

"Sim, *Beta*, o que aconteceu? Está tudo bem?", minha mãe perguntou.

"Estou bem. Só cansada", disse, retirando-me para meu quarto. Apaguei a luz antes que Rani se juntasse a mim. Quando ela veio, eu sussurrei que ela se deitasse a meu lado. Ela me abraçou e adormeceu. Assim que ouvi seu ressonar, refleti sobre o acontecido com Sheela. Eu tentei pensar numa única coisa que eu já tivesse feito na minha vida que fosse metade tão ruim. Nada que chegava nem perto. Eu me lembrei de coisas sobre as quais eu não pensava fazia anos. Lembranças que permaneciam vívidas, embora obscurecidas pelos eventos da vida diária, uma vida vivida cada vez mais no momento presente, num ritmo cada vez mais acelerado. Parecia que os últimos meses tinham sido mais condensados e com mais dados pontuais do que anos inteiros de minha vida.

Eu me lembrei de como tinha sentido vergonha de Délhi, da Índia, em 1984. A máquina do Estado, os políticos, a polícia e as turbas, hindus e muçulmanos, todos se deram as mãos para incendiar os *sikhs* quando o filho da Primeira Ministra, que havia sido assassinada recentemente, fora empossado. Ele estava herdando a posição como se o país fosse um feudo, zombando da independência pela qual os partidários da liberdade haviam lutado, zombando da democracia. Depois de alguns dias o Exército fora chamado e a ordem era atirar sem perguntar, mas só depois que a casa de cada *sikh* havia sido pilhada e muitos deles queimados vivos, esquartejados e até mesmo empalados. Era só sair de casa em Délhi e se via toda a cidade ardendo, fumaça negra subindo em toda parte. Eu pensei em todos os hindus e muçulmanos que haviam feito isso. Eu queria morrer de vergonha. A culpa corroía-me os ossos.

O sentimento de vergonha de ser hindu em 1984 misturava-se ao sentimento de vergonha de ter forçado Sheela. Eu não preguei o olho até que minha mãe acordou e Rani foi para a cozinha fazer nosso chá matinal.

"Você ainda parece preocupada, *Beta*. Por que não me conta o que está havendo?", minha mãe perguntou, trazendo a xícara de chá até a cama.

"Eu estava pensando nos *sikhs* de 1984."

"Por quê? É porque as escolas estão fechadas?", minha mãe colocou minha xícara do meu lado.

"Não. Qual o propósito? Qual o propósito de viver?", eu perguntei.

"Vamos falar com o seu pai". Ela esticou o braço e me puxou da cama.

Eu a segui até seu quarto com minha xícara. Meu pai estava sentado na cama lendo o jornal. Ele contou-nos de outra autoimolação.

"Papai, é bem melhor do que em 1984", disse.

"Não olhe para o derramamento de sangue do passado. A Índia sobreviveu a tanta violência: a Partilha, os ingleses, Tamerlão, Ghazni. Haverá de sobreviver a esta também. A história se repete e está cheia de violência. Está na nossa natureza."

Estava na nossa natureza. Não apenas na dos hindus e dos muçulmanos, mas na minha própria natureza e na do Chakra Dev também. Todos nós tínhamos essa besta terrível dentro de nós. Eu queria contar a meus pais sobre Chakra Dev e Sheela. Talvez meu pai entendesse.

"Eu realmente não vejo nenhum propósito em viver se tudo vai ficar se repetindo", cancluí.

"*Beta*, não fale assim. Nós a amamos", minha mãe disse.

Eu balancei a cabeça e sai do quarto. Voltei para a cama e enterrei a cabeça no travesseiro. Pensei em morrer. Parecia a coisa mais racional a fazer, me matar. Eu pensei em meus pais. Não podia me matar enquanto estivessem vivos. Pensei em Rani, que precisava de mim. Eu não podia fazer isso se alguém precisasse de mim ou me amasse. O amor era a única coisa na minha vida. Todo o resto já se mostrava vazio e sem sentido.

Eu senti que alguém se sentou em minha cama, e depois o peso de outro corpo sobre o meu. Minha mãe sussurrou em meu ouvido: "Por favor, Anamika, olhe para mim. Não chore".

"Eu não estou chorando, mãe. Eu amo você", disse, olhando para cima. Ela tinha trazido meu chá de volta.

"Está gelado. Você quer que eu faça outro para você?"

"Não", disse, pegando a xícara da mão dela.

Tentei estudar durante o dia, mas depois do almoço eu me senti muito cansada e dormi um pouco. Quando acordei, encontrei Rani sentada na borda da cama, acariciando minha cabeça. Eu não fazia ideia de quanto tempo ela estivera ali. Minha tristeza tinha passado para ela. Ela não conseguiu melhorar meu estado de espírito. Antes de minha mãe chegar em casa eu liguei para Índia.

"Eu odeio minha vida; estou triste."

"O que aconteceu?"

"Eu não sei. Eu queria sumir do mapa. Vou morrer aqui."

"Deixe-me organizar um negócio e te ligo de volta", disse ela.

No jantar meus pais foram muito gentis. Nós não falamos muito.

À noite eu voltei ao problema de Sheela. Um dia inteiro tinha passado desde o evento, mais de vinte e quatro horas. E, em geral, o tempo trazia novas perspectivas. Eu tentei não pensar no meu comportamento como sendo elevado ou baixo, apenas como sendo algo que Sheela não queria. Eu tinha que ligar e pedir desculpas. Meter o dedo em alguém contra sua vontade não era o jeito de se aproximar de uma mulher. Eu precisava ser mais elegante quando estivesse com garotas.

xix
Kasauli

Délhi parecia envolta em uma camada grossa de calor. O ar tinha uma cor branca, translúcida, como o pa pel que recobre os folheados. Minutos depois de tomar banho a pessoa já estava molhada de suor. Pouco importava quantas vezes eu lavasse o rosto com meu sabonete adstringente e o secasse, eu não conseguia mantê-lo completamente seco. O rosto de Rani brilhava permamentemente. O de meus pais também. Todos parecíamos vilões num filme híndi. Eu mesma me sentia uma. Eu tinha aprendido que, se me mexesse bem devagar depois do banho, suaria menos, então me entreguei de corpo e mente à lassidão. Caminhei à velocidade de uma lesma até a sala de jantar para tomar o café da manhã e voltei, igualmente de forma lenta, até minha escrivaninha. Durante o dia, enquanto meus pais estavam fora, Rani jogava água na varanda perto da minha janela para que um arzinho mais fresco entrasse no quarto. Mas não havia uma brisa sequer e regar a varanda não ajudava em nada. Eu gostava de ver os vinte centímetros de pele à vista entre o sári de Rani e sua blusa, quando ela carregava o balde para a varanda. Seus músculos tensionavam-se em lugares estranhos. Ela ia com o balde lá fora e jogava água com uma caneca no chão. Ela virava a caneca em ângulos diferentes de modo que a água molhasse cada cantinho da varanda. Observar Rani em ação era como ouvir a música que a gente mais gosta. Era como ver o cabelo de Índia se desenrolar a partir do coque ou ver uma fotografia do nascer do sol sobre o Ganges em Benares. Era lindo e sagrado. Eu queria que minha vida ficasse repleta desses momentos. Era o mais próximo que eu podia chegar de encontrar um fim que fosse justificável.

Minha mãe se preocupava comigo, com minha falta de apetite e por eu estar dormindo pouco e trabalhando demais. Ela se preocupava que eu não tinha telefonado para os meus amigos nem me interessara em me encontrar com eles havia dias. Ela sabia que eu estava deprimida. Foi então que Índia ligou para ela para perguntar se poderíamos ir para as montanhas juntas. Ela decidiu convencer meu pai a deixar-me ir, pois uma quebra de rotina me faria bem.

"São só alguns dias. Seus estudos não vão ser prejudicados e ela talvez melhore de humor", disse ela na hora do jantar.

"Você conhece bem a senhora Adhikari?", meu pai perguntou.

"Eu confio completamente que ela tomará conta de Anamika", minha mãe respondeu.

Eu jantei em silêncio, tentando manter uma expressão neutra.

"É seguro as duas irem sozinhas?", ele quis saber.

"Um jovem casal vai levá-las até Kasauli. Tripta acha que Anamika vai amar a companhia deles. E ela disse que Deepak é faixa-preta de caratê. Elas vão estar seguras", minha mãe disse.

Eu decidi não argumentar a meu favor e pedi licença para me retirar da mesa depois do jantar. Minha mãe deve ter falado com meu pai novamente porque na manhã seguinte ele já tinha cedido. A amiga de Índia não estaria lá e nós teríamos o chalé em Kasauli só para nós duas. Deepak e sua esposa ficariam perto. As montanhas eram mais frescas e o ar mais puro. Todo mundo concordava que seria bom para mim. Com o tumulto político aumentando em Délhi, era improvável que as escolas reabrissem logo.

Eu enchi a sacola que minha mãe me dera com jeans e camisetas, escova de dentes e o livro *Lolita*. Rani passou tudo que eu escolhi levar. Até passou minha calcinha de algodão e meias brancas. Nenhuma de nós falou muito. Eu não lhe dei nenhuma desculpa pela viagem. Se ela sabia de meu relacionamento com Índia, nada disse. Ela percebera que havia várias noites que eu estava triste e ela estava tão preocupada comigo quanto minha mãe.

Enquanto passava as roupas, Rani disse: "*Babyji*, eu sonhei que as chuvas tinham finalmente chegado e que estava mais fresco. Eu estava fazendo *pakoras*[43] enquanto você trabalhava, vendo a chuva. O tempo estava realmente ótimo. Quando você voltar as chuvas já estarão aqui".

Eu sabia que Rani sentiria minha falta mais do que eu a dela. Para mim a empolgação de ver um novo lugar, de beber *chai* nas montanhas nas manhãs frescas e cheias de neblina, batia todo o resto. Um dia, quem sabe eu poderia sair de férias com ela.

Minha mãe e Rani deixaram-me na casa de Índia no sábado à tarde. Deepak e Arni já estavam lá. Minha mãe pareceu gostar do casal de imediato. Eu também. Deepak parecia estar de banho tomado e barbeado e quase tinha uma aparência erudita. A esposa dele era pequena e usava jeans azuis apertados. Ela tinha um aro no nariz. Índia tinha uma aparência majestosa. Apesar do calor, ela estava usando um sári de algodão do sul da Índia com bordas de templo e bordados *butta* no *pallu*. O sári era cor de palha clara.

"Não se preocupe com a Anamika", Índia disse à minha mãe.

"Eu não estou preocupada, Tripta. Eu tenho certeza de que será bom para ela dar uma saída com você."

Eu fui com Deepak colocar minha bagagem no carro dele. Ele já colocara a pequena mala de Índia no canto do porta-malas. Ele colocou minha sacola em cima da mala dele, que tinha um monte de adesivos de viagem colados nela. Eu li um que dizia Florença e outro que dizia Rio. Quando estávamos prontos para partir minha mãe me deu um abraço e me beijou no rosto. Rani e eu não conseguimos dizer adeus uma à outra adequadamente.

43 Empanados de frango ou verduras. (N.T.)

Eu apertei seu braço bem forte e ela agarrou meu pulso e apertou-o. "*Babyji*, cuide-se", disse ela.

"São só uns dias, Rani."

A viagem até Kasauli levava seis horas. Arni e Deepak chamavam Índia de "titia" quando se dirigiam a ela. Arni só tinha vinte e um anos, a mesma idade de Rani. Deepak era uns anos mais velho. Eles combinavam. O tempo na planície estava quente demais, e o carro não tinha ar-condicionado. Deepak disse que tinha pedido um carro novo com ar, mas que não seria entregue nos próximos três meses. Nós tínhamos que deixar as janelas abertas durante a viagem e respirar a fumaça dos caminhões na autoestrada. Depois de algumas horas já podíamos respirar um ar mais puro. Meus óculos protegiam meus olhos, mas os de Índia estavam lacrimejando. Embora Índia e eu estivéssemos sentadas no banco de trás, era difícil para nos tocarmos. Deepak usava bastante seu espelho retrovisor e eu podia vê-lo olhando-nos vez por outra. Arni às vezes massageava o pescoço de Deepak enquanto ele dirigia.

Deepak disse que passaríamos por Kurukshetra a caminho de Kasauli. Eu não sabia que esse lugar ainda existia. Eu não conseguia imaginar a grande batalha entre os Pandavas e os Kauravas acontecendo entre todos aqueles blocos de prédios de tijolo e argamassa. Muito menos imaginar Krishna revelando a Arjuna todo o seu terrível esplendor como Senhor do Universo na planície poeirenta de Kurukshetra. Deepak assobiava enquanto dirigia a toda a velocidade no local onde toda a filosofia hindu havia surgido. O tempo enterrava tudo, até mesmo o local de nascimento do próprio *Bhagavad Gita*.

Depois de um tempo eu comecei a ler o meu livro. Era fácil entrar na cabeça de Humbert Humbert. Eu sabia instintivamente o que ele estava dizendo sobre ninfetas, seus seios despontando e seus braços longos. Eu imaginava Sheela como uma jovem ninfeta e me vi como um homem sexy e rude que gostava dela. Decidi que Nabokov era meu irmão de alma.

Eu devo ter dado bastante risada enquanto lia porque Deepak perguntou-me o que eu estava lendo. "*Lolita*", disse-lhe.

"Titia, ela não é jovem demais para ler *Lolita*?"

"Deepak, você se tornou guardião da moral?", Índia perguntou.

"Mas ela ainda está na escola", ele argüiu.

"Tripta, diga-lhe que eu sou um homem de sessenta anos", pedi.

"Deepak, Anamika é mais adulta do que você era na sua idade."

A estrada foi se tornando mais íngreme. Eu tinha pensado que o alto das montanhas ofereceria vistas espetaculares, mas o vale estava todo nublado. Conforme fomos subindo, mais fresquinho ficava. A ascensão tortuosa rumo às montanhas Shimla deixaram-me nauseada e eu rezei para que o carro parasse. Quando Deepak finalmente disse: "Chegamos", eu não senti nenhum prazer na majestade do bangalô de tijolos vermelhos imperiais, remanescente dos dias do Raj, com suas telhas inclinadas, ou na imensidão de seu jardim. Eu só senti alívio por estarmos parados.

Arni e Deepak iam ficar um pouco mais adiante, no centro da vila na Estrada Upper Mall. Eles combinaram de nos encontrar no dia seguinte e se foram.

A amiga de Índia, dona do bangalô, deixara as chaves com o empregado, que morava na propriedade. A casa era grande e opulenta, com pé-direito alto e uma varanda enorme que se abria para um jardim. Uma brisa fresca estava soprando. O empregado disse-nos que tinha preparado o jantar. Ele era baixo e tinha uns cinquenta anos. Ele falava um híndi estranho. Lavamo-nos e jantamos, depois nos retiramos para o quarto. A temperatura estava agradável. Não havia necessidade de ligar o ventilador.

Índia sentou-se na cama enquanto eu fuçava na minha sacola à procura de meu pijama. Ela me observou pegando minhas coisas e perguntou:

"Então, por que você disse que era um homem de sessenta anos?"

"Porque eu me identifico com ele, o velho libertino. Não com as ninfetas", disse.

"Você gosta de ser libertina com ninfetas?", ela perguntou.

Quem me dera pudesse contar-lhe sobre Sheela, me livrar do peso do que tinha feito.

"Nunca olhei para ninguém mais novo do que eu."

"Eu, por outro lado, estou sendo libertina com uma ninfeta", disse ela com um sorriso torto.

"Isso te incomoda?", perguntei. Eu queria que ela pensasse em mim como um homem maduro, confiável, sólido. Um herói de filme híndi, só que mais inteligente, sábio e dotado de bom senso, algo que aqueles machos não tinham. Só Girish Karnad retratava homens intelectuais em filmes, e ele não fazia o gênero de herói.

"Não, não me incomoda. Você é muito adulta. Mas nós estamos envolvidas numa relação não convencional, você deve admitir. Nós não podemos nos mostrar como casal, de jeito nenhum."

Não tinha me ocorrido que ela pensava em nós como casal. Soava bem sério.

"Você entende?", ela perguntou.

"Que somos um casal?", senti que acabara de aprender a etiqueta sobre o amor e agora eu estava já passando para a próxima lição. Pela primeira vez senti que ela era mais velha.

"Eu não quis dizer 'casal' nesse sentido. Eu não espero nada de você."

"Prazer. Você deve esperar prazer", eu disse irreverentemente. Eu me imaginei sendo Adit ou Humbert Humbert. Um homem adulto com senso de leveza. Mas eu tinha uma sensação corrosiva de que crescer não era só um negócio mental. As experiências da pessoa também contavam, e eu tinha poucas.

Eu levei meu shorts e minha camiseta até o banheiro para me trocar. Quando voltei, Índia já tinha se metido debaixo das cobertas. Suas roupas estavam dobradas em cima da sua mala. Eu me senti tola e jovem por ter colocado meu pijama. Em livros franceses as garotas só tiravam a roupa antes de entrar na cama. Eu fui até o fundo do quarto para desligar a luz.

"Não! Não faça isso. Eu quero ver seu rosto", disse ela.

Caminhei de volta para a cama e deitei. Eu me senti um pouco autoconsciente. Eu não me sentia assim com Rani. De fato, eu não me sentira assim com a própria Índia antes. Eu tirei a roupa depressa de tal modo que ela não pudesse me olhar por muito tempo. Então ela me puxou para si. Seus braços, suas pernas e sua barriga estavam deliciosamente quentes. Assim que minha pele tocou a dela, eu senti que tinha chegado a algum lugar depois de uma longa jornada. O abraço de Índia se encaixava tão bem que todo o meu corpo o saboreou. Cada parte dela, da ponta dos pés até a testa, estava buscando sua contraparte em mim. Pelo resto da noite nós não falamos muito. Não havia necessidade.

De manhã, eu acordei e olhei o relógio. Eram só seis horas. Os passarinhos estavam cantando. Em Délhi os únicos sons que eu podia ouvir, além daqueles do trânsito e do leiteiro, eram os latidos de vira-latas. Eu olhei para Índia. Ela ainda estava dormindo e o lençol fino cobria seu corpo só até o meio da barriga. Seu peito marrom estava totalmente exposto. Ela parecia um quadro. A vida estava na ponta de meus dedos. Todas as perguntas que eu me fizera sobre o significado da vida, o futuro, o sucesso – todas estavam respondidas. A beleza era tudo o que interessava.

Olhei para Índia ainda por um instante e depois, lentamente, mexi-me até a borda da cama de tal modo que não a acordasse. Eu estava quase na borda quando ela se virou um pouco e murmurou: "Não me deixe."

"Achei que estivesse dormindo", sussurrei, não querendo despertá-la mais.

Ela estendeu a mão. Com uma pegada bem forte para quem tinha acabado de acordar, ela me puxou de volta para ela e me abraçou. O mesmo abraço da noite anterior. Completo. Acendendo a chama de toda a superfície de minha pele.

Nós nos deitamos de costas, vendo a luz da manhã se infiltrando pelas frestas das cortinas brancas. Eu me afastei alguns centímetros dela e contemplei a vista novamente. Seu corpo estava prostrado na cama, seu estômago côncavo, seus peitos apontando para o teto. Quando criança, eu jamais imaginara que esse mundo de adultos me fosse acessível. Eu estiquei meu braço direito e coloquei-o sobre seu peito, no meio, onde seu coração estava. Eu senti que ela me pertencia; não a pessoa que eu conhecia e amava, mas o corpo. Eu podia tocá-lo como me aprouvesse, podia colocar minha mão onde quisesse, sobre ele.

Até agora meus movimentos na cama haviam sido um tanto premeditados. Eu me mexia devagar e cuidadosamente, seguindo várias instruções que meu cérebro tinha arquivado. Em momentos mais calorosos as palavras do *Kama Sutra* eram minhas guias, e eu constantemente me perguntava como a outra pessoa se sentia quando eu tocava deste ou daquele modo. Mas em Kasauli, naquela manhã, conforme minha mão deslizava pela frente do corpo de Índia e na lateral de sua coxa, eu não pensei nela de jeito nenhum. Ela era minha para ser tocada, como uma boneca, um brinquedo. Seus olhos estavam fechados, seus lábios ligeiramente abertos.

"Seus dedos parecem penas percorrendo meu corpo", disse ela.

Nós ouvimos algumas portas da casa se abrindo e eu podia ouvir as *chappals*[44] de borracha do empregado conforme ele andava de cá para lá na cozinha.

"Pode abrir minha mala e me dar minha camisola?"

Eu vesti meu shorts e minha camiseta e fui até sua maleta azul. Os sáris de Índia estavam perfeitamente dobrados de um lado, suas blusas e anáguas no outro. Uma camisola longa e fininha com um laçinho ao redor do pescoço estava enrolada num dos lados. Eu a entreguei para ela. Ela meio que se sentou na cama.

O empregado bateu e anunciou que trouxera nosso chá matinal. Deixei-o entrar. Além das duas xícaras fumegantes, ele trouxe um prato de biscoitos e quatro torradas com manteiga. Índia perguntou-lhe se podia trazer mais torradas. Um cheirinho de manteiga quente encheu o quarto. Nós colocamos a bandeja entre nós na cama. Eu me meti sob as cobertas de novo, tão feliz que podia morrer naquela hora sem um arrependimento sequer.

Índia começou a falar sobre Deepak. Ela disse que conhecera a mãe dele havia muito anos e que Deepak se tornara seu amigo quando ele tinha a minha idade. Eu queria perguntar-lhe se ele também fora seu amante. Ao falar sobre ele, ia ficando cada vez mais animada e comecei a sentir ciúme. Convenci-me cada vez mais de que ele fora seu amante e que nós estávamos em Kasauli para que ela pudesse estar mais perto dele.

---

44 Sandálias. (N.T.)

"Por que quis que eu o conhecesse?", perguntei.

"Ele já viajou para todos os lugares do mundo, é bem-sucedido e tem um coração imenso. Acima de tudo, Deepak é um homem brilhante", disse ela. Eu senti um espasmo de dor em meu estômago por causa do modo que ela disse "brilhante" e "homem". Achei que ela estava tentando me mostrar onde eu diferia dele. Eu me levantei da cama e fui para o banheiro; queria trancar a porta e ficar invisível. Olhei no espelho e imaginei uma série de eventos. Deepak e Arni nos pegariam à noite e nós iríamos a um lugar pequeno nas montanhas para jantar. O lugar estaria deserto e escuro e salteadores assaltariam o dono do restaurante. Deepak correria para se esconder e, sozinha, eu daria conta de todos os bandidos e os prenderia. Eu salvaria Índia e Arni do perigo. Mais tarde, Deepak sairia de sob a mesa, expondo pateticamente sua covardia.

Eu já estava no banheiro havia algum tempo e comecei a imaginar se Índia sentia minha falta. Eu baixei o tampo do vaso sanitário e sentei-me sobre ele. Era improvável que fôssemos atacados por bandidos. E Deepak, além de ser mais alto e mais forte do que eu, era faixa-preta de caratê. Talvez fosse mais fácil perguntar a ele sobre Física de partículas e confundi-lo. Se ele conhecesse o assunto, eu podia falar sobre as aplicações da dualidade onda-partícula na vida real e aturdi-lo. E seriamente duvidava que ele fosse suficientemente criativo para estender a dualidade dos fótons e ondas a Arni e Índia. E se ele não entendesse de mecânica quântica ia parecer um tolo de qualquer maneira. Índia precisava saber que eu era mais brilhante. Nada senão expor o lado mais baixo, humilde, estúpido e idiota de Deepak bastaria.

Eu imaginei se Índia tinha se esquecido de mim completamente ou se estaria pensando em Deepak. E voltei para o quarto.

"Eu achei que não ia mais sair de lá", queixou-se ela.

Eu grunhi.

"Está tudo bem?", ela perguntou, sua testa franzida.

Assenti e sentei-me na borda oposta da cama. Eu não queria que ela soubesse que me sentia pequena e insegura. Ela não dava a mínima para mim. Eu era uma tola para ter vindo até esse lugar para satisfazer essa mulher que provavelmente me via simplesmente como uma fonte de prazer sexual porque seu amante estava casado com alguém da idade dele. Eu queria que o feriado acabasse para que eu pudesse voltar para casa. Eu queria que ela e aquele miserável do Deepak se sentissem bem um com o outro.

"Anamika, venha aqui", Índia disse baixinho. Ela bateu no travesseiro. Ela pediu com tanto jeito e tão baixinho que eu fui e sentei-me a seu lado. Dura. Ela colocou sua mão na minha. Eu senti meus músculos e até meus ossos se encolherem.

"Anamika, por favor, fale comigo. Por favor", disse ela. Eu olhei para ela muda, incapaz de abrir a boca. Os músculos de meu rosto tinham começado a se contorcer. Logo perdi todo o controle sobre eles.

"Oh, meu Deus!", ela exclamou, olhando-me. Tudo me parecia meio desfocado, como um programa de televisão com recepção ruim. Ela passou a mão na minha cabeça e agarrou meu cabelo. Meu corpo se soltou.

"O que é que há? Por favor, fale comigo", disse baixinho no meu ouvido.

Sua pele estava quente e seu abraço fez com que me sentisse melhor. Ela colocou sua mão debaixo de minha blusa e tocou minhas costas. Eu senti que suas mãos e seu toque estavam me dizendo a verdade sobre seus sentimentos em relação a mim. Olhando para trás, minha reação quanto ao comentário sobre Deepak pareceu tola. Depois de alguns minutos, eu me senti quase normal e meu corpo começou a se comportar normalmente. Minhas mãos procuraram suas costas; meu rosto, o seu.

"Então, o que está acontecendo?", ela perguntou depois de um tempo.

"Nada", disse, refletindo sobre como minha imaturidade me fizera perder o rumo. Eu me sentira pequena e rejeitada, mas agora, já que ela tinha feito com que me sentisse segura quanto a seus sentimentos, eu estava bem. Palmadinha, palmadinha, palmadinha, como pedaços de manteiga no prato. Explicações para tudo o que acontecia dentro do ser humano. Pensar nisso me fazia tão comum que eu mal podia me aguentar. Eu era como todo mundo. Mais um fóton, exatamente como bilhões de fótons exibindo todo o seu comportamento previsível de fóton.

"Diga-me", ela pediu novamente.

"Alguns químicos entraram em mim", disse.

"Químicos? Que tipo de químicos?"

"Químicos ciumentos", disse, me sentindo ridícula.

Ela ficou em silêncio por um momento e depois disse: "Você tem ciúmes do Deepak?".

Eu assenti.

"Eu não gosto dele dessa maneira. Eu acho que você é tão brilhante quanto ele", disse ela, puxando-me para si. Ela beijou minha testa e meus lábios e me apertou em seus braços. Eu fiquei constrangida que estivéssemos de fato falando sobre isso.

"Você acredita em mim, não acredita?", ela perguntou.

"Hmm", eu resmunguei, querendo parar de falar no assunto.

Ela afastou meu rosto do seu e olhou-o de perto.

"Você tem que acreditar em mim. Eu estou apaixonada por você", disse ela.

Meu coração estava apertado. Foi como se meu corpo existisse apenas nos centímetros quadrados no centro de meu peito, onde doía mais. Ninguém tinha me dito isso antes. Índia estava apaixonada por mim!

Eu olhei diretamente em seus olhos e vi que era verdade. Como o comercial em que a motocicleta Kawasaki Bajaj acelera de zero a oitenta em apenas seis segundos, meu coração acelerou. Meu peito parou de doer; meu coração estava agora flutuando no espaço sideral. O mundo era belo e estava banhado de luz solar. Bem no alto eu vi que os pequenos morros de Kasauli e nosso chalé estavam em chamas. Iluminados. Abençoados. Singulares.

Eu abri meus braços para abraçá-la até que meus cotovelos estivessem firmes ao redor de sua caixa torácica. Eu queria me fundir com ela. Eu queria comê-la como se fosse uma maçã, digeri-la, absorvê-la em minha circulação sanguínea, minha hemoglobina, meu corpo.

"No que você está pensando?", ela me perguntou.

"Eu não sei o que fazer. É um problema. Eu não posso ter você."

"Mas eu sou sua", ela disse simplesmente.

"Eu sei, eu sei, mas o que estou querendo dizer é: eu quero possuir você como uma maçã", respondi.

"Uma maçã?", ela desatou a rir. Eu não sabia como explicar o que queria dizer. Não gostei nem um pouco que alguém que me pertencia pudesse rir de mim pelo que eu tinha dito. Não era possível. Era contra as regras.

Eu rolei de tal modo que ela ficou de barriga para cima e eu em cima dela. Então mordi sua bochecha como se estivesse mordendo uma maçã. Não me trouxe a satisfação que eu tinha imaginado. Eu precisava mordê-la e engolir. Eu mordi seus ombros roliços como se fossem maçãs, depois seu estômago e seus joelhos, seus dedos dos pés e suas costas, suas nádegas. Eu as mordi com toda a força porque eram mais redondas e mais parecidas com maçãs. Mas ela gritou, então eu parei. Eu notei que minhas mordidas tinham feito com que ela respirasse mais profundamente; então troquei os dentes pelos lábios. Tomei diferentes partes de sua carne entre meus lábios e beijei-a inteira, na ordem inversa em que tinha mordido. Em seus gemidos ofegantes e seus brados de prazer, eu a possuí mais profundamente do que a mim mesma e imergi nela mais do que eu jamais imergira no meu próprio ser. A mim mesma, eu ainda não havia descoberto. Eu era uma soma desconhecida, um mistério constantemente se desvelando. Mas Índia era absoluta e completamente conhecida, de dentro para fora. Rolei de cima dela com a exaustão suada de um homem que acabara de caçar sua presa para o jantar.

XX
Dum Maro Dum

Kasauli era o lugar mais verde que eu já vira. Arbustos com flores exóticas abundavam. Passeando com Índia eu vi pinheiros pela primeira vez. Nós tínhamos passado a manhã inteira na cama, em jogos amorosos, e embora isso tenha parecido uma novidade, a caminhada me lembrou que havia um mundo fora da nossa bolha. Ela segurou minha mão na sua e balançou-a para trás e para a frente com muita naturalidade. O surto de ciúme do início do dia parecia uma crise de febre do feno, uma gripe leve, um espirro que não tinha deixado traço.

Depois que voltamos, eu tomei banho e esperei por Índia para me vestir. Coloquei jeans e minha blusa xadrez amarela para jantar com Arni e Deepak. Eu carregava um casaco bege comigo. Tirei isso da mala também. O casaco tinha vários botões e acolchoados nas mangas, o que o fazia parecer adequado para caminhadas nas montanhas. Quando imaginara a cena com os bandidos, eu me vira usando esse casaco.

Índia apareceu depois de um tempinho com uma blusa em que as costas ficavam nuas; eu podia ver todas as vértebras de sua coluna. Seu sári verde e mostarda estava preso na anca. Eu queria dizer-lhe que era inadequado e que ela devia trocá-lo, mas o que ela pensaria de mim? Eu só podia ver Adit bebericando o seu *scotch*, falando com ela, os dois muito à vontade. Era melhor não dizer nada.

Assim que cumprimentamos Deepak e Arni na porta, Deepak começou a chamá-la de "titia" e a passar a mão nas suas costas. Arni ficou por ali sorrindo como se isso fosse perfeitamente aceitável e até sugeriu que Índia se sentasse no banco da frente do carro. Para meu grande alívio, Índia não aceitou.

Nós nos ajeitamos no assento traseiro. O sol estava se pondo e o céu estava cheio de cores que eu jamais havia visto. Quando parei de olhar para fora da janela e vi a cabeça de Deepak bem na minha frente, eu me lembrei do ataque de ciúme que tinha sentido. Captei o reflexo de seus óculos no espelho retrovisor vez por outra e ressenti-me por ele ter, de repente, se tornado importante em minha vida ao passo que eu passava praticamente incólume pela dele.

Fomos a um restaurante que fazia parte de um pequeno *resort* perto de Kasauli. Alguns casais em lua-de-mel e algumas famílias estavam no jardim. Eu dei um apertão na mão de Índia conforme nos levavam para a nossa mesa. Quando o garçom veio perguntar o que gostaríamos de beber, todos eles pediram cerveja. Eu senti vergonha de minha idade. O garçom me olhou. Índia também.

"Quer cerveja?", ela perguntou.

Eu fiz que sim com a cabeça.

"Quatro cervejas para a mesa", ela pediu na boa. Deepak e Arni pareciam alarmados.

Eu não queria cerveja. Vidur tinha me dito que experimentara a bebida de seu pai uma vez e que era amarga e péssima. E se eu detestasse o gosto ou perdesse o controle de minhas ações? Por outro lado, eu precisava salvar as aparências. Se eu tomasse cerveja, Deepak se colocaria em seu devido lugar. Eu tinha que tomá-la.

"Titia, eu sei que a Anamika é muito madura, mas você tem certeza de que devemos correr esse risco? O que eu estou querendo dizer é: seus pais não estão aqui, e ela, na verdade, é muito jovem", Arni disse.

Eu olhei para Deepak recostado em sua cadeira, feliz que fosse Arni a tentar dar conta da situação.

"Bobagem. Está tudo bem", Índia disse, ignorando-os a ambos com uma só olhada.

"Como queira, titia", Deepak disse. Eu sabia que ele estava esperando que eu pegasse minha bebida e me comportasse feito uma imbecil. Eu sorveria a cerveja bem devagar e permaneceria no controle. Minha mente era poderosa e não se tornaria escrava de meu corpo.

"A primeira cervejaria da Índia foi fundada nestas montanhas Shimla", Índia nos disse.

"Eu acho que ainda existe. Eles vão nos servir cerveja local", Deepak acrescentou.

O garçom veio até nossa mesa e entregou-nos o menu. No fim do mesmo, depois de todas as comidas, estava a carta de bebidas. Dizia: "Cerveja, Rs. 180". Minha mãe tinha me dado Rs. 350 para toda a viagem. Ela colocara o dinheiro num lencinho e me dissera para mantê-lo amarrado dentro de meu bolso.

"Carregue-o sempre com você", ela me instruira.

"O que vamos comer?", Índia perguntou para a mesa como um todo, esfregando as mãos.

Eu olhei de novo para o menu. Os pratos eram ou frango e cordeiro ou *sabzis*[45] e *dal.*[46] Mesmo *rajma*[47] custava Rs. 80. O que meus pais estavam pensando quando me deram Rs. 350 para quatro dias? Nós quase nunca saíamos para comer, mas eles sabiam como eram os preços. Eu teria que pedir a Índia que pagasse por mim e prometer pagar-lhe assim que voltássemos. Eu tinha certeza de que ela não se importaria.

O garçom trouxe uma enorme garrafa de cerveja e encheu por igual os quatro copos. Imediatamente dividi os Rs. 180 por quatro e me senti melhor.

"Que tal a gente dividir um *dal* e dois *sabzis* entre nós quatro?", Índia sugeriu, olhando para Deepak. Ele assentiu. Índia pediu em nome da mesa.

---

45 Prato de verduras. (N.T.)

46 Ensopado de feijão (descascado e cortado). (N.T.)

47 Vagem. (N.T.)

Deepak ergueu seu copo de cerveja e disse: "Saúde".

Índia e Arni pegaram seus copos. Eu o meu. Todos tocaram seus copos. Eu fiz o mesmo. Depois olhei para eles para me certificar de que não estavam olhando para mim e fiz cara de durona ao tomar meu primeiro gole. Embora eu tivesse me preparado para o pior, meus lábios se reviraram conforme o fluido amargo percorria minha língua. Era horrível. Eu mal podia acreditar que as pessoas tomavam aquilo.

Deepak começou a falar de seu novo emprego. Ele tinha acabado de se mudar de uma firma que fabricava bens de consumo eletrônicos para outra de treinamento em computação. Ele disse que seu salário tinha subido Rs. 8.000. Eu comecei a ficar impaciente por ter que esperar o dia em que ganharia meu próprio salário. Eu não precisaria olhar o preço de um prato de *rajma* e ser afetada por isso. Era muita pobreza ter que pensar sobre dinheiro e o único modo de evitar isso era tendo muito. Arni disse que ela tinha largado seu emprego quando eles se casaram porque Deepak ganhava o suficiente para os dois. Eu não conseguia entender como uma garota moderna, que usava jeans apertados, podia simplesmente ficar sentada em casa vivendo às custas do marido. Não é à toa que ela tinha de aguentar ver Deepak tocando no corpo inteiro de Índia. Eu resolvi que não a respeitava.

Olhei para a cerveja em meu copo e tomei um supergole. Logo em seguida peguei uma colherada de *dal* para me livrar do gosto dela na boca. Depois tomei outro supergole de cerveja.

"Então, você já está bêbada?", Deepak perguntou.

"Claro que não", disse. As palavras saíam lentamente de minha boca.

"Não a perturbe. Você sabe que tomou sua primeira cerveja com a idade dela", Índia disse.

"E você foi responsável por isso, titia?", Arni perguntou, olhando para Índia.

"Claro que foi. Corruptora de menores", Deepak disse. Eu me lembrei de como tinha chegado à casa de Sheela com minha camiseta vermelha e a assaltara. Eu também era uma corruptora de menores, pensei, sorrindo para mim mesma.

O jantar terminou antes que me desse conta. Quando o garçom trouxe a conta, Índia levantou a mão para Deepak e pagou. Pareceu-me estar vendo a mesa de uma distância considerável. Deepak e Arni pareciam ter encolhido um pouco. Tudo se tornara agradável. Eu sorri. Minha amante está pagando a conta, eu pensei com os meus botões. Eu não conseguia me lembrar por que me sentira tão ansiosa sobre isso. Ou sobre seja lá o que fosse.

Deepak levou-nos de volta. Minha mente viajou. Fótons pulavam de um estado para outro e as palavras "mecânica quântica" ondulavam como uma bandeira entre os fótons. Grandes pilhas de dinheiro flutuavam junto de um gato que se fingia de vivo e de morto. Eu sabia que não estava bêbada porque me lembrava de tudo que tinha dito à mesa. Quando voltamos para casa eu tropecei a caminho da porta, mas rapidamente recuperei o equilíbrio. Depois que Arni e Deepak já tinham ido embora e chegamos ao quarto, Índia disse: "Talvez eu não devesse ter deixado você beber, embora você tenha lidado bem com a coisa".

Era tão condescendente de sua parte me dizer que ela não deveria ter "me deixado" beber. Como se fosse minha supervisora. Eu escovei os dentes com grande dose de irritação. Quando acabei, fui direto para a cama e me deitei sem esperar por ela. Ela veio alguns minutos depois.

"Você está pensando em quê?", ela perguntou ao se cobrir.

"Como a Física Quântica se aplica à vida", disse concisamente.

"Fale-me mais sobre isso."

"Onda, partícula, onda, partícula. A pessoa se apaixona e se desapaixona como se estivesse pulando corda", disse.

"Você está apaixonada ou não, neste momento?", Índia perguntou.

Achei que sua pergunta era muito inteligente. Eu estava desapaixonada quando comecei a falar. Mas conversar com ela sobre o amor fez-me amá-la.

Ela deslizou para mais perto de mim.

"A pessoa nunca sabe a sua posição com certeza", disse.

Sua proximidade fez-me sentir quente demais.

"O que você quer agora? Ou não sabe com certeza?", ela perguntou.

"Eu quero despejar minha função de onda dentro de você", disse.

Como resposta imediata, Índia se aproximou ainda mais, os poros de sua pele cobrindo o campo de minha visão. Seus gemidos de prazer quando eu afagava seu cabelo e o calor de seu corpo perto do meu saturavam meus órgãos dos sentidos, enquanto o vasto mundo dos Himalaias Shivalik, ao redor de Kasauli, se afunilava em um mundo de partículas. Esse foi o meu último pensamento antes de ser engolfada para dentro de um buraco negro que é o campo de jogo do amor, onde dois se tornam um.

A sensação era de que nossa vida em Kasauli tinha um ritmo. Embora estivéssemos lá há pouco mais de vinte e quatro horas, nós tomávamos o nosso chá matinal na cama e depois caminhamos como se fôssemos residentes locais desde sempre. Eu não me sentia nem um pouco turista. Eu esperava que ir para uma estação na montanha fosse uma aventura, mas em vez disso fiquei surpresa com a sensação de lazer e relaxamento que tomou conta de mim.

Índia convidara Deepak e Arni para jantar conosco. Eu não me senti paranoica em relação a ele como no dia anterior. Kasauli me enchia de paz.

Deepak cumprimentou-me dizendo: "Titia estava nos contando sobre o garoto em sua escola que mandou os outros jogarem a bomba". Ele estava sentado sozinho numa cadeira. Índia e Arni estavam no sofá. Eu me sentei perto dele, noutra cadeira.

"Sim, eu persuadi o diretor a não lhe dar um cartão amarelo, dizendo que eu faria Chakra Dev pedir desculpa. Mas telefonei para ele e não deu certo", disse.

"O que você vai fazer agora?", Arni perguntou.

"Acho que você não tem muita escolha", Deepak falou, olhando para mim.

"Eu poderia tentar telefonar e falar com o pai dele."

Deepak franziu o cenho. "Ele não vai gostar nem um pouco disso. É um insulto para um garoto ver o pai envolvido."

"Primeiro, ele me deixou sem escolha. Em segundo lugar, será pior para o Chakra Dev se ele for suspenso."

"Você está certa. Eu tive alguns problemas na escola com um amigo que se envolveu com más companhias. Acabei falando com os pais dele sobre isso", Deepak disse.

"O que aconteceu depois?"

"Rahul parou de falar comigo. E , há um ano, ele me telefonou e me agradeceu. Disse que se seus pais não tivessem interferido, ele teria se arruinado. Ele era viciado. Tinha até começado a roubar coisas em casa."

"Eu acho que a aparência rude de Chakra Dev esconde alguma coisa, inclusive dele mesmo", refleti.

"Você pode estar certa. Afinal de contas, mesmo as melhores pessoas têm um lado obscuro. Por que não o inverso?", Deepak disse.

"Eu acho que você está assumindo mais responsabilidade do que deveria", Índia comentou.

"Titia, você disse que ela é Chefe dos Representantes. Se ela não assumir responsabilidade, quem assumirá?", Arni perguntou.

"Se você já se decidiu, então deve achar o ponto fraco dele, e atacá-lo quando estiver exposto", Deepak sugeriu.

"Ele é totalmente insensível. Tem o couro de um elefante", falei.

Deepak deu risada. "Por que será que velhacos como ele são tão populares? As garotas estão dispostas a aguentar qualquer coisa desses *goondas*."

Índia deu umas palmadinhas na minha mão quando se levantou e caminhou até o som. Ela pôs uma fita e disse: "Vamos nos divertir."

Então ela virou sua cabeça ligeiramente e perguntou a Deepak: "Você trouxe o bagulho?".

Do bolso da jaqueta ele sacou um pacotinho de papel jornal. Ele abriu-o e colocou-o sobre a mesa do café. Dentro havia um negócio verde e uns rolinhos de papel. Meu estômago afundou. Índia se ajoelhou ao lado da mesinha e enrolou parte do troço verde no papel. Runa Laila estava cantando "Dum Maro Dum" em sua voz ardente, imoral. Eu fui tomada de pânico. Deepak ajoelhou-se ao lado de Índia e fez um rolinho também. Ele acendeu o negócio e passou-o a Arni, que deu uma tragada.

"A Anamika também vai querer um?", Deepak perguntou a Índia.

"Pergunte a ela", disse-lhe Índia.

"Não! Verdade, titia, isso é demais", Arni protestou em voz alta.

"Por que não?", Deepak perguntou a Arni e acrescentou: "De manhã a gente estava falando exatamente sobre como Anamika é adulta. Isso é só maconha".

"Ela decide", Índia deu de ombros.

"Fumar um baseado com amigos em Kasauli. Ah! Isso, sim, é vida", disse Índia, dando uma longa tragada e exalando. A fumaça subiu por sua cabeça quando ela jogou a cabeça para trás. Apesar de todos os meus sentimentos negativos, essa imagem de Índia era totalmente bela. Eu sabia que jamais a esqueceria.

Deepak já tinha feito outro cigarro e agora me oferecia. Uma parte de mim dizia que se eu amava Índia então eu fumaria o que ela fumava, comeria o que ela comesse, e dormiria quando ela dormisse. A vozinha da razão dentro de minha cabeça me dizia que eu estava louca. Fechei os olhos e imaginei minha mãe falando comigo. Eu senti como se estivesse sendo testada. O amor de meus pais, minha educação, cada lição moral que eu tinha aprendido estava sendo desafiada. Eu tinha perdido na noite anterior, quando tomara aquela cerveja com eles.

"Não, obrigada. Passo", disse a Deepak educadamente.

"Ei, é legal. Fume um; não tem problema algum. Ela só estava sendo puritana", Deepak me disse, apontando para Arni.

"Eu não estou a fim", disse. Minha boca ficou um pouco seca. Eu fiquei com medo de que ele insistisse.

"Deixe-a fazer o que quiser", Índia disse, levantando-se. Ela aumentou o som. Deepak também se levantou. Os dois começaram a dançar. Eu me senti constrangida por Índia. Será que ela estava perdendo o controle? Ela pegou na mão dele. Com sua mão livre ela fumava o baseado. Depois de alguns minutos, ela largou a mão dele, me olhou e disse: "Venha dançar comigo".

Deepak estava com um olhar beatífico no rosto. Até Arni parecia mais solta que de costume.

"Não, obrigada", disse.

Balançando os quadris Índia caminhou até onde eu estava sentada. Parecia vulgar. Tentei pensar que eu era um verdadeiro garanhão, e que ela era minha cortesã. Eu era Humbert Humbert, e ela era minha Lolita. Eu me lembrei do jeito de Sheela dançando. Os movimentos de Índia eram como o Ganges que corre lento, um Ganges, transbordante de creme grosso. Os de Sheela foram mais leves, como um milk-shake.

Ela pegou forte na minha mão e me ergueu. Arni e Deepak viriam meus movimentos rígidos e ririam de mim. Mas fazer cena iria chamar ainda mais atenção sobre mim. Então eu fingi estar à vontade. Balancei minhas ancas e cerrei os lábios.

O empregado nos interrompeu dizendo que havia preparado uma porção de *rotis*. Fomos até a mesa e nos servimos. A discussão diminuiu um pouco. Os três estavam radiantes, a mente em outra parte qualquer. Enquanto o empregado ia de cá para lá enchendo nossos copos de novo, eu senti que ele era minha ligação com a civilização. Índia parecia muito feliz, mas eu não podia me relacionar com ela. Todas as emoções pareciam ilusórias. Talvez os momentos em que eu sentia amor por ela fossem falsos. Talvez Sheela não tivesse sentido nenhuma conexão comigo quando eu estava tentando seduzi-la.

"Balbir era legal", Deepak disse. Índia assentiu.

Uns segundos mais tarde Arni falou: "Eu gosto de Pranay."

Eu imaginei por uns instantes se Chakra Dev ficaria tão tranquilo assim se estivesse fumando com eles. Em classe, ele sempre tinha uma energia combativa, mas eu não tinha dúvida de que ele sucumbiria à influência do baseado.

Ghazals[48] leves eram cantados no fundo. "Eu estou cansada. Vou dormir", disse.

"Boa noite, garotinha. Volte, caso não consiga dormir", Deepak disse.

48 *Ghazal* refere-se à poesia mística persa e à música daí derivada. (N.T.)

Índia mandou-me um beijo. Eu não consegui nem sorrir de volta. Acenei levemente e saí. Joguei-me na cama e pensei em meus pais. Eu queria voltar a Délhi; não conseguia mais amar Índia. Eu só conhecia, com absoluta certeza, minha mãe. Meu senso de estar apegada a ela não era ilusão. Com qualquer outra pessoa do mundo não havia garantia alguma. Eu desejava poder recordar o dia em que nascera, quando o cordão umbilical ainda estava me ligando a ela. Nadando no vasto mar amniótico, eu sabia que jamais me sentiria sozinha no lado de fora. Não se podia estar mais dentro.

Ouvi um farfalhar na sala.

"Posso levar você para casa agora, meu anjo", eu escutei Deepak dizer.

"Você pode me levar a qualquer lugar. Eu sou sua para sempre", Arni respondeu.

"Pa...ra sem...pre", Deepak cantarolou.

Eu olhei para o pequeno relógio de mesa na penumbra e notei que era quase uma da manhã. Não deixei que Índia percebesse que eu estava acordada quando ela fechou a porta da frente depois que eles saíram e veio para o quarto. Enquanto ela escovava os dentes no banheiro, eu pensei amargamente que ninguém me pertencia, nem esta noite, quanto mais para sempre.

Ao romper da manhã eu saí da cama e peguei *Lolita*. Sentei-me numa poltrona na varanda. Minha mente ficou completamente absorvida na viagem através dos Estados Unidos com um velho sujo que me entendia. Um homem que eu compreendia igualmente bem. Nós dois éramos feitos do mesmo elemento da tabela periódica, um elemento licencioso. Eu esqueci-me de Índia completamente por um período, e ao esquecê-la, encontrei folga para minhas pequenas emoções, minha mesquinha biologia.

Quando o empregado abriu o portão do jardim, eu acenei para ele e pedi-lhe que me trouxesse *chai* e torradas. Junto com a bandeja do café da manhã, ele trouxe um jornal em língua inglesa.

"Já que a *Memsahib* grande está dormindo, eu achei que talvez quisesse algo mais para ler", disse-me ele em híndi, colocando o jornal no meu colo. Ele não tinha se dirigido a mim diretamente desde que chegáramos.

Olhei vagamente para as palavras cruzadas. Havia um anúncio de meia página intitulado: "Simplesmente Diga Não", patrocinado por um comitê antidrogas. Ele trazia fotografias pequenas de adolescentes. Era preciso dirigir o alerta a gente como Índia e Deepak, não aos adolescentes.

Eu pensei em Sheela. Sabia que ela jamais usaria drogas. Eu queria estar com ela desesperadamente para dizer quanto apreciava sua pureza. Meu coração ficou pesado ao imaginar que Sheela jamais me perdoasse pelo modo como me comportara, mas eu precisava tentar. Entrei pé ante pé no quarto e peguei uma esferográfica e um bloco.

Comecei a olhar as páginas pautadas do bloco, tentando decidir o que escrever. Perdoe-me, eu sinto muito, eu suplico, eu imploro – tudo soava banal. Eu pensei em recriar cada momento daquela tarde fatídica de tal modo que ela pudesse ver a partir do meu ponto de vista. Mas então ela pensaria que eu não estava arrependida ou que estivesse querendo me livrar da responsabilidade.

Eu olhei para várias fotografias na seção colorida do jornal. Uma garota da Índia Central brilhava na página, fazendo-me lembrar de Rani. Um elefante numa floresta luxuriante fez-me desejar caminhar descalça. Um templo de pedra numa praia fez nascer em mim uma tremenda saudade do passado da Índia, seus nobres e épocas de ouro. Em negrito, no fim da página, estava escrito "Índia, minha Índia". Isso transmitia todo o afeto e sedução que se podia associar com a Índia. Eu senti isso com cada fibra de meu próprio ser.

Eu afundei de volta na cadeira e descansei a cabeça nas mãos. O bloco em que estava escrito "Querida Sheela" estava me fitando. Minha garganta estava apertada, como se uma noz tivesse se alojado no meu esôfago. Eu desejei que o nó se desfizesse. Eu não aguentava a pressão e precisava escrever algo, qualquer coisa, para me livrar disso. No fim, escrevi para Sheela sobre Kasauli, sobre Índia e minha mãe. Eu não distinguia claramente entre Índia, meu país natal, e Índia, minha amante. Eu não conseguia distinguir entre minha terra natal e minha mãe. Eu falei sobre fazer amor com o país e alcançar uma comunhão mística com a terra, seus cursos d'água e platôs.

Olhei para o anúncio do Departamento de Turismo novamente. Ele mostrava tudo o que eu sempre quisera saber sobre a Índia nas aulas de História. A figura da Deusa-mãe da antiga civilização de Harappa, a conquista da Índia pelos mongóis, o motim de 1857, o massacre do general Dyer cometido em Jallianwallah Bagh e a Partilha. Ela havia sido pilhada, violada e sangrada mil vezes, mas seu rosto ainda era belo. Lágrimas começaram a me escorrer dos olhos.

Eu imaginei Índia, a mulher, como um mistério tão grande quanto o país. Quando finalmente assinei a carta para Sheela, depois de oito páginas, eu não tinha dito nada sobre aquela tarde ou sobre minha própria monstruosidade. Eu também tinha encoberto o fato de que Índia usara drogas na noite anterior.

Li a carta várias vezes, não querendo me separar dela. Eu me vi como nunca me vira antes – como uma pessoa concreta, distinta, com um conjunto de ideias e sentimentos, os quais estavam contidos nas páginas em minhas mãos. Enviar isso para Sheela significava enviar-me a mim mesma. Minha alma não era uma entidade intangível que estava reencarnando de uma vida para outra. Minha alma estava bem ali no papel, na minha própria letra. Minha alma era essa carta.

Eu segurei a carta, deixando que as estrias de minhas impressões digitais na ponta de meus dedos assimilassem a sensação do papel.

"*Babyji*, gostaria de algo mais para comer?", o empregado me perguntou do outro lado do gramado.

"Você tem algo para isso?", eu lhe perguntei, mostrando a carta dobrada.

"Vou ver."

"Espere, você também tem um papel melhor, deste tamanho, mas branco?", eu perguntei, decidindo transcrever a carta para poder ficar com uma cópia.

"Acho que tenho algo em casa. Deixe-me dar uma olhada", disse ele.

Em poucos minutos ele estava de volta com papel e um envelope pardo. Eu me acomodei para reescrever a carta. Tomei cuidado para não fazer nenhuma alteração, mesmo quando fiquei tentada a melhorar algumas frases. Era importante que Sheela recebesse tudo como eu tinha escrito.

Quando terminei, eu fiquei impaciente para enviá-la. Perguntei ao empregado onde ficavam os correios. Eu tinha certeza de que nas montanhas o serviço era lento, especialmente se usasse uma caixa de correio.

"*Babyji*, eu posso ir postá-la agora mesmo", ele se ofereceu.

"Não, por favor, diga-me apenas onde fica", eu perguntei, não querendo perder a carta de vista até que o agente dos correios a carimbasse.

"Eu levo você até lá, se quiser", disse ele.

Eu pedi-lhe que esperasse e voltei ao quarto para calçar os sapatos. Não havia jeito de trancar todas as portas da casa sem prender Índia lá dentro. Decidi deixar a porta da varanda destrancada uma vez que Kasauli me parecia um lugar suficientemente seguro.

Os correios ficavam no topo de um morro íngreme. Eu tive dificuldade para acompanhar o empregado. Ele segurava o envelope em uma mão e teve que me dar a outra para me ajudar a subir. Se Rani tivesse casado com um homem assim, em vez de um bêbado, ela jamais teria vindo para mim.

Quando voltei para casa, Índia ainda estava dormindo. Retomei a leitura de meu livro. Eu estava nas últimas dez páginas quando percebi movimentos no quarto.

"Onde você está?", Índia perguntou pronunciando cada sílaba lentamente, como quem faz ao acordar.

"Aqui", respondi-lhe da varanda.

"Venha aqui", disse ela.

"Estou lendo". Ela deveria ter dito "por favor", pensei, irritada.

"Você não vem por que está lendo?", ela falou, incrédula.

Eu não respondi. Depois de alguns segundos ela choramingou: "Você não me ama mais".

Sua afirmação era verdadeira. Como era possível que eu pudesse ter amado tão completamente e depois, simplesmente, ter deixado de amar? Isso significava que eu jamais a amara? Talvez estivesse cometendo um erro desde o início. Era mais cômodo pensar que eu estivera errada sobre isso desde o início do que achar que meu coração pudesse ter sentido uma coisa com total certeza e depois totalmente o oposto.

"O que deu em você hoje?", ela perguntou lá do quarto, quando eu não respondi.

Um interruptor em mim acendeu de novo. Eu me levantei da poltrona, deixando cair *Lolita*, e entrei na casa. No tempo que levei para caminhar da varanda até o quarto, eu soube que precisava amá-la. Era insano e perigoso demais achar que o amor fosse algo que podia sumir tão depressa. Eu me sentei na cama a seu lado e disse, tanto para ela quanto para mim mesma: "Claro que eu te amo; isso é absurdo".

Depois de alguns minutos de silêncio, que eu temi interromper por medo de dizer algo ofensivo, eu falei: "Quero telefonar para a minha mãe". Eu sentia uma necessidade desesperada de renovar minha confiança.

"Eu ia sugerir que fizesse isso mesmo. Você não ligou para ela desde que chegamos aqui. Ela deve estar preocupada", Índia respondeu.

"O que nós vamos fazer hoje?", perguntei. Eu esperava que o dia fosse todo ele passado em Kasauli. Eu precisava de atividade física e que o mundo externo me fizesse parar de sentir pena de mim mesma.

"Vou ligar para Deepak para irmos passear de carro", disse ela.

Eu assenti e fui até o telefone na sala de estar para ligar para minha mãe.

"Oi, Anamika, como você está? Sinto tanto sua falta", disse ela.

"Eu também sinto a sua falta. Eu sinto muito sua falta", respondi, mal conseguindo sufocar um soluço.

"O que é que há? Você está bem? Tripta está bem?", ela perguntou.

"Estou bem. Falar com você me deixou emotiva demais."

"Oh, minha filha, volte logo, então", disse ela.

"Sim, talvez voltemos amanhã", disse, reavendo o controle das emoções que me atravessavam. Meu rosto e meus olhos estavam rasos de lágrimas quando desliguei.

Índia tinha colocado o penhoar e vindo até a sala de estar. Ela me ouvira ao telefone e se aproximara para me abraçar. Eu a evitei antes que tivesse tempo de me dar conta do que estava fazendo. Eu agi como se ela fosse uma intocável.

"Você está agindo estranhamente hoje. Se estiver a fim de terminar tudo é só dizer", disse ela implacavelmente. Ela parecia magoada.

"Eu não consigo acreditar que você usa drogas", falei, em tom acusatório.

"Nós só fumamos um baseado."

"Drogas fazem perder o controle sobre si mesma e arruínam você."

"Eu não vejo mal nenhum em dar umas tragadinhas de vez em quando. Isso me deixa de alto-astral", disse ela.

"É um falso sentimento de felicidade. Não é real", argui.

"Há reações químicas associadas aos estados de espírito mais naturais. Drogas só fazem variar o equilíbrio químico no corpo e alteram seu estado de espírito", foi a explicação dela.

"Eu não acho que cada experiência pode ser reduzida à química."

"Quando eu comecei a amamentar meu filho, isso me deixava com tesão. Então eu li que a oxitocina é liberada no corpo quando se está lactante e que é perfeitamente normal se sentir desse jeito."

Será que ela era tão patológica assim? Atribuir raiva e felicidade à química era uma coisa, mas a relação mãe-filho era sagrada. Será que Índia sentia tudo isso só porque uns gramas de líquido estavam esguichando em alguma parte de seu corpo?

"Fico triste que você tenha uma visão tão mecânica da vida", eu falei.

"Mecânica não, química. Há uma diferença. Por que você acha que nos sentimos atraídas uma pela outra? É química pura."

Eu dei de ombros e fui para o banheiro com minha toalha. Depois que me aprontei, eu esperei na varanda e olhei com indiferença para a paisagem que antes me enchera de deleite. Será que alguma estranha química matinal me fizer apreciar sua beleza? Eu estava triste porque tudo tinha mudado. A formação de Índia em Química, que a fizera parecer tão moderna e sexy no início, estava agora causando todos esses problemas. Faltava esplendor a um mundo como um grande laboratório.

Deepak e Arni chegaram de altíssimo astral. O empregado tinha preparado uma enorme cesta com frutas, sanduíches e água. O passeio nas montanhas me acalmou. Não havia trânsito na estrada. A beleza dos morros e o zunido do carro de Deepak embalaram-me, levando-me para outro mundo.

"Para que se vive?", eu não perguntei a ninguém em particular.

"Uma boa cerveja. Um D & R no fim do dia", Deepak gracejou.

"O que é D & R?", perguntei.

"Descanso e relaxamento", Arni respondeu.

"Em outras palavras, sexo", Deepak completou.

"Você quer dizer drogas", eu disse.

"Não. Estou querendo dizer sexo", Deepak repetiu enfaticamente.

"Você quer dizer sexo com Arni", Índia completou, rindo. Arni enrubesceu.

"Não me é permitido mais nada", Deepak disse de bom humor.

"Você teve toda a liberdade no passado. Todas aquelas viagens - Brasil, Argentina, Noruega, Itália. Devo começar a contar?", Arni perguntou.

Eu csabia quais eram as capitais desses países. Quando Arni os mencionou eu pude imaginar as localizações deles no globo, mesmo que vagamente, suas características geográficas, seus rios e mares. Mas eu não conseguia pensar nas mulheres desses países. Se Rani, Sheela e Índia eram tão diferentes, eu mal podia imaginar como as pessoas eram em outros continentes. De repente, fiquei deslumbrada com Deepak.

Nós paramos num lugar agradável para lanchar. Depois que comemos nossos sanduíches, Arni e Índia pegaram um baralho. Deepak anunciou que ia dar uma caminhada. Eu disse que iria com ele – seria minha oportunidade de fazer-lhe perguntas sobre sexo. Eu queria muito saber sobre as mulheres francesas. Será que elas eram todas como a Lulu de Sartre? Arni e Índia nem tiraram os olhos das cartas.

Deepak e eu caminhamos no mesmo ritmo, nossos pés direito e esquerdo tocando o chão ao mesmo tempo. Era como marchar na escola no Dia do Esporte. Eu gostava mais dele a cada passo que dávamos.

"Há quantos anos você trabalha?", eu lhe perguntei.

"Só há três."

"E antes disso?"

"Eu estava nos Estados Unidos estudando."

"Você gostou?", eu perguntei.

"Não foi nada fácil. Eu tive que lavar louça."

"Eu achei que lá tinham lava-louças."

"Eu quis dizer é louça dos outros. Eu trabalhei durante um ano num bufê. Eu não contei nada para os meus pais sobre isso", disse ele, me olhando.

"Você é um brâmane?", perguntei.

"Sim. Minha família é vegetariana radical. Nós não comemos sequer alho ou cebola. Tocar no prato sujo de outras pessoas está fora de cogitação. Eu tinha que tirar resto de carne dos pratos."

Eu imaginei um prato cheio de sobras, fedendo a ossos e carne. Raramente eu lavava os pratos em casa, jamais tocara pratos sujos dos outros com minhas mãos. Meus pais eram extremamente rígidos a respeito desse tipo de coisa. Se não-vegetarianos nos convidavam para jantar, nós tomávamos cuidado para que os talheres de servir carne não tocassem nos pratos vegetarianos.

"Que horrível! Você não sofreu? E como é que você bebe?", perguntei.

"Beber é diferente. No envolve animais mortos. Ver os meus amigos comerem carne nunca foi fácil, mas tocar esse troço é terrível...", ele desconversou.

"Eu não gostaria de ter que fazer isso", falei.

"Depois que você faz uma coisa assim, percebe que é capaz de fazer qualquer negócio para sobreviver. Não há por que sentir vergonha pelo que você faz. Depois de três anos lavando louça, consegui um emprego ganhando mais que a pessoa mais velha na IAS", disse ele.

Provavelmente ele estava ganhando mais do que meu pai. Ainda assim, a ideia de ter que limpar pratos poluídos pela carne era desprezível. Pior, só lavar privadas.

"Como se saiu tão bem?", perguntei.

"Assim que me graduei no mestrado de um ano em engenharia, entrei num programa de MBA, me formei, viajei durante uns meses e procurei um emprego."

"Por que você não contou para ninguém sobre o trabalho no bufê?"

"Meus pais nunca iriam entender. Eles ficariam bastante mal, como se eu tivesse sido forçado a fazer algo devido a circunstâncias ruins. Você sabe como é que é."

Eu assenti. "Você teve alguma namorada lá?"

"Sim. Ela era da Polônia. Saíra do país quando ainda era do bloco socialista. Estudava à noite na faculdade local e conseguiu se formar. Durante o dia ela trabalhava como empregada doméstica."

"É diferente dormir com uma estrangeira do que com uma indiana?", perguntei.

"Foi minha primeira experiência. Eu realmente a amava. Ela dava um duro maior que eu. Isso me fez perceber que minha vida na Índia tinha sido protegida demais."

"Mas *foi* diferente?", eu hesitei em usar a palavra "sexo".

"Ela era diferente. Eu acho que cada pessoa é diferente", Deepak disse.

"Por que não se casou com ela?"

"Eu queria voltar para a Índia. Ela não ia conseguir se adaptar aqui. Não ia dar certo."

"Quantas garotas Arni iria contar no carro?"

Ele deu risada. "Eu queria viver minha vida em total liberdade antes de me casar. Eu viajei", disse ele.

"Você esteve na França?"

"Não. Quase consegui ir, mas conheci uma mulher italiana e decidi passar umas semanas extras em Florença."

Sentamos numa pedra enorme e ficamos olhando uma torre de rádio num monte à distância. Soprava uma brisa fresca embora o sol estivesse brilhando.

"Então você acha que D & R é na verdade o que conta?"

"Não. Eu só estava brincando. Uma pessoa tem que viajar e ver o mundo para decidir o que é importante. No fim eu decidi que a liberdade é importante, mas não é tudo. Eu preciso da Índia para minha alma."

"Eu quero viajar como você", disse. Eu precisava da Índia para a minha alma também, achava eu.

"Pois deveria. Está na idade ideal. Vai absorver novas experiências como uma esponja. Seu mundo simplesmente explodiria com tantas opções. Você precisa fazer isso", ele falou pegando em meu cotovelo. Então ele pôs a mão no bolso traseiro, pegou um cartão de visitas e o deu para mim. Dizia: "Diretor Gerente".

"Telefone para mim sempre que quiser bater um papo". Eu sabia que ele realmente estava falando sério.

"Por que você usou drogas ontem à noite?", perguntei.

"Só para relaxar. Minhas últimas semanas foram duras demais", disse ele, olhando-me.

"Isso não é só uma fuga?"

"Acho que eu precisava de uma fuga. Eu não faço isso com frequência, não vejo nenhum mal numa fuga vez por outra. Isso torna a vida mais suportável. Talvez você experimente um dia", ele falou.

"Eu jamais usarei drogas."

"Anamika, o mais importante é se realizar. O que você faz paralelamente, quer seja sexo ou drogas, comer ou treinar para uma maratona, é algo alternativo". Ele colocou a mão em meu ombro enquanto falava.

"Eu quero mesmo fazer algo de minha vida", falei, virando-me para encará-lo.

"Claro. Você deve se estabelecer antes de casar", disse ele.

Eu queria lembrá-lo que sua mulher tinha decidido ficar sentada em casa fazendo nada depois de casar. Mas eu não queria ser como Arni de qualquer modo. "Por que se casou com Arni?", perguntei.

"Viajar sozinho me fez ver que eu não tinha uma única pessoa com quem compartilhar todas aquelas experiências de vida. Eu queria uma companheira no verdadeiro sentido da palavra."

"Você compartilha tudo com Arni?"

"Quase tudo. Eu sempre serei uma pessoa à parte, mas tem a ver com achar uma base comum, algum lugar para chamar de lar. Algum lugar para onde voltar quando você está cansado de lutar suas batalhas no mundo", disse ele.

Eu pensei em Rani quando ele falou em lar. Eu tinha vindo para cá com Índia sem pensar muito em Rani. Sabia que ela estaria lá quando eu voltasse. Eu não precisava dar duro para mantê-la. Eu a estava explorando exatamente como as senhoras X, Y e Z exploravam suas empregadas.

Quando voltamos, Arni e Índia já tinham terminado seu carteado e estavam conversando.

"Eu sinto falta de Jeet. Ele está com o pai, mas assim que voltarmos ele virá passar dez dias comigo. Dez dias seguidos", Índia estava dizendo.

"Ah, titia!", Arni exclamou, esticando o braço para pegar na mão de Índia.

Quando Índia nos viu chegar mais perto, ela disse: "Ah! Eles voltaram, vamos".

Guardamos as coisas na cesta e caminhamos até o carro de Deepak. Eu peguei a chave de sua mão e abri o bagageiro para colocar a cesta nele. Depois que ele fechou o porta-malas, pôs a mão na minha cabeça e disse: "Eu gosto de você". Havia algo de paternal em seu gesto. Adit e Índia, que tinham quase três vezes a minha idade, estavam cheios de luxúria por mim, mas esse cara, que mal era homem, não estava.

"O passeio de vocês foi bom?", Índia perguntou-nos no carro.

"Sim. Eu quero viajar como Deepak."

"Não a leve para longe de nós", Índia disse a Deepak.

Quando chegamos, o empregado abriu o portão e correu até o carro. Pegou a cesta de piquenique dentro do porta-malas. Índia e eu saímos do carro.

"Vamos partir amanhã ao meio-dia", Índia disse-lhes.

"Adeus, titia." Arni acenou de dentro do carro.

Quando estávamos de volta ao nosso quarto e já tínhamos tirado os sapatos para relaxar, eu disse: "Eu sinto muito sobre hoje de manhã".

"Você me perdoou por eu ter curtido um baseado?", disse ela um tanto sarcasticamente.

Eu não queria brigar novamente. Falar com Deepak me fizera sentir como se o mundo fosse enorme. Minhas provações e adversidades do momento pareciam menores. De fato, eu tinha certeza de que no fim de minha vida mesmo os meus casos amorosos atuais pareceriam menores. Um chuvisco no meio de setenta estações de monções. Um momento. Eu tinha certeza de que anos se passariam até que eu encontrasse alguém para ser meu parceiro no mundo.

"Acho que é da sua conta querer escapar vez por outra, só isso", eu disse amistosamente.

"Acho que devemos ir até o terraço depois do banho e olhar a vista", disse ela.

Índia decidiu tomar banho primeiro. Quando eu já tinha me trocado e estava pronta, ela havia saído do quarto. Eu subi a escada e fiquei no topo da plataforma. Índia estava de costas viradas para mim. Seu rosto estava ligeiramente levantado. Ela estava fumando um cigarro e mirando os montes. Ela tinha um *dhoti*[49] masculino amarrado ao redor da cintura e estava usando uma *kurta*[50] branca drapeada. Seu cabelo estava preso num coque frouxo. Pensei em pinturas e grandes clássicos enquanto a olhava. Eu soube, então, que sempre estaria presa a ela porque, como a outra Índia, a Índia maior, ela tinha uma centena de estados de espírito diferentes. Ela conseguia me surpreender quando eu menos esperava e ser muitas coisas ao mesmo tempo. Eu podia imaginar músicos clássicos famosos de outros tempos compondo *ragas*[51] para ela e reis implorando que ela fosse sua rainha.

---

49 *Dhoti* é um pedaço de pano retangular, geralmente de dois metros de comprimento, amarrado na cintura e das pernas. (N.T.)

50 *Kurta*, geralmente usada com o *dhoti*, é uma camisa larga e solta, longa até os joelhos. (N.T.)

51 *Ragas* são os modos da música clássica indiana. Um *raga* pode ser visto como um conjunto de normas de como construir uma melodia. (N.T.)

Ali, em pé, no terraço, com sua pose, ela podia transformar-se em toda a história da arte e inspiração, uma nação, uma terra.

"Você não saiu, *Babyji*?", o empregado perguntou conforme subia a escada com o chá.

Eu saí da área de sombra da plataforma e caminhei até Índia. Ela me cumprimentou sem se virar.

"O que você estava olhando?", ela perguntou.

"Suas roupas são tão brancas, que fazem seus braços e rosto parecerem mais escuros", respondi.

"Você acha a pele clara linda como todo mundo?", ela perguntou.

"Não. Eu acho que você é tão bela como nosso próprio país."

Nós nos sentamos no terraço, olhando o céu. Eu pensei na conversa com Deepak. Imaginei como ele teria conseguido assentar com Arni, depois de ter tido experiências com outras mulheres de várias partes do mundo. Será que Arni era o máximo? Para mim era tão importante me estabelecer com a melhor pessoa, como dar o melhor de mim.

"Você está muito calada", Índia disse.

Será que eu estava com Índia porque ela era a melhor pessoa? Eu tinha tido ideias tão ruins a respeito dela, mas agora me percebia diferente. Isso me fazia sentir como se eu a tivesse traído. Meu amor não podia existir no mundo das falhas, pulgas, inebriação, problemas de encanamento e químicos cerebrais fluindo porque a pessoa comia chocolate.

"O amor só pode existir na perfeição e esta é impossível", disse.

"Lá vem você de novo. Você é tão abstrata. O que isso significa?"

"Você me ama do mesmo jeito e de modo igualmente intenso o tempo todo?", eu me senti presunçosa dizendo-lhe que ela me amava, mas não consegui pensar em nenhuma outra formulação mais delicada.

"Não. Às vezes você fica distante, e eu amo você menos. Mas eu realmente tento vê-la como você é a aceito como é. Eu não gostaria que você forçasse a barra quando está comigo." Sua voz tinha se tornado cada vez mais calma. Era como se ela estivesse se ouvindo articular o próprio pensamento. Eu fiquei extasiada. Senti que ela tinha uma sabedoria secreta que me escapava. Ela era como a Índia, um país misterioso de milhares de anos. Livros podiam ser escritos sobre ela, mas sob todo o texto e sob as camadas de tinta, no fundo de seu ser, havia algo que ninguém ainda havia compreendido. Era por isso que os mongóis e os ingleses, os portugueses, os holandeses, os franceses, Coca e Pepsi, a Star TV, todo mundo que veio e conquistou, acampou. Não eram as especiarias ou o diamante Koh-i-Noor ou a mão-de-obra barata apenas, mas uma qualidade sedutora e inalcançável que se podia vislumbrar, mas nunca compreender.

Quando ela falava sobre o amor, não parecia traição. Para mim, o amor tinha que ser total ou não poderia existir. As aflições do amor binário – talvez a professora Pillai tivesse solução para elas.

"E o seu amor, muda?", ela perguntou.

"É absoluto", disse. Era verdade, porque quando ele era menos do que absoluto, ele virava vapor e deixava de existir totalmente.

Quando terminamos nosso chá, descemos para ver o noticiário. As escolas em Délhi continuavam fechadas. O norte da Índia queimava feito uma grande pira funerária. O cheiro de querosene e da carne de jovens da casta superior invadia as vilas onde a política de cotas não fazia diferença, pois nelas não havia escolas, faculdades nem água potável. Eu queria ter o mesmo tipo de posicionamento heroico. Eu queria arder também. Eu queria me sacrificar pela coisa certa, pela justiça, pelos meus puros genes brâmanes e pela Índia. Pouco importava a causa. Dar o sangue, sacrificar a vida, isso importava. O solo sagrado se banhava no sangue de uma centena de raças. O rico solo absorvia a seiva de seus filhos. Os montes, vales e rios eram como os seios de uma mãe.

Nós jantamos rapidamente e nos retiramos para o quarto. Depois que o empregado tinha limpado tudo e apagado todas as luzes, nós o ouvimos sair pela porta dos fundos. A casa era toda nossa. A brancura translúcida da roupa de algodão de Índia e o cheiro do sabonete de sândalo em sua pele me invadiram. O *dhoti* se abria mais rápido que um sári. Levou-me ao universo de sensações e à vida espontânea, eliminando minhas dúvidas, pelo menos no momento.

XXI
Aves-do-paraíso

Quando retornamos das montanhas, as vielas industriais ao redor de Délhi pareciam mais decrépitas que antes. A casa de Índia era a caminho da minha, então Deepak deixou-a primeiro. Quando ele parou diante de minha casa, eu convidei-o e a Arni para entrarem para um *chai*. Arni disse que estava cansada, mas então minha mãe saiu e insistiu que entrassem para um chá e *balwa* que Rani tinha feito.

"Obrigada por terem levado Anamika para Kasauli", ela disse formalmente.

"Titia, foi um enorme prazer conversar com ela", Deepak garantiu.

"Sim, titia. Ela é tão amadurecida", Arni falou.

Estavam terminando o chá, quando meu pai chegou do escritório. Ele apertou a mão de Deepak calorosamente. Minha mãe encetou uma conversa animada com Arni sobre se ela devia ter filhos logo ou esperar. Elas falavam em tom baixo. Deepak e meu pai comentavam sobre algum burocrata que conheciam. Deepak deu um de seus cartões a meu pai, o tal que dizia: "Diretor Gerente".

"*Babyji*, você parece tão feliz", Rani disse assim que eles saíram e eu entrei no quarto. Eu não tinha certeza se estava feliz por estar de volta ou por ter viajado. A intimidade com Índia fizera com que me sentisse mais velha. A conversa com Deepak me dera uma ideia concreta de tudo o que eu queria no futuro: Florença, Rio e o salário de um burocrata sênior antes de chegar aos trinta.

A viagem de volta me deixara exausta. Eu adormeci sem comer. Quando acordei na manhã seguinte era tarde. Meus pais já tinham saído para trabalhar. Passei o dia organizando-me nos estudos.

No jantar minha mãe me disse que Vidur e Sheela tinham me telefonado durante a minha ausência. Eu decidi ligar de volta no dia seguinte quando meus pais estivessem fora para poder falar com eles à vontade.

"Rani já sabe o alfabeto até a letra Q agora", minha mãe falou com orgulho.

"Você me mostra depois?", eu pedi a Rani. Ela assentiu.

Meu pai, que não fizera nenhum comentário sobre o fato de estarmos ensinando Rani, olhou para ela diretamente e disse-lhe que ela devia continuar assim. Ela sorriu para ele, cabisbaixa.

"Eu acho que devo ligar para minha professora de Matemática. Ela disse que me daria aulas de graça", contei a meus pais. Depois do jantar eu liguei, nervosa, para a professora Pillai.

"Senhora professora, é a Anamika. Estou ligando sobre as aulas particulares", disse.

"Claro, criança."

"Quando poderia ser?"

"Ninguém me ligou até agora, então eu posso ir até sua casa."

"Isso seria maravilhoso, senhora professora."

"Posso ir amanhã às onze." Eu agradeci e desliguei.

Foi a primeira vez que falei com um professor ao telefone. Eu disse a meus pais e a Rani que a professora ia vir em casa. Rani perguntou-me se ela deveria fazer almoço para nós.

"Só um chá. Mas depois disso, eu acho que seria melhor se ficássemos sozinhas. Senão ela vai achar difícil dar aula", disse.

"Sim, Rani, por que você não vai até a companhia de eletricidade para pegar a conta?", minha mãe sugeriu. Rani fazia todo tipo de coisas por nós. Eu sabia que agora até mesmo meu pai não ia querer mais que ela fosse embora porque ela fazia por nós essas tarefas que podiam consumir muito tempo.

Eu permaneci na sala com meus pais mais tempo do que de costume, ansiosa por ficar próxima deles. Era difícil acreditar que tinha estado fora só uns poucos dias. Queria contar-lhes sobre as drogas, mas me contive. Falei sobre Arni e Deepak e contei que ele tinha um MBA nos Estados Unidos. Meus pais disseram que iriam convidar o jovem casal para jantar em breve.

Quando finalmente fui para a cama, estava exausta. Assim que Rani se juntou a mim, nós apagamos a luz e trancamos a porta. Eu deitei-me em seus braços. Ela me parecia familiar, como minha casa e o abraço de minha mãe. Eu pensara que seria estranho estar com ela após ter passado várias noites com Índia. Seus corpos eram diferentes, exceto pelo profundo arco no final das costas. Rani tinha penugem pelo corpo todo, inclusive nas pernas e sob os braços. Índia depilava-se com cera. Eu dormi de costas para Rani, seu abdômen e seus seios encostados em minhas costas. Ela rodeou meu peito com o braço e me deu a mão. Assim dormi o sono dos justos.

Uma cacofonia de amantes reais e imaginárias encheu minha mente. Elas estavam gritando, acusando-me de traição, infidelidade e deslealdade, Índia e Sheela, Rani e Adit, Vidur, Chakra Dev, minha mãe, a professora Pillai e Deepak, todos eles, deploravelmente reivindicavam mágoa e mostravam-me o dano causado por mim. O amor em meu sonho não era algo das sombras, mas uma luz única que cegava. Todos se banhavam nela juntos, sem distinção, todos precariamente na beira de um abismo se equilibrando. Os compartimentos em meu cérebro estavam apagados; a compaixão e o afeto maternal desfilavam nus com o desejo, a luxúria lado a lado com a admiração.

Eu acordei várias vezes durante a noite, engasgada a ponto de sufocar. Cada vez que acordava e via que estava na minha cama, só com Rani a meu lado, vinha um momento de trégua. Quando adormecia novamente, via membros amputados, corações fora dos corpos, coxas abertas como bife, joelhos fora de suas cápsulas, e olhos, olhos fora sem corpo, sangrando, observando-me de todos os lados.

Quando acordei de manhã, eu me senti culpada ao ver Rani. Quando minha mãe me trouxe chá, eu senti que a tinha traído. O remorso que a vida real deixara de induzir estava agora se derramando sobre mim como chuva torrencial trazida pelo vento sudoeste de meus sonhos. Enquanto tomava banho, eu amaldiçoei todos eles pelos papéis que tinham desempenhado em meu pesadelo. A beleza estava permanentemente maculada pela amargura, e fora minha própria química noturna que arquitetara o engodo.

Normalmente eu teria ficado empolgada pelo fato de a professora Pillai me ver sem uniforme, e até fiz um esforço para me vestir, mas eu já não estava nem aí, então escolhi a blusa vermelha listrada com a qual tinha cometido minha violência contra Sheela. Penteei o cabelo e molhei-o para que a risca lateral ficasse firme. Achei uma loção pós-barba Old Spice no banheiro de meus pais e passei-a no rosto do mesmo jeito que o surfista do comercial de tevê fazia. Por fim arrumei meus livros na sala de estar para a aula.

A professora Pillai chegou trajada com um *salwar kameez* rosa-pálido, seu *chunni*[52] dando várias voltas ao redor do pescoço. Ela estava carregando seu capacete quando abri a porta para ela. O capacete era um dos mais modernos, com um desenho vermelho e viseira escura. Eu queria vê-la usando-o.

"Bom dia, senhora professora", falei, fazendo uma mesura.

Eu pedi a Rani que trouxesse *nimbu pani*. Rani espremera uma centena de limões e fizera várias garrafas de xarope de açúcar semanas antes, portanto, bastava ela misturar o suco de limão com o xarope e um pouco mais de água. Depois de nos servir, ela saiu para a companhia de eletricidade, e nós começamos a estudar. Eu nunca havia tido aulas particulares de um professor. Podíamos avançar rapidamente e se eu queria saber algo mais do que estava no programa, a professora Pillai respondia. Na sala de aula, quando alguém fazia uma pergunta fora da programação, os professores diziam que já havia material demais para cobrir para nosso exame do vestibular e que não havia tempo suficiente para nos desviarmos.

O telefone tocou em um certo momento. Eu me levantei e peguei o receptor.

---

52 *Chunni* é uma echarpe bastante longa. (N.T.)

"Anamika, recebi sua carta hoje de manhã", Sheela disse. Perdi o fôlego ao escutar sua voz.

"Oi. Você está aí?", ela perguntou.

"Sinto muito", eu sussurrei.

"Quando posso ver você?"

"Daqui a uma hora", respondi.

Eu queria que a aula terminasse logo para poder montar na bicicleta e ir até a casa de Sheela. Eu não achava que ela algum dia pudesse me perdoar. Quando acabara de escrever a carta em Kasauli, eu esperava apenas que ela diminuísse o peso de minha consciência e me permitisse sentar na mesma sala de aula com Sheela novamente. Mas eu tinha deixado de abordar a questão do episódio entre nós. Minha honestidade na carta sobre minha vida tinha sido uma forma de covardia.

Eu voltei para a mesa, cônscia de que a professora Pillai tinha ouvido nossa conversa e temia que pudesse adivinhar tudo pelo tom de minha voz.

"Criança, você está escarlate", a professora Pillai disse quando eu me sentei.

Que algo pessoal tivesse aparecido no curto espaço de tempo em que a professora Pillai estava comigo me deixava encabulada. Eu olhei furiosamente para o registro e evitei mirá-la diretamente nos olhos. Retornamos ao nosso capítulo sobre cálculo diferencial, mas estava difícil me concentrar.

O telefone tocou de novo. Dessa feita era Adit.

"Oi", disse ele.

"Oi", respondi concisamente.

"Quando você voltou?", perguntou ele.

"Há dois dias."

"Com quem você foi?", perguntou.

"Índia."

"A Índia misteriosa novamente! Por que você não me ligou antes?", ele exigiu.

No meu sonho, o papel de Adit tinha sido particularmente medonho. Ele levantara seu membro castrado para chamar a atenção de Sheela. Quem ele achava que era?

"Problema meu", falei.

"Ligue-me quando estiver de melhor humor", disse ele, desligando.

"Muitas chamadas telefônicas monossilábicas aqui", disse a professora Pillai. Sua voz tinha algo cortante. Eu temia que ela não quisesse mais voltar para me dar aula. A hora estava quase no fim. A professora pegou sua bolsa para sair. Eu acompanhei-a.

"Entre, criança, está quente demais", disse ela.

"Eu quero vê-la de capacete". Eu falei em um tom de voz sem deferência alguma. Eu já estava malvista por ela por causa dos telefonemas de qualquer maneira.

Ela riu e disse: "Meus filhos dizem que eu pareço um astronauta maluco".

As últimas palavras saíram abafadas porque ela tinha posto o capacete enquanto falava. A professora Pillai colocou então o *chunni* ao redor do pescoço e tirou a lambreta do descanso. Tentou fazê-la pegar no pedal, mas não conseguiu. Através das tiras brancas delicadas de suas sandálias eu podia ver seus pezinhos se tensionarem quando ela pisou no pedal de partida uma segunda vez. Dessa vez o motor rugiu. A professora Pillai subiu no assento e acenou ao partir, a lambreta deixando um rastro de poeira atrás de si. Eu entrei em casa e bati a porta atrás de mim. Juntei meus livros na mesa da sala de jantar e joguei-os na cama. Pequei a chave de minha bicicleta e esperei impacientemente pela volta de Rani para que eu pudesse sair.

"Mas, *Babyji*, está calor demais para andar de bicicleta", disse ela quando voltou.

"Eu tenho um trabalho a fazer."

"Por favor vá pela sombra ou você acaba pegando o *loo*[53]", disse ela.

"Você sempre se preocupa demais comigo", disse.

Eu pedalei até a casa de Sheela. Estava tão quente que minhas palmas ficavam escorregando do guidão da bicicleta. O empregado de Sheela abriu a porta e me disse que eu podia subir até o quarto dela, onde ela me esperava.

---

53 *Loo* é um vento quente, seco e forte que sopra no noroeste e norte da Índia no verão. (N.T.)

Sheela agiu como se tudo entre nós duas estivesse normal. Ela me beijou no rosto e me abraçou. Ela perguntou sobre Kasauli e as cores do céu que eu tinha descrito na carta.

O empregado trouxe *nimbu pani* em alguns minutos após minha chegada. Depois que ele deixou os dois copos na mesa, eu quis fechar a porta e falar com privacidade com ela. Mas temia que ela achasse que o motivo de eu querer fechar a porta fosse outro.

"Sheela, eu preciso falar com você."

"Shh", disse ela, colocando seu dedo sobre meus lábios. Então ela sussurrou: "Vamos ficar em silêncio alguns minutos". Ela me levou até sua cama. Nós ficamos olhando o teto e o padrão de luz e sombra que as persianas de sua janela projetavam. Eu me dei conta do som que soava baixinho no quarto. Era música instrumental e eu não consegui identificá-la. Ficamos em silêncio, imóveis, nossos corpos próximos, mas não se tocando.

De início eu achei difícil relaxar e ficar ali só olhando o padrão de luzes. Mas depois eu fechei os olhos e subi até o mundo da Lua. A professora Pillai estava usando o seu capacete de astronauta e fazendo a caminhada sobre a Lua do vídeo de Michael Jackson. Na árida paisagem lunar, Rani tinha encontrado um cantinho de pedras onde ela fora capaz de acender uma fogueira e fazer *rotis* no *chullah*.[54] Sheela e eu estávamos deitadas de costas olhando a Terra azul conforme ela girava ao redor da Lua. Demos as mãos e erguemos os braços no ar. Vimos que eles caíam em velocidades diferentes do que fariam na Terra. Sheela ficou fascinada com isso. Eu expliquei como a força gravitacional da Lua era diferente daquela da Terra. Índia estava sentada de costas para mim, fingindo não escutar o que eu estava dizendo para Sheela. Ela fumava um cigarro. A fumaça subia e permanecia visível porque o ar é rarefeito na Lua. Eu tinha certeza de que mesmo as pessoas na Terra conseguiam ver o rastro da fumaça do cigarro dela. De vez em quando ela virava um pouco a cabeça enquanto tragava e a jogava para trás quando soltava a fumaça. Não havia homens na Lua.

---

54 *Chullah* é um forno a lenha (ou querosene) feito de tijolos. (N.T.)

Eu senti movimento e uma umidade súbita. Isso me acordou com um solavanco. Sheela estava me olhando. Havia baba no travesseiro ao lado de minha cabeça.

Eu dormira com a boca aberta e minha saliva caíra livremente. Eu tinha que aceitar isso do mesmo modo que um elemento químico como o ácido sulfúrico, se fosse um ser vivo, teria de aceitar que fedia. Eu me lembrei da carta que escrevera.

"No que você está pensando?", Sheela perguntou.

"Há um caderno como este", disse, pegando o caderno na escrivaninha e abrindo-o. A página tinha pontos sobre as propriedades das montanhas rugosas do ditado da professora Thaityallam. Eu apontei para o lado esquerdo onde Sheela escrevera "Montanhas Rugosas" e disse "Anamika Sharma". Onde estavam as características das montanhas, eu apontei para o primeiro ponto: "Dorme com a boca aberta". Depois para o segundo ponto: "Baba". E no terceiro: "Estupra".

A testa de Sheela se enrugou. Ela limpou o lado de minha boca.

"Não fale de você assim", disse ela. Depois se levantou da cama e foi até a porta, trancando-a. Quando voltou, sentou perto de minha cabeça e colocou-a em seu colo. Eu podia ver seu nariz e bochechas, seus longos cílios castanhos, seu palato quando ela abriu a boca para falar.

"Eu reli sua carta várias vezes. É linda, Anamika."

Ela afagou minha testa com a mão. Eu não senti que ela fosse mais jovem que Índia ou minha mãe ou Rani. Eu fechei os olhos para escutá-la com toda a concentração e gozar a sensação de suas mãos em minha testa. Elas refrescavam minha cabeça e forneciam alívio para o calor.

"Não acha que eu molestei você naquele dia?", perguntei ansiosamente.

"Eu acho que exagerei, Anamika. Depois que você saiu, desejei que tivesse ficado mais tempo e que tivéssemos continuado", disse ela meio sem fôlego. Ela parecia nervosa.

"Então você me perdoou?"

"Sim. Mas temos que ir bem devagar."

O telefone tocou. Eu achei que ela atenderia, mas ela simplesmente deixou que tocasse.

"Você não vai atender?"

"Não. Ele toca o tempo todo. Eu tenho recebido ligações em que ninguém fala nada."

"Com que frequência?"

"Às vezes vinte vezes por dia, às vezes cinquenta", disse ela. Eu me levantei de seu colo com um solavanco.

"Acha que é o Chakra Dev?", perguntei.

"Talvez. Ele me ligou uma vez", ela disse, passando a mão na minha cabeça como se quisesse me acalmar.

"Quando?"

"No dia em que você veio aqui e nós brigamos", disse ela. Será que ela realmente achava que tinha sido uma briga?

"O que ele disse?"

"Ele queria que eu fosse até lá para conhecer a mãe dele", disse ela.

"O quê?", fiquei incrédula. De todas as coisas do mundo que eu podia esperar que o Chakra Dev fosse oferecer a Sheela, um convite para ir à casa dele não estava incluído.

"Ele disse que a mãe dele queria me conhecer porque ele fala muito em mim."

"E o que você respondeu?"

"Que não acreditava nele e que ele era um porco."

"E daí?"

"Ele disse que eu poderia falar com ela e passou-lhe o telefone."

"Você falou com ela?" perguntei.

"Não tive escolha."

"E aí, o que aconteceu?", perguntei impacientemente.

"Ela disse que o filho podia ser uma grande *badmash*[55] às vezes, mas que tinha bom coração. E que eu deveria dar-lhe uma chance."

"Você está querendo dizer que ela sabia que ele gosta de você?"

"Ela parecia simples e não muito instruída, na verdade. Ele tinha contado para ela sobre mim, e ela tinha lhe pedido que fosse decente e me convidasse para ir à sua casa em vez de me assediar no intervalo na escola."

55 *Badmash* significa travesso em híndi. (N.T.)

"E daí?"

"Ela pediu que não recusasse, uma vez que ele tinha pedido com delicadeza", Sheela disse.

"Que estratégia! Funcionou?"

"Eu disse-lhe que não podia, que meus pais não permitem que eu vá à casa de garotos."

"Senão você teria ido?", perguntei, desconfiada.

"Não. Você sabe que eu o odeio. Embora sua mãe tenha dito que o fato de ele ter se apaixonado por mim tenha diminuído sua raiva."

"Ele tem raiva de quê?"

"Ela falou alguma coisa do pai dele, mas eu estava tentando me livrar da ligação."

Então ele era igualzinho aos outros! Ele estava gamado na Sheela. Saber que Chakra Dev tinha um lado humano fez-me querer entrar com ele num barril do material mais vil que existia, o ingrediente que eu descobrira recentemente constituir o lado escuro da alma humana – o meu, o dele, o de Índia, o de todo mundo.

"E Chakra Dev ligou de novo para você depois disso?", perguntei.

"Não. Mas eu comecei a receber esses trotes". Nessa mesma hora o telefone tocou. Dessa vez eu corri para pegá-lo.

"Alô."

"Não havia som vindo do outro lado. Depois de alguns "alôs", eu desliguei.

"Que mais aconteceu enquanto estive fora?", perguntei, ainda digerindo tudo o que ela havia me dito.

"Vidur veio aqui várias vezes."

"Ele sabe sobre o Chakra Dev?"

"Claro. Eu contei para ele. Ele disse que ia chamar uns garotos que ele conhecia para dar uma surra nele."

"Ele fez isso?", eu perguntei, um pouco alarmada.

"Não. Eu disse-lhe que não falaria mais com ele, caso ele fizesse isso."

"Ele gosta de você?", perguntei, sabendo muito bem que sim.

"Só como amigo. Ele é o meu melhor amigo", disse ela confiantemente. Eu me senti estranha. Como é que ele podia ser o melhor amigo de Sheela, se era o meu melhor amigo?

"Ele disse isso para você?"

"Não. Ele não falou nada. Eu que disse que ele é o meu melhor amigo. Eu posso falar com ele sobre qualquer coisa. Até sobre você", disse ela.

"Sobre mim? O que você lhe contou?", perguntei.

"Não sobre aquilo", disse ela, seus olhos fixos no chão.

"Então sobre o quê?"

"Ele sabe que eu te amo."

"De que maneira?", eu perguntei. Ela não tinha me dito isso antes - que me amava.

"Só que eu sou louca por você e acho você o máximo", ela falou com timidez.

"Por que você me ama?", perguntei. Eu não consegui evitar o pensamento que Vidur a merecia não menos do que eu.

"Porque você é boa. Porque sempre foi boa", disse ela.

"Mas eu não sou. E se você descobrir que eu não sou?". Eu não queria que o amor de Sheela por mim enfraquecesse e diluísse como tinha ocorrido com o meu por Índia.

"É impossível", disse ela, trazendo seu rosto para perto do meu e pondo fim à nossa conversa.

Na volta para casa fiquei lembrando que ela tinha me contado sobre o Chakra Dev. Eu pensei em ligar para a mãe dele e contar sobre a bomba. Também pensei em Vidur. Era estranho imaginar que ele tinha ido até a casa dela e entrado em seu quarto. Onde será que eles se sentaram durante a visita? Eu senti necessidade de saber cada detalhe dessas visitas, mesmo que não fosse da minha conta. Eu estava feliz por Rani e por Índia, que não estivessem ligadas à minha vida escolar.

Rani fez chá para mim quando cheguei em casa. Enquanto fiquei ali sentada sorvendo o chá, eu contei a ela que tivera pesadelos com sangue. Eu disse que em meu sonho todo mundo que eu amava estava sofrendo, embora não fosse realmente verdade. Eles talvez tenham sofrido, mas na verdade eu que realmente sofrera, e eles me causaram sofrimento ao exibirem seus monstros mais íntimos para mim. O sonho me enchera de presságios de que a minha própria vivissecção era iminente.

Depois do chá eu liguei para Índia e contei-lhe sobre meu pesadelo.

"Parece algo tirado de Hieronymous Bosch", disse ela.

"Quem?"

"Eu te mostro da próxima vez. Eu tenho um livro de arte de que irá gostar."

Nenhuma de nós mencionou quando seria essa próxima vez. Nós tínhamos acabado de voltar e eu sabia que ela queria passar um tempo com o Jeet. Eu também queria pensar sobre a montanha-russa dos meus sentimentos por ela.

Liguei para Adit e pedi desculpas por minha rudeza ao telefone no início do dia.

"Como estava Kasauli?", perguntou ele.

"Limpo e puro."

"Eu fui lá para a lua-de-mel. Ainda é uma cidade pacata ou está cheia de turistas?"

"Pacata" O meu coração que estava lotado de turistas, pensei eu.

"Deixe-me ir até aí ver você", pediu ele.

"Não. A Rani está aqui."

"Vamos planejar algo juntos, todos nós."

"Quem é 'todos nós'?"

"Vidur, Sheela, você e eu", disse ele.

"Você já a conheceu?", perguntei.

"Eu fui até a casa dela várias vezes para pegar o Vidur. Ele perdeu a cabeça por ela."

"O que acha dela?". Eu queria que Adit fosse só meu amigo.

"Ela é uma garota doce. Não a mais esperta, mas bonitinha. Boa de cama", ele falou, rindo.

"Olha a língua", eu disse mordazmente.

"Onde está o seu senso de humor?"

"Você não tem vergonha de pensar isso a respeito de alguém de quem seu filho gosta?", perguntei.

"Estou brincando. Eu não posso fazer piada com ele sobre isso, então achei que podia fazer com você."

Eu não respondi. A ideia de Adit olhar para os lábios róseos de Sheela, cheirar seu cabelo ou tocar seus seios, me fez querer vomitar. Eu não aguentava a ideia de alguém a menos de meio metro do corpo dela.

"Não me fale dela desse modo de novo", disse.

"Por que está tão melindrosa?", ele perguntou.

"Tenho que desligar, Adit", e desliguei.

As palavras de Adit me deixaram exasperada. Eu fiquei de mau humor pelo resto do dia. Pensei no sonho da noite anterior.

Eu compreendia Chakra Dev e por que ele batia punheta sete vezes por dia. Por que ele tinha mandado explodir a bomba perto dos bebedouros, por que eu tirara meu dedo ensanguentado de dentro da Sheela, sentindo não horror, mas orgulho, por que os hindus e os muçulmanos tinham se matado com tanta sede de sangue na hora da Partilha e deixado sacos cheios de pênis a serem descobertos mais tarde: circuncidados ou não. O mundo binário com seu simples sistema de classificação tinha facilmente dividido cada genital masculino em hindu e muçulmano. O mundo, em amor e ódio. A Índia, em casta alta e casta baixa.

No mundo do zero e do um, a autoimolação era um ato simples. O fogo, purificador. A violência, uma reação sem refinamento para o complexo maquinário dentro da cabeça que manufaturou milhares de tipos de venenos sórdidos – cada um corrompendo e caluniando, deslocando, blasfemando, decapitando e corroendo o universo dos sentimentos que surgiam no peito humano.

Por outro lado, eu tinha visto a extensão de meus próprios desejos, em mutação, indo do nojo à saudade, o amor virando depravação, o calor da pele de Rani acendendo a paixão numa noite, vulnerabilidade na outra e criando feiura, na terceira. Eu também queria abraçar a simplicidade dos binários, um sol enorme e outro pequeno, circulando um ao outro, satisfeitos em sua suficiência combinada. Um gesto grandioso e profundamente destrutivo fazia mais sentido do que pequenos episódios de dor. Eu decidi telefonar para Chakra Dev.

Eu remexi nos papéis em minha escrivaninha até encontrar a listagem dos telefones dos colegas de classe. Eu queria convencer Chakra Dev a pedir desculpas antes que as escolas abrissem. Eu achei que devia abordá-lo diferentemente dessa vez.

O telefone tocou uma dúzia de vezes antes que uma mulher atendesse. Eu fiquei paralisada na hora e coloquei o telefone no gancho. Depois de alguns segundos, disquei de novo. Dessa vez foi Chakra Dev quem atendeu.

"É Anamika, a Chefe dos Representantes de Classe", disse.

"O que você quer?". Ele não estava esperando minha chamada.

"Escuta, eu quero falar com você."

"Você está ligando sobre a bomba de novo?"

"Não", falei, decidindo que ele simplesmente desligaria se eu dissesse que sim.

"Então?", perguntou ele. Eu tentei pensar no que dizer. Não havia como lhe dizer o que Sheela me contara sobre o convite dele, embora eu desejasse que ele soubesse que caso convidasse a mim, eu aceitaria.

"Eu visitei uma de nossas colegas. Você está telefonando para ela sem falar nada?", eu perguntei.

"Não é de sua conta."

"Você não devia incomodar as pessoas", disse. Meu coração afundou. Foi a pior coisa que eu poderia ter dito. Ele ia achar que eu estava ligando para lhe dar uma lição de moral.

"Eu decido o que devo ou não fazer", ele rosnou.

"O que decidiu que deve fazer?", perguntei, mudando de estratégia com ele, minha voz tão macia quanto possível.

"Por quê, você vai me ajudar?", ele perguntou zombeteiramente.

"Eu tentarei", respondi, imaginando se ele iria dizer algo sujo sobre Sheela. Como é que eu me sairia com uma resposta indiferente?

"Peça a Sheela que fale comigo". Ele suspirou como se dizer isso tivesse exigido um esforço tremendo. Parecia que pensar em Sheela o deixava fraco. Hora de atacar, pensei para comigo, lembrando-me do conselho de Deepak em Kasauli.

"E o que eu ganho com isso?", perguntei calmamente.

"Uh! O que você quer?", ele foi pego de surpresa.

Eu sei que deveria pedir-lhe uma desculpa por escrito dirigida ao diretor da escola, mas o que saiu me surpreendeu.

"Uma conversa com você", eu cuspi.

"Ah, ah! Você está gamada em mim", disse ele, rindo. Não era lá muito inteligente se abrir com um idiota.

"Não", falei de modo cortante, reunindo toda a autoridade de meu cargo.

"Então?", disse ele. Ele ainda estava escutando, aberto.

"Eu quero melhorar você". Minha estratégia foi por água abaixo.

"Cadela", disse ele e desligou.

Eu suspirei e voltei para o meu quarto. As últimas palavras de Chakra Dev ainda percorriam minha corrente sanguínea. Apesar da rejeição, eu não pude deixar de pensar que, em algum lugar no fundo de sua alma, nós não éramos diferentes.

Assim que acordei na manhã seguinte, eu telefonei para Sheela e combinei de ir à casa dela. Vidur deixara outra mensagem para mim na tarde anterior. Eu não tinha nenhuma intenção de falar com ele – enquanto pudesse evitá-lo – e deixei instruções com minha mãe e Rani para dizer que eu não estava ou que estava doente. As duas me perguntaram por que e eu disse que tínhamos brigado. Ninguém perguntou mais nada.

Eu não discuti sobre Chakra Dev ou Vidur com Sheela. Eu sabia que só poderia mantê-la se a visse constantemente, captando o máximo de sua imaginação, antes que Vidur ou Chakra Dev ou mesmo Adit conseguissem. As escolas continuaram fechadas na semana seguinte e eu a via quase todos os dias. Nós nos deitávamos na cama e ficávamos assim horas a fio. Quando ela se mexia, eu ficava intensamente consciente da voluptuosidade de seu corpo e esperava pacientemente ela fazer contato comigo, uma espera longa, aparentemente interminável, que despertava os sentidos. Se ela roçava meu antebraço, eu via isso como um sinal de que me era permitido fazer o mesmo. Eu tomei cuidado para não ir rápido demais. Às vezes desenhávamos círculos na pele uma da outra. Se o telefone tocava, ela o ignorava, mas ouvir seu som rasgar o silêncio do quarto fazia me lembrar de Chakra Dev, e meu coração e minha cabeça pesavam ao pensar que ele estava sofrendo. Sheela desconectava o telefone da parede e eu não podia evitar de pensar que ela tinha uma quedinha por ele também, mas sabia que ela jamais o admitiria, mesmo para si mesma.

"Você será minha amante quando crescermos?", eu perguntei a Sheela.

"Talvez", ela respondeu. Ela não tinha me levado a sério.

"Nós teremos poucos móveis e janelas enormes."

"Eu sempre quis ter cortinas finas vermelhas", disse ela.

"Vermelhas, com bordas douradas. Como um sári."

"Nós teremos cadeiras do tipo *gadela* no chão. Cobriremos os colchonetes da sala de estar com colchas estampadas e com almofadões com continhas", Sheela falou, sonhadora.

Eu podia visualizar o quarto com exatidão. A panóplia de riquezas. Eu queria já tê-lo agora.

"Nossa mesa de jantar será baixa. As cadeiras também", resolvi.

"Posso ter flores?", ela perguntou.

Rosas eram coisa de garota. Elas não combinavam com o que eu tinha em mente para o interior da minha casa.

"Você pode ter aves-do-paraíso."

"Eu nunca as vi", disse ela. Eu só as tinha visto numa fotografia na revista *Span*.

"Elas são esguias e cor de laranja com cristas verdes compridas. Nós teremos que importá-las", disse.

O dinheiro seria a chave para minha vida com Sheela. Com dinheiro, você mantém o controle. Senão, você tem que se comprometer e fazer o que todo mundo faz: se conformar.

Depois de tais conversas com ela, eu pedalava para casa para passar umas horas lendo antes de fazer uma súplica com todos os meus mais elevados e baixos sentimentos aos pés, boca, ventre, cabeça ou bunda de Rani, dependendo dos sentimentos daquele dia, a paz que eu tinha feito ou não com meu próprio ser. Por ora, ela era minha parceira, a pessoa com quem eu baixava a guarda depois de lutar com o mundo.

xxii
Oi, Mundo!

Uma noite dessas, enquanto estava deitada na cama, tendo feito de Rani o receptáculo de todas as minhas paixões e contrapaixões, o som do telefone rasgou o silêncio. Era tarde, passava da meia-noite. Meu primeiro pensamento foi para Chakra Dev. Mas, assim que despertei totalmente, eu sabia que tinha de ser outra pessoa; talvez Índia estivesse, finalmente, com saudade de mim. Eu corri o grande risco de andar pelada no hall, envolta no lençol com que Rani e eu nos cobríamos.

"Escuta, eu preciso falar com você", disse Vidur. Ele parecia arrasado.

"Fale", acedi, desperta e tensa ao ouvi-lo.

"Você tem me evitado", ele resmungou. Eu não respondi.

"Eu preciso me encontrar com você. Posso ir amanhã? Meu pai me deixa aí. Ele tem a manhã livre para ir ao dentista."

"Tudo bem", falei, encurralada e ansiosa por voltar para o quarto antes que fosse descoberta.

Quando voltei para a cama disse: "Não consigo dormir".

"Shhhh", Rani sussurrou e me puxou para perto dela.

Ela acariciou minhas sobrancelhas até que eu caísse no sono.

Na manhã seguinte, pai e filho chegaram uma hora depois que meus pais tinham saído para o trabalho. Rani apareceu na sala.

"Você está estranha", Adit disse.

Eu fiquei calada. Rani cumprimentou Vidur e ignorou Adit.

"É imperdoável, você sabe. Dispensar seu melhor amigo e o pai dele", Adit continuou.

"Eu soube que ele tem uma nova melhor amiga", falei, rindo. Eu não queria que Adit nos deixasse. Era mais fácil para mim ser eu mesma com ele na sala.

"Tomem alguma coisa", ofereci.

Rani foi para a cozinha e voltou com quatro *nimbu panis*. Era a primeira vez que ela trazia uma bebida para si mesma sem que lhe dissessem para fazê-lo. Ela se sentou a meus pés, perto do sofá, olhando para Adit.

"O que eu fiz a você?", ele perguntou em híndi, olhando para ela.

Os olhos de Vidur se arregalaram ao ouvir o tom de seu pai.

"Deixe-a em paz". Eu não queria nem saber se Vidur ficaria chocado.

Rani permaneceu em silêncio e olhou-o ainda mais fixamente. Então ela se virou para Vidur e sorriu. Eu coloquei minha mão em seu ombro e deixei-a lá.

"A situação Mandal se acalmou. Eu acho que vocês, logo voltarão para a escola, crianças", Adit disse, terminando seu *nimbu pani*.

"Eu já me esqueci de como é a escola", falei.

"Você me esqueceu na hora em que eu mais precisava de você", Vidur acusou.

"Eu vou deixar vocês dois conversando", Adit levantou-se. Eu acompanhei-o até a porta, mas só depois de apertar o ombro de Rani para deixar claro que ela devia permanecer ali. Eu a ouvi ela começar uma conversa com Vidur sobre ter aprendido o alfabeto. Seu caderno estava em cima da mesinha lateral; ela o tinha pegado para mostrar a ele. Antes de ir embora, Adit se curvou e me beijou na boca sem aviso.

Depois de alguns segundos eu me afastei dele e sussurrei: "Vá". Eu me demorei no corredor depois que ele se foi para esperar que meu batimento cardíaco diminuísse. De algum modo o beijo não tinha vindo como surpresa. Eu o esperava desde o dia em que conhecera Adit.

Na sala, Rani e Vidur estavam rindo. Quando me viram, Rani se levantou e disse que estaria na varanda de trás da casa lavando roupa. Assim que ela saiu, Vidur se levantou e cantou dramaticamente: "Sheela, Sheela, Sheela". Com uma das mãos ele puxava seu cabelo grosso. Com a outra ele mexia nervosamente no botão de cima de sua camisa. Ele andava de cá para lá feito louco.

"Então você gosta dela", eu declarei, me preparando para a discussão que não podíamos mais adiar.

"Eu nunca amei ninguém antes", ele disse. Eu fiquei com raiva. Ele era imaturo demais para saber o que era amor. Era inocente e inexperiente. Ele não teria entendido nada do meu sonho.

"É só uma paixonite", falou.

"Eu já tive paixonites. Ela é diferente. Isto é diferente". Ele pronunciou cada palavra, quase derrubando as paredes da casa. Ele nunca me dissera que estivera gamado em alguém.

"Por favor, me ajude", disse ele, de repente se aproximando de mim e pegando minha mão e colocando-a entre as suas.

"Ajudar você?"

"Sim, só você pode me ajudar."

"Como?"

"Diga-lhe que a amo. Que eu sou um cara legal", ele falou avidamente.

"Por que você mesmo não lhe diz?", perguntei.

"Sempre que a vejo, tento; mas não consigo."

Ele ficou em silêncio.

"E aí, você fará isso por mim?", ele perguntou.

"Shh!" disse, colocando o meu dedo sobre meus lábios. Eu não podia pensar direito, incomodada com a energia pulsante, com os fótons oscilantes e barulhentos dele. Eu não sabia se deveria contar-lhe sobre mim. Explicar por que eu não ajudaria seria difícil se eu não pudesse contar-lhe os fatos.

"Então, você vai ajudar ou não?", ele perguntou de novo, irritado com o meu silêncio.

"Vidur", falei, lentamente.

"Sim?"

"O amor não é esse tipo de coisa. Ele acontece entre duas pessoas, e não há poder algum sobre a Terra que possa impedi-lo ou ajudá-lo."

Ele abanou a cabeça violentamente. "Eu simplesmente quero que você aja como um catalisador."

"Só a Ácido Sulfídrico pode ajudar você com catalisadores", disse.

"Engraçadinha", ele retorquiu, mostrando a língua.

Sua irritação me ajudou a me manter firme. "Vidur, é complicado. Meu relacionamento com ela é complicado. Eu não posso agir como agente catalisador."

"Por que é tão complicado? Ela ama você, não ama? Ela me disse que sim."

"Precisamente."

"Você não acha que eu sou bom o suficiente para ela? É isso?". Ele parecia bem chateado.

"Não é isso. Obviamente não é isso. Você é o meu melhor amigo."

"Então?"

"Bom, se ela se apaixonasse por você por minha causa, você não ia suportar isso. Sempre iria imaginar se ela se apaixonou por você por minha causa ou por você ser quem é." Eu estava inventando aquilo. Eu não sabia se realmente pensava assim. Eu iria apenas pular de um argumento a outro, simplesmente me contrapondo aos dele. Desse modo eu não precisaria pensar num plano. Eu sempre fora boa em argumentação e era capaz de discorrer sobre qualquer tópico dos dois lados, independentemente do que eu pensava. A orientadora da escola, a sra. Shah, tinha nos dado testes de aptidão e me dissera que eu deveria ser advogada.

"Eu já pensei nisso. Eu não vou imaginar nada disso", disse ele.

Então seu rosto assumiu uma expressão que já vira em Adit, uma expressão que falava de explicações elaboradas. Ele continuou: "Veja bem, eu não acho que se possa fazer acontecer algo que não seja para acontecer. Mas sua ajuda poderia desfazer as inibições dela".

Eu tinha certeza que ele tinha pensado nessa frase, "desfazer as inibições" muitas vezes antes de falar. Isso me confundiu; eu vi as inibições de Sheela se desfazendo sob o meu toque, do jeito que as de Rani se desfizeram.

"Bem, se tiver que ser será, mesmo sem minha assistência", concluí.

"Eu não entendo por que você não quer me ajudar se concorda que nós somos os melhores amigos um do outro", disse ele.

"Eu não posso, Vidur. Não me parece direito. Eu me sentiria manipulando-a."

"Nem me ocorreu que você me diria não, Anamika", Vidur meneou a cabeça. Ele pareceu deprimido por alguns segundos. Ele tinha se sentado, sua energia tinha sido descarregada pelo cômodo todo. Distraidamente ele pegou o caderno de Rani e o folheou.

"Tudo bem, eu tenho outra ideia", disse ele, se animando.

"Qual?", eu perguntei, preocupada. Eu estava exausta com aquilo.

"Você pode me ajudar a escrever um poema para ela."

"É a mesma coisa, Vidur."

"Não, não é", ele falou, seu rosto novamente expressando todo um panorama de razões. Eu suspirei e me recostei. Dessa vez eu o deixaria falar o quanto ele quisesse e só arguiria depois que ele terminasse.

"Primeiro, você irá escrevê-lo, simplesmente; não vai ter que falar com ela pessoalmente. Em segundo lugar, ela jamais saberá que foi você que o escreveu. E, em terceiro lugar, seria pela minha ideia que ela se apaixonaria porque eu diria a você o que escrever."

"Você quer ditar um poema para mim?"

"Não, eu quero que você escreva. O Primeiro Ministro tem quem escreva os discursos dele. Vamos lá, Anamika, você faz isso para todo mundo. Você escreveu aquele poema que eu dei para minha mãe no Dia das Mães. Você não tem nenhuma dificuldade para fazer isso. Você ajudou até Ashima a escrever para aquele garoto, e ela nem é uma grande amiga sua. Você conhece Sheela pessoalmente. Será o melhor dos poemas."

O garoto, o tal Jay. Eu tinha me apaixonado por ele ao escrever aquele poema. Mas era diferente. Eu quis imaginá-lo jovem, forte, cheio de energia, como Ashima o descrevera para mim.

"Justamente porque eu conheço Sheela que não posso escrevê-lo."

Não havia jeito de eu passar dois dias procurando rimas no dicionário apenas para ver o Vidur se beneficiar disso. Ela realmente se apaixonaria por ele, e eu teria que competir contra meu próprio poema. Eu podia aguentar uma luta honesta contra qualquer outra pessoa, mas contra mim mesma eu só poderia perder.

"Você poderia tentar, por mim. É tudo o que lhe peço", ele suplicou.

"Eu sei que não vou conseguir."

Vidur pegou sua *nimbu pani*. Só havia uma gotinha sobrando no copo. Ele inclinou totalmente sua cabeça para trás, esperando que ela escorresse garganta abaixo.

"Eu vou escrever o poema", ele exclamou depois que tomou a última gota.

"Ótimo". Era melhor lutar contra Vidur pela primeira posição do que lutar contra mim mesma.

"Você tem um pedaço de papel?"

"Agora?"

"Sim, você pode me ajudar. Eu escrevo e você me ajuda a arrumá-lo", disse ele.

Eu estava encurralada. Não me sobrara mais nenhuma desculpa. Fiquei aborrecida por Vidur me forçar a fazer uma coisa que eu não queria fazer.

Ele abriu o caderno de Rani.

"Não esse. Eu pego outro para você", disse e fui até o meu quarto. Eu não ia ajudá-lo. Eu podia ir na direção contrária e fazer sugestões que arruinassem o poema, mas acabaria me sentindo culpada. Então eu decidi que só assentiria e deixaria o poema ficar exatamente como ele o escrevesse. Ele não poderia me forçar a sugerir coisas. No meu quarto eu enrolei alguns minutos.

Quando retornei à sala de estar, Vidur estava andando de cá para lá, olhando distraidamente as peças de vidro na nossa cristaleira. Ele pegou o caderno da minha mão e arrancou duas páginas do meio. Eu passei-lhe uma caneta. Ele se sentou à mesa de jantar com a cabeça inclinada para o lado, sustentada pela mão. Eu não podia pensar no que mais fazer, então sentei-me a seu lado. Ele escreveu algo que eu não pude ver e depois riscou tudo. Mordeu os lábios. Eu fiquei torcendo para que ele terminasse logo. Eu queria ver o que ele escreveria.

O telefone tocou, nos assustando.

Assim que eu disse "alô", Sheela perguntou: "Anamika, você estava falando sério sobre as aves-do-paraíso?".

"Claro". Eu tinha que tomar cuidado – não queria que Vidur soubesse que era ela.

"Podemos nos encontrar? Eu poderia ir até aí se for difícil para você. *Bhaiyya* vai para esse lado. Ele me leva."

"Talvez", respondi, não querendo dizer muita coisa.

"Você não quer me ver?"

"Claro que quero", disse, alarmada.

"Então?"

"Há outra coisa que eu tenho de fazer."

"Você está vendo essa titia Índia de sua carta?", ela perguntou. Eu não sabia dizer se havia algo cortante em sua voz, uma pontada de ciúme.

"Não. De jeito nenhum", falei.

"Então?"

"É outra coisa."

"Por que tanto segredo? Por que você não me conta?"

"Minha mãe queria que eu cuidasse de uma coisa", emendei, aliviada por ter inventado uma mentira na hora certa.

"Depois você fica livre?", ela perguntou.

"Eu te ligo", prometi e depois desliguei.

Rani tinha entrado no cômodo ao ouvir o telefone tocar.

"Diga para sua *Babyji* me ajudar com Sheela", Vidur disse-lhe em híndi.

Rani olhou para mim inquisitivamente, incerta se deveria me fazer o pedido em nome de Vidur. Eu percebi que ela estava feliz por ele ter lhe pedido algo.

"Estou ajudando", eu balbuciei e dei de ombros. Eu a vi sair da sala.

Vidur estava olhando para a parede quando eu voltei para a sala de jantar. Dei uma olhada no papel. Ele tinha escrito: "Você tem o cheiro das rosas". Eu tive vontade de rir. Ninguém tinha cheiro de rosas. Nem Índia, nem Rani, nem Sheela, nem eu, nem minha mãe. Por que ele não crescia?

"Você acha que está bom?", ele perguntou.

"Você tem que escrever o negócio inteiro."

"Acho que o melhor é a gente ligar para Sheela", disse ele.

"Para quê?"

"Vamos ver se ela está livre? Nós podíamos nos encontrar com ela."

"Eu tenho umas coisas para fazer. Não tenho tempo."

"Posso usar o telefone? Ela não mora longe daqui. Eu posso ir até lá."

Meu coração deu um salto. Eu não tinha como recusar. E uma vez que eu acabara de dizer a ela que não podia encontrá-la e ela estava livre, ela iria dizer sim a ele.

"Vá em frente", disse, olhando para o telefone e esperando que naqueles segundos que ele demoraria para pegar no telefone o gerador de eletricidade na DESU desse para trás.

"Sheela, sou eu, Vidur". Seus olhos brilhavam animados. Ele batia nervosamente na mesinha do telefone com seus dedos longos. Eu me senti mal por ele. E por mim.

Depois de um silêncio breve da parte dele, ele assentiu para o telefone e disse: "Eu estarei lá".

Ele colocou o receptor no local e me olhou triunfante.

"Pelo menos posso vê-la", disse com entusiasmo, voltando para me abraçar.

Eu me encolhi e me afastei.

"Eu achava que você era minha amiga."

"Eu queria que ela fosse minha amante. Eu queria ter uma casa com ela", eu pus para fora.

"O que você está querendo dizer?", ele perguntou, meneando a cabeça. Ele se sentou na frente do poema que tinha começado.

"Você sabe o que eu estou querendo dizer."

"Eu achei que você era uma garota doce."

"Eu não sou doce. Na verdade sou azeda", contestei, retomando meu senso de humor.

"Eu achei que você fosse normal."

"Foda-se você com a sua normalidade". Estava ficando irritada. Ele não ia ficar ali na minha casa me dizendo que eu não era normal. Ninguém ia me acusar de ser anormal. Embora eu fosse, mas não do modo que ele achava. Eu era anormal por causa daquele sonho que tive e porque o Chakra Dev tinha conseguido se infiltrar em mim. Vidur teria tido um colapso nervoso se algum dia tivesse um sonho tão anormal quanto o meu, e aqui estava eu levando minha vida, pedalando minha bicicleta, fazendo amor, comendo, estudando e falando com meus pais sobre política como se eu fosse normal.

"Tudo bem, então eu vou me foder", disse ele, bravo, marchando na direção da porta. Eu fui atrás dele e escutei o estrondo da porta reverberar em meus ouvidos quando ele a bateu na minha cara. Voltei para a sala e sentei-me no divã. Fiquei olhando para a parede. Uns minutos mais tarde Rani entrou.

"Aonde o *baba* Vidur foi?", ela perguntou.

"Eu tenho que ir a um lugar", eu disse em resposta.

Saí pela porta da frente, também batendo-a. Caminhei no meio da rua e não pela sombra, esperando que o sol escaldante provocasse uma fatalidade para pôr fim à corrosão de minhas entranhas. Mas nada disso aconteceu. Eu me achei à porta de Índia, tocando sua campainha.

"Oi, Mundo", Jeet disse ao abrir a porta. De repente eu me preocupei pensando se ele seria um idiota com um vocabulário composto apenas por aquelas duas palavras e sem memória para rostos humanos.

"Sua mãe está em casa?"

"Uuux", fez ele, como se estivesse voando. Ele abriu os braços e correu para dentro de casa.

Índia veio até a porta usando apenas uma camisola. Obviamente ela gostava de fazer as coisas em roupas de dormir. Minha mãe teria desaprovado. Fora-me ensinado, desde a época em que aprendera a usar o banheiro sozinha, que deveria escovar os dentes, tomar banho e trocar de roupa antes de começar o dia.

"Que surpresa!", disse ela.

"Você não deveria deixá-lo atender à campainha. Ele me deixou entrar."

"Mas ele conhece você", disse ela.

"O que ele lhe disse?"

"Ele disse que era a *Bhaiyya* que era um *Didi*."

"Legal!", falei, sardonicamente.

"Qual é o problema?", Índia perguntou

"Oi, Mundo! Oi, Mundo!", Jeet gritou, pulando feito louco.

"Querido, vá para o seu quarto brincar. Eu tenho que falar com Anamika", disse Índia.

"Uuux! Uuux! Uuux!". Ele levantou voo mais uma vez.

Ela me levou até seu quarto e fechou a porta atrás de nós.

"Eu não esperava ver você tão depressa, especialmente depois que falamos ao telefone no outro dia."

"Por que você diz isso? Porque eu não falei que daria uma passadinha por aqui?".

"Eu achei que você talvez precisasse de um tempinho depois da viagem. Nós tivemos momentos difíceis."

Imaginei se isso significava que ela não me queria lá. Eu não podia culpá-la. Eu tinha agido de modo difícil e sido temperamental. Ademais, seu tempo com o Jeet era precioso.

"Eu sinto muito. Deveria ter telefonado antes de vir."

"Você parece tão nua, tão aberta", disse ela, abraçando-me. Eu senti a tensão que estivera pulsando em meu corpo se dissipar. Por um segundo quis lhe contar sobre Vidur, Sheela, Chakra Dev, Adit e Rani, mas ela me deitou na cama e desabotoou minha blusa e isso abriu espaço para o desejo de viver.

Desde que eu me envolvera com Índia, eu me tornara muito mais segura de mim. Tentei imaginar se Índia sabia que eu não aprendera todas as lições com ela. As noites com Rani tinham me tornado familiar o mundo do sexo. Eu compreendia a gramática de suas pausas, suas pontuações. Eu podia reivindicar como minha sua linguagem de transgressões. A intimidade parecia-me uma fuga para um mundo extraordinário, e naquela manhã, com Índia, inteiramente inesperada e espontânea, senti-a como uma fuga abençoada. Caminhei até a minha casa uma hora depois sem maior clareza sobre minha amizade em perigo, mas com um distanciamento em relação a ela que só o ato do amor poderia ter providenciado.

"Você vai almoçar, *Babyji*?", Rani perguntou quando eu voltei para casa. Eu percebi que ela estivera à minha espera, mas não me perguntou aonde eu tinha ido.

"Claro", respondi.

Ela me informou que Sheela tinha ligado, dizendo que era urgente.

Eu liguei imediatamente para ela.

"Anamika, você pode vir já para cá?" Sua voz estava péssima.

"Qual o problema? Você está bem?"

"Eu preciso ver você. Posso ir aí caso não possa vir."

Estava fora de questão Sheela e eu nos sentarmos no meu quarto traçando círculos em nossos corpos com Rani do lado de fora. Eu fui até a cozinha e me desculpei com Rani, que estava cantarolando enquanto descascava batatas, e disse-lhe que não podia almoçar. Ela pareceu ter ficado muito chateada.

"Deixe para o jantar", e saí de casa também, batendo a porta, sufocada pela silenciosa reivindicação que senti sobre mim. Eu sabia que a estava magoando, mas eu era incapaz de evitar. Facilitar minha própria vida era minha única preocupação.

Fiquei pensando se Vidur teria dito a Sheela que telefonara para ela de minha casa. Imaginei o que teria dito ou feito que a deixara tão chateada. Sheela abriu a porta para mim. Não vi seu empregado em nenhum lugar.

"Vidur ficou louco. Você não devia ter-lhe contado."

"O quê?"

"Que você me quer como amante."

"Ele lhe disse que está apaixonado por você?"

"Claro que não."

"Não?"

"Quer dizer, ele não está. Por que estaria?"

Eu contei sobre o poema e sobre a visita dele.

"Ele está louco? Ele vem aqui e eu falo demais sobre você, digo a ela que a amo."

"O coitado não consegue dizer o que pensa a você", disse.

"Bobagem."

"Pergunte ao pai dele. Até ele sabe."

"O tio Adit sabe que Vidur gosta de mim?", os olhos de Sheela se arregalaram . Por um segundo ela pareceu Rani.

"Provavelmente ele já deve ter contado até para a mãe dele também."

"Esses garotos...", ela despistou.

"Que garotos?"

"Quero dizer, Chakra Dev e Vidur podem dizer aos pais que gostam de garotas e seus pais tentam ajudá-los. Nós não podemos contar nada a nossos pais", Sheela reclamou.

"O que seus pais fazem?", perguntei. Eu nunca os tinha visto.

"Eles têm um negócio. Minha mãe não trabalhava até três anos atrás, mas depois ela começou a trabalhar com o meu pai."

"Eles são muito ocupados?"

"Sim. Eu os vejo apenas na hora do jantar e nos finais de semana. Eu tenho muito mais liberdade do que quando minha mãe ficava em casa."

"O que você disse a Vidur?", perguntei, lembrando-me de que eu, a melhor amiga dele, o tinha mandado para aquele lugar. Eu ainda podia ouvir a porta batendo quando ele saira de minha casa.

"Eu disse para não se preocupar com você, que nós somos jovens demais para saber o que vamos querer quando crescermos", disse Sheela. Eu vi que ela acreditava de verdade no que dizia.

"Então você acha que o nosso interesse em estarmos juntas é apenas juvenil?", perguntei. Eu fechei os olhos por alguns segundos e pensei na minha manhã com Índia. Se ela me levava a sério, por que Sheela não levaria?

"Não, mas somos jovens. Nós não sabemos o que está escrito em nosso futuro", disse ela, olhando as linhas das palmas de suas mãos. Eu franzi o cenho.

"Seu futuro", falou sedutoramente, tocando as linhas de minha testa.

"Nós mesmas o escrevemos."

"Ele escreve", disse ela, apontando o dedo para o teto, para o céu.

"Ele realmente escreveu isso", falei, colocando o dedo nos lábios dela, que se abriram para chupá-lo.

Depois de alguns segundos, ela se afastou: "Eu acho que Vidur gosta de você".

"Que bobagem!"

"Quando ele me visita diz as coisas que eu quero dizer sobre você. É como um desabafo. Todas as coisas que estão represadas em mim saem da boca dele."

"O que vocês conversam?"

"De seu pomo-de-adão, de seu sorriso, do seu jeito quando você fala e pensa, como você fica graciosa quando sobe no tablado e manda a escola toda entrar em fila, Senhorita Chefe dos Representantes de Classe."

Vidur gostar de mim era muito mais perturbador do que ele gostar de Sheela. Eu me senti confusa e sem rumo. Eu pude ver nós dois girando num vórtice.

"Eu preciso fazer uma chamada", pedi. Minha cabeça estava estourando.

"Faça", disse ela, inclinando-se para me beijar antes de me deixar ir até o telefone.

"Você poderia ficar no seu quarto? E feche a porta."

"Tudo bem. Você vai ligar para ele?", ela perguntou, seu rosto inocente, confiante, como se eu fosse incapaz de magoá-la ou de fazer algo que ela desaprovasse.

"Não. É para outra pessoa. Um amigo."

Eu esperei até que ouvi os passos dela no topo da escada e depois o som da porta se fechando. Eu telefonei para Adit.

"Ele está louco. Seu filho, meu melhor amigo, ele está maluco", gritei, histérica, esquecendo que Adit tinha me beijado de manhã, que ele também agora era uma parte da figura geométrica assimétrica que não era mais um triângulo amoroso, mas um pentágono.

"Acalme-se, acalme-se", disse ele.

"Eu estou calma."

"Primeiro o mais importante. Quando vou poder ver você de novo?"

"Nunca. Por que não me contou sobre Vidur?"

"Contar o quê?"

"Que ele gosta de mim."

"Claro que ele gosta de você."

"Você acha que ele está apaixonado por mim?"

"Ele está apaixonado por Sheela", Adit disse.

"Ela diz que ele está apaixonado por mim."

"Provavelmente ele não se conhece", Adit riu.

"Como você pode rir?"

"O que quer que eu faça?", ele perguntou.

"Não sei. Faça-o ler *Lolita*, diga-lhe que o mundo é perturbador e que os seres humanos não são puros. Dê-lhe bofetadas até que ele acorde. Faça-o dizer 'Oi, Mundo'", gritei.

"Oi, Mundo?"

"Quero dizer alô para o mundo."

"Deixe-o em paz alguns dias e ele ficará bem", Adit disse friamente.

"Você é pai dele. Você não se importa?", perguntei.

Adit suspirou. "Escute, não há nada que eu possa fazer. Na idade dele, tudo o que eu queria era sexo. Onde e quando eu pudesse encontrá-lo, por qualquer preço. Esse garoto é como a mãe dele. Sempre a coisa boa, a coisa certa. Sempre pesado e sério."

"O que eu vou fazer?", perguntei.

"Eu falo com ele. Posso ver você de novo?"

"Não, titio. Não. Você não entende, coronel? Você não compreende o que significa NÃO? Eu não quero um hexágono, um heptágono, um octógono, um eneágono. Para mim chega", gritei, ficando mais tensa. Tive medo de que Sheela me ouvisse e descesse.

"Ha! Ha! Ha!", Adit riu e desligou.

Fui até a cozinha de Sheela e peguei água da geladeira. Imaginei as formas que havia mencionado e pensei em estudá-las com a cabeça mais fria. A soma dos ângulos de cada uma delas e as propriedades que pudessem ser usadas para determinar seus ângulos desconhecidos. Dei risada.

Ouvi Sheela abrir a porta cuidadosamente e descer a escada.

"Você está bem?"

"Estou ótima."

"Ouvi você gritar. Tive que aumentar o som porque sabia que você não queria que eu ouvisse o que você dizia."

"Vamos subir até o seu quarto, amante", disse.

xxiii
Lição de Química

Depois que voltei da casa de Sheela, dei uma boa olhada na estrutura do anel de benzeno e confirmei o fato de que detestava Química. Eu estava aprisionada em meu próprio anel. Minha jornada fantástica rumo à liberdade provara ser uma fantasia, meus atos de livre-arbítrio só serviam para me atar.

Na hora do jantar, desesperançadamente, matutei sobre tudo. Se ao menos houvesse um modo de varrer tudo de meu cérebro como Rani varria a casa. Uma desinfecção completa, a seco. E depois eu dobraria tudo certinho e manteria tudo bem asseado. Dei um jeito de evitar conversar com meus pais durante o jantar, fingindo ler meu livro de Química. Se não fingisse, eu pareceria perplexa.

O telefone tocou depois que acabamos de comer. Meus pais tinham se retirado para o quarto e Rani estava lidando na cozinha. Era Vidur.

"Perdoe-me", disse ele.

"Pelo quê?"

"Por chamar você de anormal." Eu não acreditei nele.

"Seu pai falou com você?", perguntei. Assim que fiz a pergunta, reconheci a tolice. Vidur não fazia a menor ideia de que eu falava com Adit tão frequentemente.

"Sim. Como você sabe?", ele perguntou.

"Eu chutei", disse o mais indiferentemente possível.

"Bom chute. Ele é o meu melhor amigo", Vidur falou, como se oficialmente declarando que eu não era mais seu melhor amigo.

"Eu não tenho um. Você tem sorte."

"Escute, eu não quero brigar."

"Então não brigue."

"Você sabia que o Chakra Dev faz ligações sem falar nada para Sheela?", ele perguntou, mudando de assunto.

"Sei. E daí?"

"Eu acho que você deveria falar com o diretor sobre ele quando a escola reabrir", Vidur sugeriu.

"Eu liguei para o Chakra Dev de novo". Apesar de tudo o que tinha acontecido, eu ainda me abria com Vidur. Parecia natural contar-lhe a verdade.

"O que você disse a ele?", ele quis saber.

"Perguntei o que ele queria, e ele disse que queria uma conversa com a Sheela."

"Ele é um filho da mãe."

"Qual o problema de ele querer falar com a Sheela? Eu vou tentar convencê-la a falar com ele uma vez. Talvez ele melhore."

"Você está louca? Ele é um *cheapad*."

"Escute, ele é um ser humano como nós. Ele fica gamado, como você e eu. E pela mesma pessoa, se você me permite salientar", disse, sussurrando ao telefone.

"Não dá pra acreditar como você é mesquinha", Vidur acusou.

"Mesquinha? É justo que ele tenha uma chance."

"Uma chance! Não acredito no que estou ouvindo, Anamika. Você não me ajudou a escrever um poema para Sheela, mas quer que ela fale com o Chakra Dev?" Eu deixei-o arengar. Era melhor que ele liberasse a raiva.

"Vidur, eu acho que ela pode fazer com que ele se modifique", disse calmamente.

"Isso é algum tipo de declaração política?"

"O que a política tem a ver com a Sheela?"

"Isso é a sua culpa brâmane, tentando ser legal com um *yadav*?"

"Você sabe muito bem que não. Ele só está perturbado. Eu me sinto mal por ele."

"Eu também estou perturbado", Vidur resmungou.

"Não do mesmo modo."

"Bom, era ótimo ter você como grande amiga. Eu teria feito qualquer coisa por você. Não posso acreditar que favorece o Chakra Dev em meu detrimento", disse ele, desapontado.

"Vidur, por favor, não é isso", falei, suspirando. Eu me arrependi de ter-lhe contado.

"Eu sabia que não deveria ter escutado meu pai e te telefonado. Ele acha você o máximo. Mas eu devia saber que é superegoísta", disse ele, amargurado, e desligou.

Eu voltei para o meu quarto e fingi dormir. Depois de ter ido à casa de Sheela sem almoçar, eu ficara fora da mira de Rani quando voltei. Ela entrou no meu quarto e sussurrou "*Babyji*" várias vezes. Ela ficou perto da cama esperando uma reação. Não houve. Eu imaginei se mesmo assim ela deitaria na cama comigo. Ela preferiu o chão.

Eu esperei até ouvi-la roncar levemente. Esperei um pouco mais. Depois fiz o impensável e fui até a casa de Índia, deixando Rani sozinha no quarto pela primeira vez desde que ela se mudara. A conversa com Vidur tinha eliminado o restante de minha autoconfiança. Eu fracassara como amiga de Vidur, fracassara ao colocar meus interesses acima ou mesmo lado a lado com os dele. Eu não podia suportar a ideia de que meus problemas pudessem crescer exponencialmente e depois desintegrarem-se em milhares de pequenos problemas, cada um semelhante ao maior, e todos sem solução. Eu precisava do conforto da sabedoria de Índia.

Depois de alguns toques de campainha, Índia veio até a porta. Ela estava usando uma camisola transparente.

"É você", disse ela.

"Posso entrar? Posso passar a noite aqui?"

Ela deu um passo para o lado para me deixar entrar. Eu caminhei até seu quarto e sentei-me em sua cama.

"Anamika, o que acontecerá se seus pais descobrirem?"

"Ou a empregada", falei sinistramente.

"Você não pode fazer isso", disse ela.

"Eu não tenho escolha. Preciso de você."

A porta do quarto de Jeet estava aberta. À luz que se filtrava pela janela eu o vi dormindo. Talvez depois que a escola reabrisse a coordenadora o admitisse na escola.

"Você já não teve o suficiente de mim hoje?", ela perguntou, chegando mais perto.

"Eu preciso conversar. Eu realmente preciso falar", disse, segurando a cabeça.

"Eu vou escutar a noite toda."

"Não consigo parar de pensar naquele sonho". Eu tive medo de contar-lhe tudo que tinha acontecido. Eu não queria que ela ficasse chateada comigo sobre Sheela.

"Você pensa demais", disse ela massageando minhas têmporas. Normalmente eu teria argumentando que não existe isso de pensar demais, mas eu sabia que ela estava certa. Eu conseguia pensar sem parar; e isso não significava que eu estava avançando. Eu era como um anel de benzeno fechado. Um círculo fodido, um *gulla*, um zero.

"Aconteceu alguma coisa?", ela perguntou.

Eu balancei a cabeça, não querendo pôr as entranhas a descoberto. Se ela ficasse chateada, isso só aumentaria meus problemas. Embora eu tivesse questionado seus atos em Kasauli, olhando para trás agora, eu me dei conta de que eu a conhecera como ela era de verdade. Após o choque inicial de vê-la fumar e beber, eu preferia saber que ela tinha sido transparente para comigo. Eu senti que podia me revelar a ela de maneira que não podia com Sheela, com Rani ou com minha mãe.

"Deixe-me mostrar as pinturas de Bosch sobre as quais lhe falei", disse ela.

Eu fiquei sentada na cama e ela saiu do quarto. Logo voltou carregando um livro enorme, desses de decorar a sala de estar. Ela me mostrou uma pintura depois da outra, de pessoas que tinham virado porcos e mesas, com buracos no ventre, figuras nuas correndo para cá e para lá, algumas calmas, outras nem tanto.

"Isso é realmente o tipo de coisa que o Chakra Dev tem na cabeça."

"Ele talvez não seja tão interessante quanto você acha", Índia respondeu.

"Bom, é definitivamente o tipo de coisa que enche minha cabeça. Sonhar com isso é ruim o suficiente. Pode guardar", disse, com os nervos em frangalhos.

"Há algo que eu possa fazer?", ela perguntou.

"Talvez possa me ensinar um pouco de Química Orgânica."

"Vamos lá", ela falou, estendendo a mão. "Meus livros estão na sala."

Ela pegou seus livros das prateleiras de madeira da sala. Sentamos à mesa nas horas seguintes; seu amor pelos elementos e compostos por derivados de hidrocarbonetos levava a uma apaixonada interpretação da Química Orgânica que me contagiou, libertando-me de minhas preocupações. O estudo era uma distração maravilhosa.

Às três da manhã, Índia insistiu que fôssemos dormir. Ela disse que não ficava acordada até tão tarde desde o dia em que assinara seu divórcio. Naquele dia, para celebrar, ela tinha dançado e fumado com seus amigos a noite inteira.

Dormi profundamente, acordando apenas às seis. Assim que achei o relógio, meu coração disparou. Eu pulei da cama para pegar minhas roupas. Saí correndo da casa dela, ainda abotoando minha camisa, meus cadarços ainda desamarrados. Eu torci para que minha mãe e Rani tivessem dormido demais. Passei correndo pela *jhuggi* até a rua de trás. Geralmente toda a *jhuggi* estava adormecida quando eu voltava de manhã, mas hoje um ou dois homens estavam acordados, fazendo o que ninguém podia fazer por eles. Eu me lembrei do dia em que Rani estava fazendo xixi na rua. Corri rápido e ouvi os homens rindo.

Eu cheguei à porta de trás de casa sem fôlego. A porta estava fechada como a tinha deixado. Quando a empurrei, eu me dei conta de que estava trancada, como as outras portas do fundo. Meu coração, que já estava batendo rápido da corrida, começou a dar saltos. Meus pulmões doíam, mas eu tinha medo de respirar alto demais. O que eu ia fazer? Obviamente que meus pais sabiam que eu não estava em casa. Eu tinha que passar pela porta da frente. Se eles tivessem acabado de descobrir, provavelmente estariam enlouquecidos, tentando ligar para a polícia. Se tivessem descoberto isso no meio da noite, estariam morrendo de medo agora. Eu tentei pensar numa desculpa. Por um lado, queria entrar imediatamente e aliviá-los de suas preocupações, mas estava extremamente temerosa da bronca sem fim que ia levar de meu pai. Talvez ficasse de castigo sem poder sair de casa.

Eu pensei rápido. Era melhor dizer-lhes que eu estivera com Índia. Era verdade. Ademais, eles já tinham me deixado passar algumas noites sozinha com ela em Kasauli. Além de ficarem bravos de que eu fora sem lhes dizer nada e de ter deixado a porta destrancada, eles não podiam dizer muito mais. Mas e se eles telefonassem para Índia e ela negasse, porque não tinha certeza do que dizer? Seria burrice se meus pais pensassem que eu estava tendo um caso com algum Romeu do condomínio e me dessem uma surra. Seria irônico demais ser apanhada na única vez em que eu realmente tinha passado a noite estudando e não fazendo amor. Corri de volta à casa de Índia. Havia uma dor aguda nos meus pulmões e estômago enquanto corria. Passando pela *jhuggi*, eu notei que os homens tinham terminado de fazer seu asseio matinal e estavam voltando para seus barracos. Eles me deram olhadas bem estranhas quando me viram passar de novo. Eu fiquei com medo e corri mais rápido ainda. Na casa de Índia eu toquei a campainha sem parar, impacientemente.

"Qual o problema?", disse ela, aparecendo na porta depois de um tempo interminável. Sua camisola branca e transparente chegava até aos tornozelos. Será que ela abria a porta assim para o cara que vem pegar o lixo de manhã?

"A porta está trancada, eles descobriram", eu disse, esbaforida.

"Poxa vida! Eu sabia. Agora o que a gente vai fazer?", ela perguntou, ali, em pé, no vão da porta. Eu a empurrei e entrei.

"Contar a verdade, o que mais?", exclamei, indo para a salar.

"Eles vão me pôr na cadeia por abusar de uma menor."

"Oi, Mundo! Você estava me dando aula ontem à noite."

"Ninguém vai acreditar."

"Olhe, os livros ainda estão aqui", falei, apontando para a mesa. E na sua própria letra, uma explicação de tudo, inclusive o anel de benzeno.

"É estupro", ela balbuciou.

"Não ontem à noite", disse.

"Mas ontem de manhã foi. Eu agarrei você assim que chegou aqui."

"Cala a boca!"

"Oh, Deus, o que fiz?", ela exclamou, totalmente alarmada.

"Pelo amor de Deus, acalme-se!", eu gritei. Ela se sentou em silêncio.

"Eu vou dizer-lhes que vim aqui porque não conseguia dormir. Eu tinha falado com você ontem. Você tinha se oferecido para me ajudar com a Química. Você ia trabalhar a noite toda de qualquer maneira uma vez que tinha um trabalho para entregar, e eu decidi vir estudar aqui. Eu deixei a porta dos fundos destrancada – culpa minha. Eu ia ligar para eles assim que eles acordassem. Para que não se preocupassem. Mas me envolvi nos estudos", eu busquei fôlego.

Ela ficou em silêncio por um segundo. Eu aguardei, na esperança de que ela concordasse com a minha história.

"Certo, vamos fazer isso."

"Fazer o quê?"

"Telefonar para seus pais e dizer-lhes que você está aqui. Peça a seu pai que venha pegar você. Ele não vai poder ficar muito bravo se eu estiver aqui. Ele vai ver os livros e as anotações por si."

"Tudo bem". Levantei e fui caminhando até o telefone. Meu coração estava batendo tão rápido que eu achei que ia explodir. Meu estômago e todos os meus músculos estavam duros. Minhas mãos e pernas estavam bambas. Eu disquei o número, os dedos tremiam.

"Alô", meu pai atendeu imediatamente.

"Papai, sou eu", disse, tentando falar o mais normal possível.

"Onde você está?", ele perguntou calmamente, sua voz cheia de amor, temor, gratidão. Eu me senti péssima. Provavelmente ele tinha pensado no pior.

"Papai, eu sinto muito, eu ia ligar mais cedo. Eu vim até a casa da senhora Adhikari para estudar Química. Eu sei que vocês devem ter se preocupado. Eu sinto muito", implorei, com medo de que ele fosse gritar comigo ao telefone.

"Eu vou aí pegar você". Seu tom de voz ficou duro de repente. Ele desligou.

"E então?", Índia perguntou.

"Estou ferrada."

"Eu estou apaixonada por uma menor de idade", disse ela, começando de novo.

"Pelo amor de Deus, não tenha uma crise de consciência agora", pedi.

Jeet tinha acordado. Nós o ouvimos dizer: "Mãããiiiiêêê!".

"Ah, que maravilha", Índia disse com o cenho franzido, indo pegá-lo.

Quem era eu para dizer a ela que não tivesse uma crise de consciência? Minha consciência estava tendo um ataque epilético. Eu estava babando sobre meus sentimentos, pensamentos e até sobre meus sonhos.

Ela voltou para a sala de estar com Jeet nos braços. Ele estava amuado.

"Seu pai vai me odiar. Sua mãe nunca mais vai falar comigo", Índia resmungou.

"Escute", disse, chacoalhando-a pelos ombros, "tire essa camisola, antes de mais nada. Em segundo lugar, eles devem pensar que você é inocente. Nós diremos que eu falei que não tinha problema. Eu não disse nada para você sobre a porta dos fundos destrancada. Agora vá se trocar, rápido. E dê ele para mim", falei, pegando Jeet em meus braços. Eu não fazia ideia se ele tinha entendido o que eu tinha dito.

O telefone tocou. Fiquei pensando se devia atendê-lo. Ele tocou uma segunda vez. Tirei do gancho. Era minha mãe. Jeet gritou, "Oi, Mundo!" no meu outro ouvido, quando eu atendi.

"Estou tão feliz que você esteja bem. Rani me acordou quando ela descobriu que você não estava em casa e que a porta dos fundos estava destrancada. Eu quase morri. Ela está histérica há uma hora", disse ela.

"Eu sinto muito. Eu sinto muito. Eu simplesmente não conseguia dormir e pensei que a senhora Adhikari podia me ajudar com a Química", disse, tomando cuidado para não chamá-la de Tripta.

"O papai está lívido."

"Eu sinto muito, mamãe."

"Por que você não nos acordou e saiu pela porta da frente?"

"Mamãe, eu não queria acordar vocês. Foi no meio da noite."

"Se o papai disser alguma coisa, não responda."

"Eu não responderei", disse, desligando. Eu vi que minha mãe já tinha me perdoado. Mas eu tinha que dar um jeito de aplacar a ira de meu pai. Talvez levasse semanas.

Índia tinha trocado de roupa. Ela colocara um *salwar kameez* verde-escuro, exatamente a tempo de abrir a porta.

"*Namaste, Madameji*", disse meu pai. Ele já estava de roupa formal, mas dava para ver que não tinha se barbeado. Parecia furioso.

"Por favor, entre. Quer um chá ou um café?", ela perguntou.

"Nada", meu pai disse. Eles estavam no hall de entrada. Meu pai olhou para mim. Eu percebi que ele estava bravo, mas que acreditara na história.

"Não, precisa tomar alguma coisa. É a primeira vez que vem à minha casa. Nem mesmo Narayani esteve aqui", Índia disse com muito charme. Meu pai não teve escolha.

Jeet correu até meu pai e segurou na mão dele. Ele disse: "Oi, Mundo!"

"Oi, *Beta*, como se chama?", meu pai perguntou, pegando-o no colo.

"Jeet", ele respondeu, beijando meu pai no rosto. Jeet não tinha sido tão gentil comigo na primeira vez em que nos vimos.

"Então, café ou chá?", Índia perguntou.

"Uma xícara de café, então", disse meu pai.

Índia sorriu e deixou a sala. Eu olhei para meu pai e falei: "Eu sinto muito, papai. Eu não pensei direito".

"Apesar de toda a sua massa cinzenta, você não tem bom senso", disse meu pai.

"Bom senso é incomum", Jeet cantou. Será que ele sabia o que estava dizendo?

"Onde você aprendeu isso?", meu pai perguntou, rindo. Jeet agora já estava segurando a mão de meu pai na sua e comparando o tamanho de suas palmas.

Eu balancei a cabeça morosamente. Podia ter sido bem pior. Eu não tinha certeza de como minha mãe tinha conseguido amolecê-lo tanto.

"O que você aprendeu com a *Madameji*?", meu pai me perguntou.

"Bem, estes livros que a titia usou no seu curso de mestrado em ciências são muito melhores do que os que a gente tem agora. Eu vou pegá-los emprestados", disse. A "titia" caiu que nem uma mentira redonda na minha boca. Eu peguei as anotações que Índia tinha feito com sua própria letra na noite anterior e mostrei a ele.

Índia voltou para o cômodo com três xícaras de café e uma travessa de biscoitos. Ela trouxe o leite de Jeet num copo de plástico. Nós nos sentamos e comemos os biscoitos devagar, até que o café esfriasse.

"Então, Sharma *Sahib*, em qual ministério trabalha?"

"Ministério da Energia", meu pai respondeu.

"Meu ex-marido trabalhava no de Recursos Naturais e Minérios, no departamento de pedras preciosas, mas uma empresa particular o contratou."

"Este café está bom demais. Não é instantâneo", disse meu pai.

"Eu o compro na loja Madrasi no mercado. Eles o moem na hora."

"Muito obrigado por ajudar Anamika com a Química. Ela disse que seus livros são melhores", meu pai apontou para os calhamaços de vinte centímetros sobre a mesa.

"Não há problema nenhum. Ela pode vir sempre que quiser", disse Índia.

"Posso levar aqueles dois?", eu pedi.

"Claro, fique com eles o tempo que quiser."

"Nós temos que ir", disse meu pai, olhando para mim e se levantando. Jeet ficou agarrado a ele.

Eu me levantei e fechei os livros de Índia. Eles deviam pesar vários quilos cada um. Tive que segurá-los de encontro ao peito para dar conta do peso.

"*Madameji*, muito obrigado pelo café", meu pai agradeceu, soltando a mão de Jeet e juntando as suas para desejar *namaste* a Índia. Jeet agarrou-se à perna de meu pai e abraçou-a.

Índia disse *namaste* para o meu pai e então chamou Jeet de volta para ela

"Papai, você poderia carregar um destes?", pedi, dando-lhe um dos livros.

Ao sair quase me virei na direção do caminho mais curto pela *jhuggi*, mas parei a tempo. Quando chegamos, Rani e minha mãe estavam na porta.

"A senhora Adhikari serviu-nos café", meu pai falou; depois acrescentou: "um excelente café".

"Ela é boa gente, não é?", disse minha mãe.

"Sim. Boa gente."

Rani ficou ali plantada, os olhos vermelhos e o nariz ainda escorrendo.

"Não precisava se preocupar. Eu só estava estudando", disse a ela em híndi, mostrando os livros nos braços de meu pai e nos meus.

Depois que meus pais saíram para trabalhar eu passei um tempinho ensinando palavras em inglês para Rani e falando sobre as vogais e as consoantes. Na superfície, nossa interação era normal, mas no fundo havia uma distância entre nós. Eu não me desculpara pelo dia anterior quando tinha saído de casa abruptamente para ir ver Sheela e não tinha dito nada quando saí de casa à noite. Eu não conseguia fazê-lo. Um tempo depois o telefone tocou. Rani foi atender.

Ela voltou e disse-me que era a *Memsahib*. Eu imaginei se Rani pensara algo a respeito da noite que eu tinha passado na casa de Índia.

"Eu queria ter certeza de que você não teve nenhum problema depois que saiu daqui de casa."

"Está tudo bem."

"Eu estou pensando em dar uma festa, um verdadeiro *dawat*,[56] um banquete."

"Quem você quer convidar?"

"Todo mundo que eu conheço. Você vai chamar todo mundo de seu sonho. Verá que tudo se resolve por si. Você vai compreender", disse ela rapidinho. Parecia um teste de fogo.

---

56 *Dawat* (pronuncia-se *da-vut*) significa, literalmente, "convite para um banquete". No *dawat* cada prato é apresentado de forma refinada.

Eu fiquei em silêncio.

"Você não acha que é uma boa ideia?", ela perguntou.

"Não, não é isso."

"Então?"

"Você vai dançar ao som de 'Dum Maro Dum' e usar drogas?". Eu me senti mal por perguntar, mas melhor isso do que expor meus pais ao outro lado da sra. Tripta Adhikari. Eles iam gostar menos dela se a conhecessem melhor. Muito menos.

"Você acha que eu sou burra?"

"Talvez em seu círculo social todo mundo faça esse tipo de coisa", eu retorqui.

"Vamos lá! Só com Deepak e você. Eu jamais enrolaria um baseado na frente de ninguém em Délhi. Este lugar é tão atrasado", disse ela com amargura. De repente eu me senti antiquada por não aceitá-la. Ela me aceitava, tolerava, minhas estranhas mudanças de humor e minha imaginação estúpida que tentavam reduzir todo o amor, amizade e afeição a uma orgia de sarjeta.

"Tudo bem, faça um *dawat*", concedi.

"Eu quero que seja um verdadeiro *dawat* com comida extremamente refinada. Eu conheço um bufê cujos donos serviram o Nawab[57] de Hyderabad durante gerações. Teremos *naan*[58] recheado de nozes. Haverá castanhas-de-caju e amêndoas moídas e ricas especiarias em tudo", disse ela, sonhadora.

"Cristóvão Colombo embarcou numa viagem perigosa apenas para adquirir nossas especiarias", falei. Eu imaginei Colombo desembarcando nas costas da Índia. As costas dela. Desejei que ele tivesse conseguido.

"Você pode convidar seus pais? E, por favor, convide alguns de seus amigos! Anamika, eu quero conhecer seus amigos, as pessoas que são importantes em sua vida."

---

57 *Nawab* é um título nobre (muçulmano) equivalente a governador de estado (ou província) durante o império Mongol. (N.T.)

58 *Naan* é um típico e antigo pão indiano, feito à base de leite, farinha e *usli ghee* (manteiga purificada), levedado e espalmado, cozido no forno (*tandoor*). (N.T.)

"Quando será o banquete?"

"Sábado à noite. Eu já falei comDeepak e Arni. Eles estão com saudades suas."

Eu liguei para Adit no trabalho para convidá-lo, a sua esposa e,a Vidur, é claro. Eu achei que Vidur não aceitaria se eu ligasse para ele diretamente.

"Você está mais mansa?", Adit perguntou.

"Não, mas Vidur ainda está chateado comigo."

"É por isso que você está ligando?"

"Índia queria que eu convidasse vocês para uma festa no sábado. Pode convidar o Vidur, por favor?"

"Ah! Índia, a mulher sexy com quem eu poderia ter um caso se você continuar a me recusar."

"Exatamente". Eu não podia levar as piadas dele tanto para o lado pessoal.

"Deixe-me ir aí ver você", disse ele.

"Não dá. Eu estou no olho do furacão."

"Olho do furacão combina com amantes *calientes*", ele brincou.

"Não! Eu fui pega hoje", estava ficando exasperada.

"Seus pais pegaram você com a empregada?", disse ele, de leve.

"Não, foi com Índia", respondi, desligando. Eu não tinha lhe contado especificamente a respeito de Índia, mas estava certa de que ele sabia. Ele sabia demais a meu respeito!

Fiz uma xícara de chá para mim em vez de pedir para Rani. Sentia-me culpada pelo modo como a vinha tratando. Depois, sentei-me com um enorme pedaço de papel e decidi fazer uma lista de meus problemas. Nas últimas vinte e quatro horas eu perdera meu melhor amigo e magoado Rani – aliás, eu continuava magoando-a. Eu quase fora pega por meus pais e descobrira que Sheela considerava nossas atividades como um tipo de experimento. Minha vida escolar, que antes não tinha nenhuma conexão com minha vida em casa, estava agora profundamente envolvida nela. O *dawat* de Índia poderia se tornar um confronto dos grandes; se eu conseguisse passar por ele, eu não teria que me preocupar com a possibilidade de uma colisão de todas as minhas vidas. E, se tudo explodisse, eu gostaria de poder escapar antes.

Tracei uma linha no meio da folha com uma régua. Considerei o método da professora Thaityallam de comparar coisas ponto a ponto, prós e contras. Escrevi Estados Unidos numa coluna e Délhi na outra. Na coluna Estados Unidos eu escrevi liberdade, dinheiro, independência, nenhum controle social e lavar louça suja e banheiros. Na coluna Délhi, coloquei a dependência de meus pais, ir a *sagais* e recepções sociais, preocupar-me com o que as pessoas pensam e estar à mercê de uma sociedade retrógrada e de seus juízos. Eu podia imaginar a professora Thaityallam olhando a coluna e objetando: "Mas, *Beta*, os Estados Unidos é um país e Délhi é só uma cidade". Se eu excluísse Délhi e escolhesse Benares ou Powaii ou Kharagpur para estudar, eu poderia residir num albergue e ter mais liberdade. Mas mesmo lá eu teria que seguir regras e estaria sujeita à tirania do diretor do albergue.

Essas poderiam ser as razões erradas para deixar meu país, mas a promessa de escapar era incrivelmente tentadora. Eu pensei nas escolhas de minha futura carreira na Índia - engenharia ou direito - e imaginei a abundância de opções no Ocidente. Procurei o cartão de Deepak e encontrei-o na gaveta de minha escrivaninha. Liguei para o escritório dele. Eu podia estar incomodando, mas ele disse que não.

"Eu tenho todo o tempo do mundo para você", falou, com afeto.

"Eu tenho que ir para os Estados Unidos o quanto antes."

"Vamos à USEFI[59] para pegar os formulários que você precisa."

"Isso seria legal", disse.

"Eu tenho um dia meio tranquilo aqui no escritório hoje. Eu posso levar você", ele se ofereceu.

Eu pensei em ligar para minha mãe e contar-lhe. Se ela batesse o pé, o que eu faria? Eu não queria arriscar. Eu disse a Rani que Deepak estava me levando a um lugar importante e que eu voltaria logo.

"Você se casou com Arni porque ela era a melhor pessoa que você já conheceu? Ela é melhor do que sua namorada polonesa?,

59 Fundação Educacional dos Estados Unidos na Índia. (N.T.)

perguntei a Deepak no carro. Isso ficara na minha mente desde nossa conversa em Kasauli sobre casamento.

"A melhor pessoa? Para com isso, Anamika, você está brincando. A vida não é como a escola com suas notas e níveis."

Era e não era. O que eu quisera dizer era que a melhor pessoa sempre faria as melhores coisas. A melhor pessoa seria como Índia sem as drogas ou Adit sem seu constante assédio.

"Você a ama mais do que a qualquer outra pessoa?", perguntei.

"O amor é só a matéria-prima para se criar algo a partir dele, casamento é isso. Arni está decidida a fazer com que o nosso casamento dê certo. Agatha e eu nos amávamos de modo diferente. Assim que nossas carreiras ou futuro ficaram em jogo, nós escolhemos a nós mesmos e não ao nosso relacionamento. Ele não sobreviveu à sua conveniência."

"A Arni é quem faz todos os sacrifícios no seu casamento?", perguntei.

"Será que eu pareço o típico macho chauvinista a seus olhos?", Deepak quis saber, rindo.

"Não, mas foi ela que parou de trabalhar depois de casar."

"Quando voltei para a Índia, eu queria um emprego em Bombaim. Mas Arni queria ficar em Délhi porque os pais dela estão aqui, assim como os meus. Peguei outro emprego, um que eu não queria tanto."

Enquanto isso, nós chegamos ao prédio da USEFI. Deepak esticou o pescoço para procurar um lugar para estacionar.

"Ali, do lado esquerdo", falei, apontando uma vaga.

Conforme Deepak manobrava seu carro para metê-lo na vaga, eu disse: "Eu odeio compromissos".

"Na sua idade, você deve mesmo. Esse é o momento para fazer algo por si. Uma vez atingidas as suas metas, você vai querer outras coisas. Vai querer viver para outras pessoas. Uma família, talvez."

Na USEFI o guarda nos encaminhou para o segundo andar. Havia muitas pessoas sentadas na sala preenchendo formulários. Fui até a recepcionista, que me disse que eu tinha de preencher um questionário preliminar. Sentei-me e comecei a respondê-lo. Deepak perambulou por lá, olhando os livros que eles tinham nas prateleiras. Ele parecia feliz por estar lá, nostálgico enquanto folheava a literatura sobre as universidades. Ele dava uma risadinha de vez em quando.

O questionário tinha cinco páginas e pedia informações sobre meus contatos, os rendimentos de meus pais, minhas notas no último exame, minha colocação, atividades extracurriculares, e quando eu pretendia fazer o exame de admissão para uma faculdade. Na seção que perguntava sobre meus planos de estudo futuros, eu marquei Física. Eu perguntei a Deepak onde deveria estudar. Podia-se marcar até cinco estados.

"Califórnia, definitivamente", disse ele. Eu marquei esse lugar.

"Nova Iorque, Massachusetts, Illinois". Eu marquei todos esses lugares. Então ele examinou os outros. Eu tinha certeza de que eles eram todos iguais. Eu apontei para Wyoming. Ele abanou a cabeça. Texas. Ele abanou a cabeça de novo. Flórida. Ele franziu o cenho ligeiramente, indeciso.

"Por que não? É quente", ele finalmente decidiu.

Eu assinei o formulário e entreguei-o de volta à recepcionista. Ela olhou para uma agenda à sua frente e me disse quando a conselheira teria um horário livre para uma entrevista.

"Pegue estes boletins e leia-os", disse ela, entregando-me algumas brochuras. Quando saímos, Deepak me passou algumas coisas que ele tinha pegado de outra seção. Eram sobre faculdades isoladas mais atraentes que aquelas que a senhora tinha me dado.

No caminho de volta, eu me preocupei porque tinha escrito meu telefone de casa no formulário. Se a USEFI me ligasse em casa, meus pais descobririam que eu tinha ido lá. Pedi a opinião de Deepak.

"Deixe-me falar com seus pais. Eles vão à festa da titia no sábado?"

"Vão. Mas eu não tenho certeza se vão ouvir você."

"Não se preocupe. É normal que os pais fiquem ansiosos sobre seus filhos saírem de casa. Ademais, você é muito jovem, e é menina. Eles se sentirão mais confiantes se falarem com alguém que já passou por essa experiência."

Quando chegamos em casa, eu convidei Deepak para entrar e perguntei-lhe se queria almoçar conosco. Rani foi cuidar do almoço, feliz que tínhamos um convidado inesperado. Ela fez *chapatis*[60] quentinhos para ele e insistiu que ele repetisse. Depois do almoço eu fui lavar as mãos. Quando voltei, eles estavam no meio de uma conversa.

"Nós estávamos todos preocupados, não fazíamos a menor ideia de onde ela tinha ido", Rani estava dizendo.

"Ela está contando sobre hoje de manhã?", eu perguntei despreocupadamente.

"Sim. Não é de admirar que seus pais se preocupem em deixá-la partir. Você simplesmente sai de casa, deixando a porta escancarada", disse ele.

"Escancarada, não. Só destrancada."

"E isso tudo em nome da Química", ele falou com uma risadinha, apontando os livros de Índia, que meu pai tinha colocado na mesa lateral.

"A química faz o mundo girar, mesmo no mundo D & R", afirmei, incapaz de resistir.

"Esse é um tipo de química diferente. Você é tão estudiosa. Eu terei sorte se tiver uma filha como você", Deepak disse.

"Você não sabe o que te espera."

Ele se levantou para ir embora. Agradeceu a Rani pelo almoço. Ela sorriu para ele. Não pareceu nada tímida. Ela tinha emergido de seus modos de empregada como eu jamais vira. De repente eu me senti próxima dela novamente.

"Rani, me perdoe pelo modo como venho me comportando. Eu tive que sair para estudar à noite. Meus estudos estão me levando à loucura."

"Você é livre para ir e vir como queira, *Babyji*. Eu jamais irei deter você", disse ela.

"Por favor, me perdoe", pedi, pegando em sua mão e levando-a para meu quarto. Deitamos na cama e batemos papo.

"Deepak *Sahib* é diferente", ela falou.

"De que maneira?"

---

60 *Chapati* é um pão indiano, parecido com uma panqueca, com um diâmetro de doze a quinze centímetros.

"Eu não sei. Ele me tratou como você me trata. Não como uma empregada."

"Ele morou nos Estados Unidos", falei.

"Nos Estados Unidos?", ela perguntou.

"Sim. Lá eles não tem empregados."

"Não?"

"Não. Todo mundo é igual. Não há castas também. Claro, algumas pessoas são ricas e outras pobres, mas é assim em todo lugar."

"Ele me disse que você quer ir embora. Você quer ir para os Estados Unidos?", ela perguntou.

"Sim."

"Mas, por que, *Babyji*? Você é uma brâmane. É bom para você aqui. Por que ia querer ser menos, uma igual?"

"Eu quero ser livre. Eu não quero a sociedade me dizendo o que fazer o tempo todo", respondi.

Nós adormecemos. Depois que acordei, passei o resto do dia enfiada no quarto, fazendo os testes de amostragem nos boletins e lendo cada palavra de cada brochura. O pesadelo que quase me levara à ruína desapareceu. Grandes bibliotecas com colunas dóricas e cornijas com nomes inscritos como Heródoto e Sócrates, Platão, Homero, Emerson e Galileu me chamavam para que eu conhecesse o que tinham para oferecer.

XXIV
O ESPECIAL DE VOLTA ÀS AULAS

O noticiário da manhã informou que as escolas iriam reabrir no dia seguinte ou no outro se não houvesse mais incidentes. Eu temia a ideia de voltar. Eu sempre gostara de ir à escola, mas mesmo assim, de manhã, eu tinha um sentimento de que não fizera as minhas tarefas de casa, um pressentimento de que ia ser apanhada e punida por uma omissão ou transgressão de que não me lembrava. Isso era mais forte no primeiro dia de escola depois das férias de verão. Mas sentia também na segunda-feira e depois de finais de semana prolongados ou feriados. Isso começara já na pré-escola com o medo de deixar minha mãe. No decorrer dos anos, passou a ocorrer aparentemente sem contexto ou razão.

Poderia alguém ter outras impressões como essas? Vestígios de sentimentos que outrora tiveram uma causa, mas que permanecem muito tempo depois que a causa desapareceu, um amor sem uma base? Minha mente me disse que havia uma razão para tudo, assim como a mente de Índia lhe dizia que tudo era quimicamente induzido e a de Sheela, que o destino concebia nosso futuro. De vez em quando um editorial no jornal arguia que o dinheiro ou a economia era a razão de tudo. Parecia igualmente absurdo.

Frequentemente, quando eu pensava sobre coisas abstratas, me sentia invencível. Era um pouco como o trailer do *Star Trek* que mostrava o mundo primeiro lá da Lua, mas depois de Plutão e, finalmente, a partir de outra galáxia. Eu tinha a impressão de que estava a uma grande distância da vida diária, ainda capaz de ver claramente, nada borrando minha visão, mas enxergando tudo bem pequeno.

"Rani fez *puris*[61] para você hoje. Você vem tomar o café da manhã?", minha mãe perguntou.

"Sim", disse, levantando-me.

Meu pai já estava comendo torradas com geléia.

"Eu não quero ir à escola amanhã", eu choraminguei.

"Você teve um período enorme de descanso. Precisa começar a focar nos exames IIT", disse meu pai.

"Deepak sugeriu que eu vá estudar nos Estados Unidos. Eu estava pensando em saber mais a respeito."

"É muito caro", exclamou minha mãe.

"Mãe, eu posso pedir uma bolsa de estudos. Se conseguir, vocês me deixam ir?"

"Depende do papai", disse ela.

"Os IITs são tão bons quanto qualquer coisa no mundo", meu pai falou.

"Você pode ir para fora do país na pós-graduação. É jovem demais para ir agora", minha mãe disse.

"Mãe, vai ser tarde demais depois da faculdade. Aí eu já terei escolhido uma especialização."

"Pelo contrário, é melhor. Você saberá exatamente o que quer fazer", meu pai afirmou.

Se eu ficasse na Índia teria que tomar uma decisão dentro de um ano e estaria presa a ela para o resto da vida. Eu não sabia nada sobre direito, engenharia, arquitetura ou economia e se fizesse a escolha errada, não teria opção. Era justamente por precisar de ajuda para decidir que deveria ir agora. Mas sabia que nenhum dos dois compraria essa ideia. O único jeito de conven-

61 *Puri* é um tipo de panqueca. (N.T.)

cer meus pais era dizer que eu queria fazer algo que no Ocidente era melhor, como ciência da computação. Ia ser difícil, porque na escola eu já havia escolhido Biologia em vez de Ciência da Computação ou Desenho Mecânico.

"O futuro está na ciência da computação. E como eu não fiz isso depois da décima série, o único jeito de fazer essa faculdade é ir para fora porque eles não exigem que você tenha estudado isso antes."

"Veremos", meu pai disse, pondo fim à discussão.

À tarde, fui à casa de Sheela. Convidei-a para a festa de Índia. Ambas estávamos muito calmas e não falamos sobre Vidur. O noticiário confirmou que as aulas recomeçariam no dia seguinte. Eu fui para casa e preparei a mochila da escola. Liguei para Adit no escritório e contei-lhe sobre meu desejo de ir para o exterior.

"Eu já sinto sua falta", disse ele.

"Eu talvez não consiga entrar", falei ansiosamente.

"Você vai, relaxe."

"Você pode ir à festa de Índia? Vidur concordou?"

"Nós vamos. Eu não perderia uma oportunidade dessas de conhecê-la depois de tudo o que me contou sobre ela."

"Eu convidei Sheela também."

"Sua vítima de estupro". Ele tinha somado dois mais dois. Eu temi que ele soubesse demais.

"Minha amiga. E de Vidur", disse.

"Posso me encontrar com você antes disso?"

"Não."

"Você deveria ser mais gentil com este velho", ele brincou.

No jantar eu disse a meus pais que Índia nos convidara para uma festa. Os dois pareceram felizes e disseram que iríamos. Ocorreu-me que se Índia, Adit e Deepak falassem de estudar nos Estados Unidos, isso iria ajudar minha causa. Eu iria pedir-lhes que comentassem isso. Assim meus pais veriam que outras pessoas também achavam que era uma boa ideia.

Na escola, na manhã seguinte, quando eu fiquei em pé no tablado durante a assembleia, tudo pareceu tolo, como uma brincadeira. O importane era ir para fora do país. Eu já não aguentava mais esse meu tipo de vida. Tinha certeza de que encontraria almas gêmeas na faculdade, pessoas que tinham lido os mesmos livros que eu. Não estando a fim de sair desse estado prazeroso, longínquo, eu decidi ir diretamente para a sala de aula depois da assembleia em vez de entrar na fila da minha classe. Encontrei Chakra Dev sozinho. Senti-me eletrocutada ao vê-lo. Será que ele mexia nas mochilas dos colegas quando ninguém estava na classe?

Eu me sentei e peguei um livro, ignorando-o. Comportei-me como se nós não tivéssemos falado sobre sua suspensão. Ele se levantou de sua carteira e veio até mim.

"Você não está mais gamada em mim, hein?", disse ele, cheio de si.

Eu dei de ombros.

"De qualquer maneira, me desculpe por ter chamado você de cadela naquele dia. E pela bomba". Pelo jeito que sua boca se levantava no cantinho, eu vi que ele adorou dizer "cadela" novamente. Eu tinha certeza de que ele estava imaginando uma bombinha incendiando minha saia. Senti minha pulsação acelerar. Tinha sido loucura pedir ao diretor que o perdoasse. Eu teria que dizer ao diretor que tinha fracassado em minha tarefa.

"Por que você estuda tanto?", ele perguntou, olhando zombeteiramente para meus livros e chegando mais perto da minha carteira.

Dei de ombros de novo.

"Então, você está arrumando as coisas para eu ficar com Sheela?"

Meu corpo se encolheu quando ele mencionou o nome dela.

"Ela gosta de mim?", ele perguntou, se aproximando ainda mais.

"Por que eu haveria de dizer para você?"

"Deixa de ser antipática", ele falou, chegando ainda mais perto. Eu podia sentir sua respiração no meu rosto. Desejei não ter voltado para a classe sozinha. Aonde estava todo mundo?

"Afaste-se", exigi, sem fazer contato visual. Eu senti que ele ia me bater a qualquer minuto. Ele estava perto demais para eu me sentir à vontade.

"Afaaaaste-seee, afaaaaste-seee!", ele balbuciou, aproximando-se.

Eu recuei uns centímetros na minha carteira e me levantei. Ele estava virtualmente sobre mim. Tão rápido e o mais forte possível, eu o esbofeteei. Quando ele cambaleou para trás, escapei pelo lado de Vidur e dirigi-me para a porta. Eu ouvi ele rindo.

"Por que você está fugindo?", ele me perguntou.

Eu me voltei para olhá-lo.

"Você pode me esbofetear de novo se quiser", disse ele, sua mão se movendo na direção do zíper da calça.

Eu fui até o bebedouro para tomar água e me acalmar. Só entrei de novo na sala depois que os outros alunos tinham chegado. Quando entrei, olhei para Sheela. Ela sorriu para mim. Depois me sentei ao lado de Vidur, o ar entre nós era mais pesado do que um romance de Dostoiévski.

Antes que a professora T. entrasse, eu disse a Vidur: "Escute, eu tenho que falar com você com urgência. Podemos sair juntos no intervalo?". Ele concordou.

Eu não fazia ideia do que ia dizer, mas eu não podia continuar daquele jeito. Eu falaria com o diretor sobre Chakra Dev depois que as aulas acabassem; minha amizade com Vidur era muito mais importante.

O resto da manhã foi horrível. Paranoica, eu não consegui parar de olhar para trás. Cada vez que o fazia, Chakra Dev me olhava como se nós tivéssemos um grande segredo. Sua mão esquerda estava no bolso. Eu me lembrei do jeito que o *cheapad* no ônibus estava se esfregando. Vidur não pareceu ter percebido alguma coisa. Eu pensei em contar-lhe sobre o incidente, mas decidi-me pelo contrário. Eu não queria que ele pensasse que eu recorria a ele na hora do aperto, mas que o dispensava quando ele precisava de mim. Ele já achara isso.

Depois da professora T. nós tivemos duas aulas com a professora Pillai. Ela estava usando um sári amarelo-pálido com florzinhas bordadas nas bordas. Eu fiquei fissurada com o brilho de seu pescoço e com o movimento da saboneteira no centro de sua clavícula quando ela falava. Toda vez que ela dizia "probabilidade", era como se um rio fluísse na superfície interna de seu pescoço.

Quando o sinal do intervalo soou, eu peguei no braço de Sheela e levei-a para fora da classe. Nós fomos até a sombra de um *gulmohar*.

"Por que a gente está aqui?", Sheela perguntou.

"Estamos esperando por Vidur. Precisamos conversar."

"Sobre o quê?"

"Você verá", disse misteriosamente, embora eu não tivesse nenhum plano.

Vimos Vidur vindo na nossa direção atravessando o campo de EF. O sol brilhante fazia-o semicerrar os olhos.

"O que você quer?", ele perguntou.

"Eu decidi ir para os Estados Unidos", comuniquei aos dois.

"É?", disse Sheela, surpresa.

"Sim. Marquei uma entrevista com um conselheiro da USEFI."

"Por que está me contando isso?", Vidur perguntou.

"Vocês são meus amigos", falei, olhando para os dois.

Vidur pegou na casca da árvore, sujando a parte de baixo das unhas. Ele parecia melancólico.

"Escute, Vidur, eu preciso fazer as pazes com você", disse.

"Por que, porque vai embora?", ele quis saber.

"Não, porque isso é bobo", disse, apontando para Sheela e para mim.

"Nós somos todos amigos, não é isso que interessa?", Sheela perguntou-lhe.

"Bem, vocês duas parecem ser mais do que isso", disparou ele.

"Para com isso, Vidur. Na nossa idade nada é sério. Não é como se estivéssemos fazendo algo juntas", disse Sheela. Ela deu aquele seu sorriso charmoso e olhou-o sem pestanejar. Eu imaginei se ela realmente acreditava nisso. Estritamente falando, era quase verdade; o que acontecia entre Sheela e mim era nada comparado com o que eu fazia com Índia e Rani. Até eu estava quase convencida disso.

"É verdade?", Vidur perguntou, pedindo minha confirmação.

"Ela já disse", respondi.

Houve uma mudança imediata em Vidur. Ele parou de brincar com a casca da árvore e colocou as mãos na cintura. Ele relaxou.

"Você irá embora da Índia?", ele mudou de assunto.

Eu pensei em Índia, a mulher, não no país. Eu teria que deixá-la se fosse embora.

"São só quatro anos. Eu retornarei depois de terminar meus estudos."

"Meu primo disse isso e agora está trabalhando em Nova Iorque."

Eu não queria que o Vidur me comparasse a seu primo. Será que o primo dele amava a Índia tanto quanto eu? Será que ele estava tentando levar vantagem sobre mim em relação à Sheela?

"Eu acho que você deveria vir comigo até a USEFI e se candidatar para estudar fora do país", eu disse a nenhum deles em particular.

"Eu não vou sair do país", disse Sheela imediatamente.

"Eu vou servir no Exército. Eu também jamais deixarei a Índia", disse Vidur. Eu não queria que ele pensasse que eu era uma dupla traidora, traindo-o e ao país.

"Todos os nossos grandes líderes estudaram fora – Gandhiji, Nehru, Subhash Chandra Bose, Ambedkar. Se eles não o tivessem feito, talvez nós não tivéssemos conseguido a nossa independência dos britânicos."

"Mas nós já somos independentes", disse Sheela.

"A Índia precisa de nós", continuou Vidur. Eu imaginei Índia, o lençol ao redor do corpo e eu tocando a campainha de sua casa no meio da noite, precisando dela tanto quanto ela precisava de mim.

"Ele está certo", disse Sheela. Por um segundo pareceu que eles eram um casal, como Arni e Deepak. O sinal tocou e nós caminhamos penosamente através do campo naquele calor.

Comparado à luz do verão feroz lá fora, o interior do prédio escolar estava tão escuro quanto uma masmorra. Nós paramos por um segundo para que nossos olhos se acostumassem. Ao nos aproximarmos da sala de aula, Vidur e eu nos viramos para o bebedouro. Sheela viu Ashima e caminhou na direção dela.

"Por que todo mundo pensa que o Ocidente é melhor?", Vidur me perguntou.

"Não é isso. Nós estamos muito limitados aqui. Mesmo em nossa escolha de disciplinas, cada decisão nos restringe cada vez mais em vez de nos libertar. É como o casamento."

"Você acha que é diferente em outro lugar? Pelo menos este é o nosso país."

Nós tínhamos chegado ao bebedouro e eu me inclinei para beber. Depois eu limpei a boca com o lenço enquanto esperava pela vez de Vidur.

"De qualquer maneira, eu acho que se deve estudar fora apenas para que se possa ver por si em que medida é melhor ou pior. De tal maneira que se possa melhorar a Índia, depois de voltar", respondi.

"Se você for, não volta. Você vai mudar", disse ele.

"Veremos."

Entramos na sala a tempo de ouvir um grito alto. Era Sheela. Vidur e eu corremos até ela. Ashima e dois rapazes estavam de pé em volta de sua carteira. Ela tinha as mãos nos ouvidos, tapando-os, e seus olhos estavam cerrados. Ela gritou de novo. Eu estava a ponto de tirar as mãos dela dos ouvidos para perguntar o que estava acontecendo quando Vidur cutucou meu cotovelo e apontou para a carteira de Sheela. Havia uma coisa de borracha translúcida em cima dela. Ashima olhou com cara de nojo. Eu achei que fosse uma camisinha, mas não tinha certeza. Eu nunca tinha visto uma. Levantei a sobrancelha, interrogativa.

"Camisinha", Vidur balbuciou. Como é que ele sabia?

O professor Garg já estava na classe. Eu notei que Chakra Dev estava de volta à sua carteira. A imagem de sua mão no bolso piscou em minha mente.

"Senhor professor", eu chamei o professor Garg. Sheela estava morta de vergonha.

Ele veio até nós e olhou para a carteira de Sheela. Seu rosto ficou vermelho como um pimentão.

"Quem fez isso? Que desgraçado fez isso?", ele rugiu.

"Chakra Dev", acusei, calmamente. Eu não tinha dúvida de que ele havia feito algo suspeito durante o intervalo, no banheiro.

Houve um arquejo coletivo. Todos os olhos se voltaram para ele.

Ele se levantou com seu ar insolente e olhou para todo mundo, seus ombros desafiadores e sua cabeça empertigada. O professor Garg andou na direção dele. Eu fui também.

"Você fez isso?", o professor Garg trovejou, aproximando-se dele.

"Não, ela esta mentindo", disse ele. Tão à vontade e calmo que até eu poderia ser enganada.

"Anamika é Chefe dos Representantes de Classe; ela não mente", o professor Garg gritou.

Agora eu estava próxima de Chakra Dev. Eu levantei a mão e meti-a diretamente em sua cara com toda a força. Bati-lhe na face esquerda e depois, antes que ele ou o professor Garg ou qualquer pessoa pudesse se recuperar, dei-lhe outra bofetada na direita.

O professor Garg ficou pregado no chão. Chakra Dev tinha levado as duas mãos ao rosto para se proteger, mas tarde demais. Suas narinas estavam inchadas. Ele estava fervendo.

Sem aviso, Chakra Dev levou as mãos ao meu pescoço, rugindo. Eu vi seus dentes e senti a pressão de seu polegar sobre o meu pescoço. O professor Garg, que tinha ficado totalmente petrificado até agora, voou para cima dele. Vidur pulou por cima de minha carteira e entrou na briga. Houve um alívio coletivo quando o professor Garg e Vidur conseguiram controlá-lo.

"Precisamos levá-lo até o diretor. Ele já me ameaçou antes", falei calmamente. Meu coração estava disparado e meu corpo, quente. Mas por fora eu já retomara o controle.

"Vamos", disse o professor Garg, segurando Chakra Dev pela gola.

"Eu também vou", disse Vidur, não deixando espaço para discussão. Todos marchamos dali para fora. Eu ouvi o rumor baixo de vozes atrás de nós assim que saímos da sala.

O professor Garg pediu a Vidur e a mim que esperássemos fora do escritório enquanto ele levava Chakra Dev lá para dentro.

"Você não deveria tê-lo esbofeteado. Nem os professores podem fazer isso!", Vidur sussurrou.

"Eu o esbofeteei de manhã também", disse.

"Quando?"

"Logo depois da assembleia. Nós estávamos sozinhos na classe. Ele estava se portando mal, como sempre."

"Por que você não me falou antes?" Por um instante eu senti que Vidur e eu éramos bons amigos novamente.

Eu dei de ombros.

"Você tem certeza de que foi ele que deixou a camisinha lá?", Vidur perguntou.

"Sim."

"E você queria que Sheela falasse com ele!", Vidur exclamou, olhando para mim com nojo, como se minha sugestão tivesse sido tão suja e baixa quanto a camisinha.

Eu dei de ombros novamente, embora soubesse que ele estava certo, do ponto de vista racional.

Eu sabia que nenhum professor, nem mesmo a professora Pillai, teria admitido a minha atitude. O professor Garg era possivelmente a única pessoa da escola que teria ficado do meu lado. Sorte minha que aconteceu na aula dele.

O professor Garg saiu e disse a Vidur que voltasse à sala de aula com ele. O diretor queria me ver sozinha com o Chakra Dev.

"Eu disse a ele como você arriscou seu pescoço por ele antes que as escolas fechassem. Ele tem um pedido de desculpas por escrito?", o diretor perguntou.

Eu olhei para Chakra Dev, que encarava a parede.

"Não, ele não tem. Eu até lhe telefonei enquanto a escola estava fechada na esperança de ter uma discussão civilizada."

"Ela ligou para você?", o diretor perguntou. Nem mesmo o mais arruaceiro dos garotos tinha coragem na frente dele. Seu corpanzil exigia respeito instantâneo.

"Sim, senhor!" disse ele, e acrescentou: "ela tinha uma *Playboy*".

"Ela tinha o quê?", o diretor perguntou.

"Uma revista *Playboy*, em alemão", Chakra Dev falou com arrogância. Meu coração estava aos pulos no meu peito. Eu ia acabar sendo suspensa da escola. Eu tinha medo de que meu rosto estivesse enrubescendo, pois o diretor saberia que era verdade.

"Senhor Chakra Dev Yadav, o que o faz pensar que a sua palavra possa ser contraposta à da Chefe dos Representantes de Classe?", o diretor falou, nem mesmo se preocupando em olhar para mim. Eu fiquei aliviada. Tinha recuperado a calma.

"Pergunte a ela", Chakra afirmou confiantemente, olhando-me nos olhos.

O diretor se virou para me olhar.

"Não, senhor. É uma alegação absurda", falei sem piscar. Chakra Dev achava que eu era tão autodestrutiva quanto ele? Eu raramente mentia, mas tinha bom senso suficiente para saber que era imperioso fazê-lo neste caso.

"Eu vou suspender você". Eu imaginei quanto tempo levaria para Chakra Dev ceder, rastejar e pedir desculpas. Não houve nem uma lamúria da parte dele, mas gotas de suor escorriam-lhe pelo rosto.

"Você quer ser suspenso? Eu não acho que sua mãe vá gostar", falei de repente. Não era minha vez de falar. Normalmente isso teria sido inadmissível quando o diretor estava fazendo um julgamento, mas esse era o rapaz pelo qual eu arriscara meu pescoço anteriormente.

Ele me olhou e depois para o diretor.

"Não, senhor, eu preferiria não ser suspenso", disse ele, corajosamente.

"Yadav", o diretor rugiu, "você teria sido suspenso antes que as escolas fechassem, não tivesse sido pela interferência dela."

"Eu sinto muito, senhor."

"Senhor, nós podemos dar-lhe uma nova chance?" Eu não planejara vir em socorro dele. Eu tinha aberto a boca e as palafluiram por si mesmas.

"O quê?", o diretor exclamou, incrédulo. Mesmo Chakra Dev estava chocado.

O diretor olhou-me duramente e depois para Chakra Dev.

"Vá esperar lá fora", ele disse para Chakra Dev, que saiu da sala.

"Que bobagem é essa, Anamika?", o diretor me deu bronca quando ficamos sozinhos.

"Senhor, eu acho que ele tem problemas familiares", falei, tentando inventar uma boa desculpa. Eu me lembrei de que Sheela tinha mencionado a raiva dele em relação ao pai.

O diretor ligou para a orientadora da escola pelo intercomunicador. "Senhora Shah, tem os arquivos de Chakra Dev Yadav? Ele já causou problemas antes".

Enquanto ele esperava que a sra. Shah retornasse, ele colocou a mão no fone e disse: "Realmente, Anamika, eu tenho que questionar seu julgamento neste caso".

"Sim, senhora Shah", disse ele, tirando a mão do fone. Eu imaginei se haveria mais sobre Chakra Dev do que eu sabia.

"Seus pais estão vivos. Sem divórcio. Algo mais?", o diretor perguntou e depois desligou. "O problema dele é ele mesmo, Anamika", falou, olhando-me detrás da sua mesa.

"Não é esse o problema de todo mundo?", eu perguntei ousadamente. Meu problema era, realmente, eu mesma. Se o de Chakra Dev era ele mesmo, então isso explicava a afinidade que eu sentia por ele.

"O que você quer dizer?"

"Senhor, se ele não melhorar agora, será tarde demais". Eu estava convencida disso.

"O problema, Anamika, é que ele não mostrou nenhum sinal de querer melhorar."

"Senhor, por favor, por mim. Estou nesta escola há doze anos. Sempre tive um ótimo histórico. Se o senhor me valoriza, por favor, perdoe-o desta vez". Minhas palavras saíram rápidas. Conforme elas saíam, eu vi a palavra "compromisso" em minha mente, suas letras se expandindo e se contraindo como um elástico.

"O que você está tentando dizer, Anamika?"

"Senhor, eu vou ter que renunciar ao cargo de Chefe dos Representantes de Classe se o senhor não o perdoar". Agora eu sabia que tinha posto tudo a perder. O diretor veria isso como uma ameaça e suspenderia não apenas Chakra Dev, mas a mim também. Ao falar, senti minha decisão endurecer. Eu seria teimosa e não cederia um centímetro, como Mina, que se recusara a trotar na hípica mesmo com o *Bhaiyya* Sameer batendo nela com uma vara.

"Mandal levou vocês, garotos, à loucura", o diretor balbuciou.

Eu me imaginei abrindo mão de meu distintivo e da gravata de Chefe dos Representantes de Classe. Toda a escola falaria sobre o assunto. Depois que a emoção acabasse, eu seria uma aluna como as outras. Todos os inimigos que eu fizera no decorrer da minha função se sentiriam livres para escarnecer de mim. No fim não faria a menor importância se eu tivesse renunciado por vontade própria ou sido destituída do cargo. A única coisa que importava era que eu não teria mais poder.

"O que a está fazendo tomar esse rumo, Anamika?", ele perguntou.

Eu fiquei em silêncio tentando refletir, mas não conseguia pensar de jeito nenhum. Imagens de Chakra Dev com a mão no bolso, seu aperto no meu pescoço, a camisinha na carteira de Sheela, não paravam de me vir à mente. Eu vi o diretor mexer em alguns papéis na sua mesa, impacientemente.

"Eu não consigo aceitar o fracasso. Estou determinada a não perder para esse tipo", respondi. Eu tinha certeza de que, conhecendo-me há anos, o diretor engoliria isso.

"Eu vou deixá-lo se livrar desta feita. Mas com uma condição", disse ele e fez uma pausa.

"Qual condição, senhor?"

"Você terá que renunciar se ele se comportar mal novamente."

"Sim, senhor."

"Você compreende por que eu estou fazendo isso? Não posso deixar um aluno arruaceiro ficar impune só porque a Chefe dos Representantes de Classe tem pena dele. Então, como verdadeira líder, se você assumir responsabilidade pelas suas tropas, tem que cair com elas quando elas caírem", disse ele.

Eu assenti. Em todos esses anos em que ele era diretor, ele nos falava toda semana sobre liderança, responsabilidade, dever moral, tornar-se uma pessoa melhor. Eu sabia exatamente como ele pensava.

O diretor chamou o *bahadur* e pediu-lhe que mandasse Chakra Dev entrar de novo. Eu fiquei no escritório apertando as mãos. O impacto da nossa conversa me atingira. Eu estava tão acostumada ao privilégio de minha posição, à singularidade que ela me dava na escola, que sabia que me sentiria desnuda sem ela. Humilhada, envergonhada e realmente desnuda.

Chakra Dev entrou e ficou em posição de sentido na frente do diretor.

"Você é um arruaceiro de sorte, mas eu vou deixar que a Anamika lhe diga o porquê", disse o diretor, entregando uma folha com o timbre da escola e uma caneta para Chakra Dev.

"Sente-se aí e escreva uma carta de desculpas", ele instruiu, apontando o sofá para visitantes; depois acrescentou: "Se você for apanhado causando problemas novamente, será expulso da escola sem cartões amarelos ou avisos de suspensão. Eu quero que escreva isso e que o reconheça em seu pedido de desculpas. E traga uma cópia assinada por seu pai amanhã".

"Meu pai não está no país, senhor."

"Então que sua mãe a assine", disse o diretor.

"Anamika, eu espero que você tenha uma fé tremenda nele", o diretor continuou, levantando-se da mesa. Ele caminhou até onde eu estava, tocou meu ombro levemente e sussurrou: "Por você, eu espero que dê certo".

Voltei para a classe pensando no acontecido. Ser chamada de Chefe dos Representantes de Classe era um prêmio por todos os meus anos na escola. A cerimônia de posse da CRC era o maior evento na escola todo ano. A nomeação do CRC era debatida internamente pelos professores e pelos CRC dos anos anteriores com grande paixão durante meses. Meus pais tinham ficado extremamente orgulhosos quando eu fora investida de minha posição. Mesmo meus colegas de classe haviam celebrado. Eu teria muito que explicar se fosse obrigada a renunciar. Ninguém acreditaria que eu estivesse fazendo isso voluntariamente pelo Chakra Dev. Boatos começariam a correr dizendo que eu tinha feito algo errado, como colar ou furtar, e que para salvar minha cara a renúncia tinha sido aceita em vez do impeachment. Pôr meu distintivo em risco pelo Chakra Dev era pôr em risco doze anos de minha vida – minha dedicação, minhas notas, minhas realizações extracurriculares. Será que tudo isso valia por "ter pena" dele, se é que era por isso?

Quando voltei para a classe, descobri Sheela sentada ao lado de Vidur, o pedaço de látex ofensivo ainda sobre sua carteira, e a classe, ocupada em transcrever fórmulas de Física, virando a cabeça vez por outra para se certificar de que ele ainda estava lá. Eu não tive opção senão ir me sentar na carteira de Chakra Dev. Casualmente, virei-me para a mochila dele com o intuito de pegar um livro de Física e ver se tinha outras pistas para sua alma.

Chakra Dev retornou no final da aula do professor Garg. A Ácido Sulfídrico estava atrasada, como sempre, então não havia professor na sala quando ele veio até a carteira.

Polida e docemente, para que ninguém mais pudesse ouvir, eu pedi-lhe que tirasse a camisinha e limpasse a carteira de Sheela. Dei-lhe o meu lenço.

"Você pode jogar fora o lenço depois que terminar."

Sem discutir ou dizer alguma coisa ordinária, lá foi ele até a carteira da Sheela. Todo mundo estava olhando. A classe nunca fizera tamanho silêncio na ausência do professor. Ele pegou um pedaço de papel de alguém e apanhou a camisinha com ele. Depois limpou a carteira várias vezes com o meu lenço e colocou-o no bolso.

Ele foi até minha carteira, onde Sheela ainda estava sentada e disse-lhe: "Eu sinto muito por ter feito aquilo. Agora você já pode voltar".

Sheela ficou surpresa demais para dizer algo. Ela pegou os livros da carteira e se mudou. O barulho normal da classe voltou conforme a atenção foi tirada de Chakra Dev.

"Eu tomei a liberdade de pegar seu livro de Física", falei.

"Tudo bem", disse ele. Depois ele colocou a mão no bolso. Eu fiquei apavorada que ele pegasse o meu lenço. Apesar de todo o meu interesse lascivo e de meus instintos para bancar o diabo, eu não queria tocar nele.

"Tome", ele me entregou uma folha de papel dobrada. "É uma fotocópia do que eu escrevi para o diretor. Ele me pediu que a desse a você."

"Eu preciso falar com você ao telefone mais tarde hoje", eu sussurrei. Ele assentiu em reconhecimento, de modo igualmente discreto.

O resto do dia se arrastou. Eu estava dispersa e nervosa. Quando passei pelo corredor senti como se meu distintivo já me tivesse sido retirado. Era como se não estivesse usando a camisa e meus mamilos estivessem à mostra.

No ônibus, a caminho de casa, eu li o que Chakra Dev tinha escrito. Em *staccato,* ele assumia a bomba e o fato de ter colocado a camisinha na carteira de Sheela. Ele usara o nome da marca, Nirodh, em vez da palavra "camisinha". Ele pedia desculpas por ter me desrespeitado em mais de uma ocasião. O único ponto de interesse na carta era sua confissão de que o que ele colocara na carteira de Sheela era um profilático qualquer que ele já usara antes. O que o diretor achara? Teria ele lido a carta ou simplesmente a teria arquivado, dizendo a Chakra Dev que a entregasse a mim por cortesia? Cortesia?

Eu enfiei a carta na mochila. Em casa tentei relaxar. Pedi a Rani que se deitasse comigo e contei-lhe sobre a festa de Índia.

"Deepak irá com a mulher", disse.

"E o *baba* Vidur irá?", ela perguntou.

"Sim, ele irá com minha amiga Sheela. Ele gosta dela", eu contei a Rani.

À noite, quando minha mãe e Rani aprontavam o jantar, eu tentei avaliar a questão da escola. Será que eu me daria melhor não contando para Chakra Dev sobre o acordo que tinha feito com o diretor? Ele talvez decidisse fazer algo errado só para me ferrar. Resolvi não telefonar para ele. Eu ganharia tempo para ver se ele levaria a carta assinada para o diretor.

Tentei me convencer de que renunciar ao meu cargo de CRC era o de menos. Eu disse para mim mesma que havia coisas maiores em que pensar, como meus relacionamentos com Rani e Índia. Se eu fosse sair do país, tudo com Rani terminaria em menos de um ano; então eu decidi aproveitar ao máximo. A felicidade e a doçura de nosso tempo juntas aumentavam conforme a data final aparecia na minha mente. Nós dormimos num abraço cada vez mais apertado, meu queixo em seu ombro e sua mão segurando meu pescoço.

Na escola, no dia seguinte, Sheela apareceu com uma leve maquiagem nos olhos. Ela piscou quando me aproximei dela. Marcamos um encontro para o intervalo.

As primeiras quatro aulas passaram voando. Eu olhei para Chakra Dev algumas vezes. Ele estava sombrio. Eu não sabia se ele de fato mudara, mas a verdade é que ele não trazia aquele ar de presunção no rosto.

No intervalo, ele veio até a minha carteira e disse: "A minha mãe já assinou a carta. Eu vou levá-la para o diretor". Ele abriu-a e mostrou-me a assinatura da mãe. Ela tinha assinado em híndi, o que significava que não sabia inglês. Fiquei surpresa, mas só assenti. Eu imaginei se o diretor iria ligar para a mãe dele já que ela, obviamente, não teria entendido o conteúdo da carta.

Depois que ele saiu da classe, Sheela e eu fomos até a cantina e compramos tortas de abacaxi. Fomos nos sentar na pedra isolada para comer. Eu disse a ela que Vidur iria à festa de Índia com os pais.

"Posso convidar Chakra Dev também?", perguntei.

"Depois do que ele fez comigo ontem, como você pode pensar numa coisas dessas?", ela perguntou, parecendo magoada. Eu desejei que ele tivesse colocado aquela coisa idiota na carteira de outra pessoa.

"Ele não terá escolha senão se comportar com todos os adultos em volta."

"Eu não quero falar com ele", disse ela.

"Não precisa. Eu lhe digo que você não falará com ele", prometi.

"Por que você o quer lá? Ele é perigoso", disse Sheela. Eu fiquei tentada a dizer-lhe quão perigoso era, mas decidi não fazê-lo.

"Sheela, mesmo um demônio como Ravana tinha lá seu lado bom. O próprio senhor Rama disse que Ravana seria lembrado por suas boas ações, não apenas pelas más. E ele mesmo comandou os últimos ritos de Ravana", falei, apelando mais uma vez aos tons cinzentos da mitologia indiana.

"Eu não gosto quando você fala nele", disse ela.

"Sobre o que devemos falar?"

"Se você vai embora do país nós deveríamos falar menos e usar melhor o tempo que temos", disse ela, sedutoramente.

"Você está certa". Eu me aproximei dela e dei-lhe a mão.

"Eu nunca pensei que teria uma namorada", Sheela disse.

Eu nunca pensara em alguém como namorada. Eu pensava em Rani e Índia como mulheres e amantes.

Passamos os vinte minutos seguintes do intervalo dividindo nossos doces e não falando muito. A vida era uma aventura empolgante. Pela primeira vez eu a estava vivendo em vez de esperar que ela acontecesse.

A aula da professora Pillai foi depois do intervalo. Quando terminou, fui até ela e convidei-a para a festa de Índia. Eu me referi a ela como uma amiga da família.

"Eu vou ver com o meu marido. Se não tivermos nenhum compromisso, iremos", disse ela.

À tarde, Índia me ligou: "Eu preciso de você o dia inteiro amanhã. Eu quero mudar a decoração. Você e o Deepak precisam vir de manhã para me ajudar".

"Você vai comprar azeitonas e casca de limão para os martínis?", eu pedi, lembrando-me da definição de martíni que tinha lido no dicionário.

"Sim, farei isso. O que você vai usar?", ela perguntou.

"Eu ainda não tenho certeza."

"Você fica bem de azul. Acho que deveria usar uma camisa azul. O que eu devo usar?"

"Eu não sei", respondi.

"Eu estava pensando em usar o *choli*[62] que usei em Kasauli."

Eu me lembrei de Deepak aproveitando cada oportunidade para tocar as costas dela quando ela entrava e saía do carro. Adit provavelmente iria querer tocar nela. E todos os outros homens.

"Você se lembra daquele garoto arruaceiro de quem falei, Chakra Dev? Ele colocou uma camisinha na carteira de minha amiga Sheela", disse.

"O que aconteceu?", ela perguntou.

"O diretor ia suspendê-lo, mas eu pedi que lhe desse uma última chance."

"O que você vai fazer?"

"Eu pensei em convidá-lo para a festa, mas meus amigos não gostam dele."

"Você acha que ele viria?"

"Talvez. Sheela diz que ele é perigoso. E se ele quebrar suas coisas?"

"Bobagem. Nós não precisamos nos preocupar com um garoto de escola com o Deepak aqui. Ele é faixa-preta de caratê", Índia lembrou.

"E o pai de Vidur, Adit, é coronel do Exército", completei.

---

62 *Choli* é uma blusa apertada, curta e sem mangas, em que a mulher fica com a barriga de fora. (N.T.)

"É isso aí, tudo vai dar certo."

"Eu temo que o Vidur e a Sheela me boicotem se ele vier. O que devo fazer?"

"Cabe a você decidir. Se estiver pronta para arriscar sua amizade e realmente quiser que esse cara venha, então ligue para ele. Mas não se preocupe sobre o *badmash*, preocupe-se com o fato de ir contra o desejo de seus amigos."

"Eu vou modificá-lo. Todo mundo concordará que eu fiz a coisa certa quando der certo", disse.

Eu já tinha arriscado meu distintivo, o orgulho de meus pais e a fé de meus professores. Eu colocaria minha amizade à prova também. Eu pereceria ou floresceria com Chakra Dev ou de nenhum outro jeito. Se eu não quisesse cometer *sati*,[63] teria de vencer.

---

63 *Sati* refere-se ao ritual milenar indiano em que a esposa se atirava (autoimolava) na pira funerária do esposo. (N.T.)

XXV
A BESTA

Na manhã seguinte eu liguei para Sheela assim que acordei. Estava decidida a manter meus outros relacionamentos intactos mesmo que estivesse jogando perigosamente com Chakra Dev. Eu queria que Sheela sentisse que a opinião dela era importante, embora eu já tivesse resolvido convidá-lo para a festa.

"Eu pedi a Índia. Ela me disse que os adultos podem dar conta de Chakra Dev."

"Anamika, depois não diga que eu não a avisei", Sheela suspirou.

"Ainda assim você irá?", perguntei.

"Sim. Mas vou ficar perto de Vidur a noite inteira."

Meu estômago se contraiu. Eu pensei que talvez ela tivesse dito isso para me fazer sentir ciúme.

"Como é que seus pais concordaram em deixar você ir à festa?", perguntei.

"O tio Adit veio pegar o Vidur ontem e ele convenceu minha mãe", respondeu.

"O que aconteceu com o Vidur?"

"Nada. Nós jogamos 'Palavras Cruzadas'", disse ela.

Eu desliguei e liguei para Vidur. O aviso de Índia sobre meus amigos parecia agourento.

"Está fora de questão", disse ele.

"Vidur, não temos nada a temer. Seu pai estará lá. Meu pai estará lá."

"Anamika, você não vê que está sancionando o comportamento dele se você o recompensar com um convite para sua festa?". Por um segundo, senti que era Adit falando.

"Ele sabe que eu não estou sancionando nada. Ele quase foi suspenso pelo diretor."

"Então, o que ele irá pensar, então, quando você o convidar?", Vidur me perguntou.

"Ele já acha que eu estou gamada nele."

"Ui! De qualquer maneira, pela Sheela, você não deveria", disse ele.

"Eu pedi licença para ela. Ela diz que vai ficar grudada em você a noite toda", falei, sabendo que ele apreciaria a ideia.

"Se ele se comportar mal, eu vou acabar com ele", disse Vidur, sua voz cheia de violência.

"Você deveria me agradecer por isso. Eu estou sendo uma verdadeira catalisadora, aproximando Sheela de você".

"Mas está fazendo isso pelo Chakra Dev, não por mim", ele replicou.

"Nem eu mesma sei por que estou fazendo isso". Tudo o que sabia era que estava brincando com fogo. Lá no fundo parecia certo.

Tendo falado com eles dois, eu decidi ligar para Chakra Dev mais tarde. Um convite de última hora era melhor. Ele teria pouco tempo para pensar em inventar alguma.

Rani e eu nos aprontamos e fomos para a casa de Índia para dar uma mão. Deepak já estava lá. Ele estava usando uma camiseta, seus músculos aparecendo enquanto ele movia o sofá e a mesa de jantar de lugar. Índia passou-lhe instruções e tocou seu braço mais do que necessário.

"Cadê o Jeet?", eu perguntei.

"Mandei-o para a casa do pai. Ele é difícil de controlar quando há muita gente em volta."

"Você falou com a coordenadora?"

"Sim. Ela disse que vão tomar uma decisão na segunda. As chances são boas."

Deepak estava suando profusamente mudando as mesinhas laterais. Eu dei-lhe uma mão, falando com ele sobre toda sorte de coisas que eu tinha lido nas brochuras e fazendo-lhe perguntas antes que ele pudesse responder às que eu já lhe fizera. Índia disse que nós tínhamos de ir ao mercado.

"Estou pronta, titia", Deepak disse, tirando as chaves do carro do bolso. Rani ia ficar para fazer a limpeza.

"Para onde, titia?", Deepak perguntou, ligando o carro.

"Ao mercado local primeiro, depois o Enclave Diplomático", disse ela.

Deepak levou-nos até o shopping center local, onde fomos a um supermercado. Índia encheu o carro com salgadinhos e sucos de fruta e depois fomos a uma loja para comprar as bebidas. Eu não queria entrar num estabelecimento de venda de bebidas alcoólicas, então fui a uma papelaria. Um canto estava cheio de livros para crianças. Eu encontrei um que tinhas fotos e palavras simples como gato, pato e mato. Eu comprei-o para Rani,pois tinha uns trocados comigo. Depois fui até o carro, no calor mesmo, esperar eles voltarem com os engradados de bebida.

Rodamos em silêncio por algum tempo. Eu adorava a Délhi de Lutyens, as ruas largas de Shantipath, onde todas as embaixadas ficavam. Jardins bem cuidados dos dois lados das avenidas. Uma vez que meus pais não tinham carro, nós não vínhamos aqui com frequência.

Logo estacionamos na frente de uma padaria chamada Bread Box. Era uma loja de esquina com vitrines grandes que mostravam uma grande seleta de doces e pães. As pessoas atrás do balcão usavam longos chapéus de papel. Num lado havia uma área para as pessoas se sentarem.

"Eu devia alimentar vocês dois pelo esforço", Índia disse.

Eu escolhi um sanduíche com tomate.

"Escolha um doce também, e depois, por que não arruma uma mesa para nós?", Índia sugeriu.

Eu apontei para o Floresta Negra e fui me sentar numa mesa redonda para três. Havia pessoas, na maioria estrangeiras, nas outras mesas, tomando sopa ou café. Na mesa ao lado, um garotinho sozinho num carrinho. Ele tinha olhos azuis e um lindo cabelo loiro. Eu brinquei com ele, fazendo caretas. Ele me olhou como se não me visse, mas quando eu abaixei os óculos no nariz, levantei as sobrancelhas e mexi o dedo feito uma diretora de escola aposentada, ele abriu um sorriso largo.

"O de limão é para mim", eu escutei uma voz americana dizer. Eu me virei na direção dela e vi dois homens altos se inclinando sobre o balcão de doces, olhando a prateleira de baixo. Eles estavam muito próximos um do outro. Eu prestei atenção para ver se seus corpos estavam se tocando. Eles estavam de mãos dadas. Não do jeito que as pessoas geralmente dão as mãos, mas com cada dedo entrelaçado. Meu coração começou a bater mais rápido, como se eu estivesse assistindo a um filme de suspense. Eu pensei em Rock Hudson. Os dois estavam usando short e tinham pernas fortes, musculosas. Eu podia ver um deles de perfil; o cabelo em suas têmporas estava ficando grisalho e os olhos eram azuis. Ele era lindo.

"Ga ga ga", o neném no carrinho gorgolejou para mim.

Índia e Deepak vieram na direção da mesa onde eu estava carregando duas bandejas. Deepak tinha o meu sanduíche na sua bandeja e colocou-a no meio de modo que pudéssemos comer.

"É melhor eu ficar de olho nele", o homem lindo disse para o outro, apontando o bebê. O outro se endireitou; eu pude ver que ele era mais jovem e não tinha cabelo grisalho. O mais velho passou perto de nossa mesa, me viu olhando para o neném e disse "Oi".

Sorri para ele. Índia viu o bebê e sorriu também.

"Devo comprar bolos ou não?", Índia perguntou a Deepak.

"O bufê evai fazer *kheer*?", ele perguntou.

"Sim, e *khurbani*[64] também. Mas é legal ter bolos também, você não acha?, Índia perguntou, olhando para mim.

"Eu não sei". Eu nunca tinha organizado uma festa. Minha mãe é que cuidava de tudo nas festas chatas lá em casa. Mas a de Índia seria diferente. Gente da propaganda e freelancers estariam lá.

"Vamos comprar bolos", decidiu Índia.

---

64 *Khurbani* é um doce de damasco. (N.T.)

O outro homem veio na nossa direção. Ele estava carregando uma bandeja com três doces. Ele também era bem bonitão.

"Eu peguei tudo", disse ele para o homem mais velho. Na bandeja tinha uma torta de limão, uma fatia de bolo de chocolate e outro doce enorme com creme saindo dos dois lados.

"Olá", o mais jovem disse, olhando para o neném e tocando sua bochecha.

Eu queria olhar para os dois homens. Eu queria ser invisível para poder observá-los. O mais novo estava sentado tão perto da minha cadeira que eu podia sentir o calor de seu corpo, mas eu só podia ver o mais velho.

Eu me virei para olhá-los e perguntei: "Vocês são americanos?"

O mais novo virou-se totalmente para me olhar e disse: "Sim. Você já esteve em nosso país?"

"Não. Mas eu quero. Dizem que é livre."

O mais velho riu. O mais jovem tocou minha mão e sorriu.

Eu me virei para olhar para Índia e Deepak. Atrás de mim ouvi o som suave de lábios se tocando.

"Eu te amo, Nathan", o cara perto de mim sussurrou para o mais velho.

Índia levou as mãos para a frente da boca de modo que só Deepak e eu pudéssemos ler seus lábios.

"Eles são gays", ela falou baixinho.

O mais jovem se levantou e empurrou sua cadeira, que no processo acabou por bater na de Deepak. Ele se voltou para nós. "Eu sinto muito", disse ele conforme se encaminhava para o banheiro masculino.

"Sem problema", Deepak respondeu, sorrindo para ele.

"Como estão esses doces?", Índia perguntou para o homem mais velho.

"Estão ótimos", disse ele.

Dei uma mordida no meu Floresta Negra. Deepak já tinha comido e estava de olho no meu bolo.

"Posso dar uma mordida?", ele me pediu.

Apontando para Índia, eu falei: "Só se me contar por que a chamou de 'corruptora de menores'."

Índia deu risada.

Eu tinha imaginado, desde o jantar em Kasauli, se Índia teria sido responsável pela primeira bebida de Deepak ou por outras coisas também.

"Quando eu fiquei gamado por uma garota lá na escola, a titia me disse para convidá-la para sair. Quando eu quis sair à noite com uma garota, titia convenceu meus pais a concordarem. Quando eu quis tomar umas, ela arrumou a birita. Quando eu quis fumar um cigarro, ela acendeu o meu primeiro. A lista não tem fim", enumerou ele.

"Nós devíamos ir para casa e terminar de organizar tudo", disse Índia.

"Então, se você se deu bem no fim, não foi graças a ela", falei de brincadeira.

"Pelo contrário. Eu vejo todas estas coisas como fazendo parte do crescimento."

Deepak pegou as duas bandejas e levou-as embora. Índia voltou ao balcão. Eu fui até ao carrinho do neném e me debrucei sobre ele.

"É um menino, não é?", perguntei.

"Camille é um garoto, sim", o homem mais velho disse.

Queria convidá-los para a festa de Índia e fazer-lhes milhares de perguntas sobre onde e como viviam, quem cuidava do bebê e o que tinham estudado na faculdade. Índia pagou pelos bolos e Deepak estava carregando tudo em três pacotes enormes. Eu disse adeus e corri atrás de Deepak para ajudá-lo, a caminho do estacionamento.

Na volta, o sol fazia meus olhos girarem. Miragens de ar quente erguiam-se por toda parte e a estrada brilhava com tons cegantes de prata. Índia pegou um par de óculos escuros e colocou-os. Quando chegamos na casa dela já eram três da tarde. Deepak e eu saímos correndo para deitar no divã. Rani estava tirando o pó da sala de estar. Índia disse que faria chá para nós.

Deepak e eu começamos a falar sobre os Estados Unidos. Rani limpou os três armários de vidro de Índia enquanto palavras como Amherst, Wellesley, Tufts e Stanford jorravam da boca de Deepak. Índia apareceu com uma bandeja em que estavam quatro xícaras de chá. Fiquei surpresa que ela estivesse usando da mesma louça para Rani. Antes que Rani pudesse se sentar no chão com o chá dela, pedi-lhe que se sentasse no sofá a meu lado. Índia não demonstrou surpresa.

Depois do chá, Rani e eu ajudamos Índia a colocar flores na sala e Deepak providenciou um bar num canto. Depois Rani e eu fomos para casa descansar.

Telefonei para Chakra Dev assim que chegamos em casa e convidei-o para a festa.

"Obviamente, depois do que você fez no outro dia, não pode esperar que a Sheela fale com você", disse.

"Ela vai estar lá?", ele perguntou. Eu podia sentir a ansiedade em sua voz.

"Sim. Vidur e a professora Pillai também."

Eu ouvi sua respiração no telefone.

"Posso lhe perguntar uma coisa?", falei, de repente lembrando sua carta.

"O quê?"

"E era realmente uma Nirodh?"

"Por que, está com ciúme? Paguei setenta rupias por ela", ele sussurrou.

"Francamente, eu não acredito em você. Você passou tempo demais com a mão no bolso naquele dia na escola", disse, admitindo abertamente que eu notara.

"Eu sou um homem de verdade, ao contrário daquele moleque estúpido, o Vidur, que segue você aonde quer que você vá", disse ele.

"Vidur não é estúpido", minha voz saiu cortante.

"Você também está gamada nele?", disse ele, reprimindo o riso.

Eu estava cheia do Chakra Dev.

"Escuta aqui, não estou a fim de ouvir suas bobagens. Você quer o endereço da festa ou não?"

Ele ficou em silêncio alguns segundos e depois disse: "Tudo bem. Me dê o endereço". Eu posso ter imaginado isso, mas ouvi um tom de desculpa em sua voz, como se ele tivesse voltado ao seu eu civilizado.

Depois que lhe passei o endereço disse-lhe: "Eu queria lhe falar uma coisa".

"Estou escutando", ele falou quase como um adulto.

"Se você se meter em encrencas na escola de novo, vou renunciar ao cargo de Chefe dos Representantes de Classe".

"Pois renuncie!" Ele não acreditou em mim.

"Não é piada. O diretor liberou você sob essa condição", falei severamente.

Ele não disse nada. Tenho certeza de que estava avaliando minhas palavras, tentando decidir se eu estava mentindo. Mas ele sabia que eu o tinha convidado para a festa por vontade própria. Talvez aceitasse como um gesto de paz.

"Preciso desligar. Talvez veja você na festa."

Uma sensação de grande perigo tomou conta de mim. Sem o risco de me machucar, seria impossível saber se eu ia acabar como um diamante ou como um pedaço de carvão. Quando me olhei no espelho do banheiro enquanto me trocava, eu me senti mais responsável pelas coisas que iam me acontecer do que jamais sentira antes.

"O que você vai usar?", perguntei a Rani depois de me vestir.

"Um dos meus dois sáris", ela respondeu com simplicidade. De repente eu queria que ela fosse a mais bela mulher naquela festa. Mais bela do que Índia ou a professora Pillai. Fui falar com a minha mãe.

"Mãe, você poderia dar a Rani um sári usado que você não goste mais?", pedi.

O rosto de minha mãe estava imponente. Eu achava que ela ia negar. De fato, ela parecia pronta a fazer-me várias perguntas, mas "por quê" foi tudo o que ela disse.

"Estou farta de vê-la como empregada e de ser tratada como empregada. Eu sinto como se ela fosse um membro da família. Quero que ela se sinta melhor". Depois que acabei de falar, eu estava certa de que minha mãe diria, baseada na lógica irrefutável que Rani era uma empregada.

Minha mãe abriu seu armário e me disse para escolher algo. Ela não parecia nada feliz, por isso não entendi por que ela estava fazendo aquilo.

"Simplesmente dê-lhe algo velho, que você não use mais", disse.

Minha mãe pegou um sári verde com borda dourada. Ela também pegou uma blusa que combinasse e uma anágua. Quando Rani experimentou a roupa eu pedi que usasse mais embaixo na cintura.

"*Memsahib* não vai gostar disso", disse ela, recusando baixá-lo.

Meus pais foram na frente para a casa de Índia; Rani e eu seguimos alguns passos atrás. Nós tínhamos contornado o atalho através da *jhuggi*, mas tivemos que passar por uma parte dela. Ouvimos um som bárbaro repentino, como o grito de um porco morrendo. Antes que eu pudesse me recuperar, um homem estava rosnando para Rani e para mim, seus dentes à mostra. Rani deu um grito agudo, igualmente primal. O cheiro pungente do medo tomou conta de nós. Meus pais se viraram.

"*Rundee*", ele estava gritando. A palavra chula em híndi para puta, só que mais forte, mais depreciativa.

"Seja mais educado", meu pai disse em híndi, aproximando-se do homem.

"Volte pra casa, volte para o seu marido", o homem gritou. Ele se aproximou ameaçadoramente de Rani. Eu fiquei assustada, mas fiquei pregado no lugar, incapaz de fugir para me proteger ou fazer algo para defendê-la. Ela se recuperou mais depressa do que eu.

"Eu estou em casa", ela gritou, sua voz mais alta e forte como eu jamais ouvira.

"*Kutti*,[65] *rundee*, *sallee*", ele continuou xingando.

"Deixe-a em paz", meu pai mandou, sua voz imperiosa, firme.

"*Maderchod*", o homem xingou enquanto se virava e levantava a mão para esbofetear meu pai. Eu vi tudo a partir de minhas coordenadas petrificadas, Rani a vinte centímetros de distância, meu pai a meio metro, o animal no meio, balançando em seu pijama branco sujo e suas *chappals* de borracha amarelados. Minha mãe tinha se aproximado de meu pai e estava com a mão sobre a boca.

Meu pai agarrou-o com tanta força que o homem perdeu o equilíbrio e caiu no chão. Eu queria estar no lugar de meu pai. Em

---

65 *Kutti* significa prostituta. (N.T.)

vez de chutá-lo, meu pai olhou para o marido de Rani com total desprezo e disse: "Se você estiver interessado em conversar, venha até nossa casa amanhã de manhã depois das nove. E sóbrio".

O homem se afastou cambaleando feito um animal derrotado. Meu coração, que eu não escutara batendo durante o episódio, agora começara uma correria vertiginosa com a ideia de aquela besta vindo pegar Rani para levá-la embora. Foi Rani a primeira a falar, e não com minha mãe, mas com meu pai. Foi a primeira vez que ela se dirigiu a ele.

"*Sahib*, eu não quero voltar", ela implorou.

Eu ouvi a inspiração forte de minha mãe enquanto ela abria a boca. Mas meu pai acenou para ela. Eu rezei esperando por seu veredicto.

"Rani, você não precisa ir a lado algum. Ele não poderá machucá-la enquanto eu estiver aqui", assegurou.

"*Sahib*, obrigada, muito obrigada", Rani disse em inglês. Ela segurou suas mãos entre as dela e levou a testa até elas. Eu temi que ela se jogasse a seus pés.

"Vamos gente, estamos atrasados", meu pai disse, enrubescendo.

Ele tocou de leve meu cotovelo e fez sinal para que eu seguisse em frente. Rani e eu agora caminhávamos à frente de meus pais. Eu peguei a mão dela e segurei-a até chegar à casa de Índia, cônscia de que meus pais estavam olhando, com medo de que suspeitassem de algo, mas totalmente incapaz de soltá-la depois do que acontecera. As ruas pareciam novas, como se eu nunca as tivesse percorrido.

xxvi
Dawat

Quando chegamos à casa de Índia e eu toquei a campainha, ela soou mais alto e mais ameaçadora do que das outras vezes. Enquanto esperávamos que alguém abrisse a porta, imaginei que as pessoas estavam dançando ao som de "Dum Maro Dum" e compartilhando substâncias químicas. Arni abriu a porta para nós, sua voz alto-astral afastando quaisquer apreensões que eu pudesse ter tido sobre a festa.

"Olá, tia. Olá, tio. Oi, Anamika", ela disse, radiante.

Meus pais e Arni começaram a conversar imediatamente. Eu deixei-os e fui até o escritório. Deepak estava de um lado, levando tudo para dentro. O bar estava num lugar de destaque. Garrafas de bebida alcoólica estavam alinhadas e havia um balde de gelo numa das pontas. Eu olhei meus pais pelo canto do olho para avaliar sua reação. Acho que detectei desaprovação no rosto de meu pai, mas ele não disse nada nem deixou transparecer algo. Deepak foi até ele para apertar-lhe a mão.

De repente fiquei ansiosa pela chegada de Adit. Eu estava tão tensa sobre o meu pai conhecer as ideias dele quanto impaciente para vê-lo.

Índia entrou uns minutos depois. Ela estava usando seu *choli* frente-única. A roupa cobria seu busto e torso na frente e não deixava nada dorsal para a imaginação. Qualquer pessoa que a visse ficaria com vontade de arrancá-lo. Um jato de veneno jorrou no meu sangue com força tão inacreditável que eu senti meu rosto e todo meu corpo esquentarem.

"Você está linda, Tripta", minha mãe disse imediatamente.

"*Namasteji*", meu pai falou formalmente.

Eu sabia que Índia calculara quão chateada eu estava – ela lera minha expressão. Eu desejava poder esconder meus sentimentos. Ela abraçou-me um tanto friamente. A campainha tocou. Senti um enorme alívio. Eu queria que mais pessoas chegassem. Ver Índia meio nua assim, os ossos de seu pescoço expostos e a parte mais baixa de suas costas à mostra, enchia-me de vergonha, desejo, violência, ciúme e aversão. Eu fiquei feliz que Rani fosse minha.

Alguns amigos de Índia tinham chegado. Os homens beijaram-na no rosto e tocaram suas costas em lugares diferentes ao falar com ela. Eu me senti impotente, quase traida. Uma mulher acendeu um cigarro assim que entrou na sala. Ela estava ainda mais glamourosa do que a Índia e suntuosa em seu porte. Meu pai deu uma boa olhada nela. Minha mãe também. Rani, que tinha trazido copos para colocá-los no bar, também olhou para ela. Quando deu a primeira tragada, os olhos dela encontraram os meus. Eu pensei tê-la visto sorrir afetadamente com o canto dos lábios. Eu decidi ignorá-la o máximo que pudesse.

Índia apresentou meus pais a alguns amigos. Eu me juntei ao grupo. Dois deles trabalhavam na antiga agência de propaganda de Índia e eram muito engraçados. Eles contaram a meu pai sobre um contrato governamental que um dia tiveram e o absurdo burocrático pelo qual precisavam passar para aprovar cada versão de seus anúncios.

A campainha soou de novo. Dessa feita, a professora Pillai e seu marido estavam à porta. "Boa noite, senhora professora", cumprimentei-a.

"Olá, criança. Este é meu marido, Kotak", disse ela. Eu apertei a mão dele.

"Esta é Tripta Adhikari", disse, apresentando Índia. Eu leveios até meus pais e apresentei-os a todo mundo no círculo. A campainha tocou de novo e mais pessoas entraram, enchendo a sala.

O lugar parecia lotado. Um dos amigos de Índia estava atrás do bar, agitando o que só podia ser um martíni num copo de metal. Ele derramou o líquido numa taça alta e entregou-o à Rainha Glamourosa.

Eu fui para o bar e pedi-lhe uma Coca. Quando eu me voltei vi que Adit e a família tinham chegado com Sheela. Eles estavam caminhando na direção de meus pais. Eu senti um desapontamento imediato ao ver a senhora American Express e seu traseiro rotundo. Eu imaginara a esposa de Adit como a Rainha Glamourosa. Eu juntei-me a meus pais e Adit apresentou-a a todos nós. Vidur e Sheela estavam rindo. Sheela vestia uma blusa azul-cobalto que realçava sua pele clara. Seu cabelo balançava sobre seus ombros.

A professora Pillai e minha mãe já estavam envolvidas em sua conversa à parte e voltaram a ela depois dessa nova rodada de apresentações. Eu observei a mãe de Vidur por alguns segundos. Ela era alta para uma indiana, mas de aparência bem comum. E tinha uma postura altiva. Eu estava certa de que ela tinha muito mais poder sobre as pessoas em seu emprego no banco internacional do que meus pais, no governo, ou mesmo Deepak como diretor em uma pequena empresa. Mas faltavam a ela a sofisticação e o traquejo urbano que Índia e a Rainha Glamourosa pareciam possuir tão naturalmente.

“Posso pegar um uísque para você?”, Adit perguntou à sua esposa.

“Sim”, disse ela.

Então ele olhou para meu pai e perguntou: “Senhor Sharma, o que o senhor gostaria de tomar?”.

“Nada, obrigado!”, meu pai respondeu.

Eu segui Adit até o bar. A caminho dele, Adit viu a Rainha. Eles se olharam. Eu contei a Adit, num sussurro, sobre os dois estrangeiros na padaria com o bebê.

“Eles estão cometendo um erro tremendo. É preciso uma mulher para se criar um filho.”

“Pare de ter a mente tão estreita”, disse.

O homem atrás do bar bateu papo com Adit enquanto preparava dois copos. Adit pousou o braço de leve no meu ombro e eu vi a rainha olhar na nossa direção. Nós voltamos para a esposa de Adit para que ele pudesse dar-lhe o scotch. Depois Adit disse: "Vamos encontrar um lugarzinho para nós dois".

Nós nos afastamos de todo mundo e ficamos num canto.

"Com quem Vidur está conversando?", Adit perguntou.

"Com a professora Pillai, de Matemática."

"Ela é gostosa."

"E aquela outra mulher é ainda mais gostosa", falei, referindo-me à Rainha Glamourosa.

"Gostosa demais", disse ele.

"Nem tente."

"Não posso. A patroa está aqui", Adit olhou na direção de sua esposa.

Índia veio na nossa direção.

"Eu sou Tripta", ela se apresentou, estendendo a mão.

"Adit", disse ele, apertando-a.

"Você é o pai de Vidur?"

"Sim. E você é a própria Índia?", disse ele. Índia pareceu surpresa. Eu tinha lhe falado só uma vez sobre o nome que eu usava para me referir a ela. Imaginei se ficaria brava por eu ter contado para Adit, mas ela não o demonstrou.

Deepak nos viu conversando e veio se juntar a nós. Ele estava segurando a mão de Arni. Sheela estava falando com o meu pai. Eu percebi que ele gostou dela. Notei que havia mais gente nova na sala. Índia escapou para cumprimentá-las. Eu fui atrás dela. De onde eu estava, pude ver a Rainha Glamourosa se afastar dos homens com quem estava falando e caminhar na direção de Índia. Eu deixei minha mão pousar na parte de baixo das costas dela, meu polegar penetrando na borda de seu sári.

"Que festa ótima, Tripta", a Rainha Glamourosa disse.

"Estava na hora", Índia disse. Elas pareciam muito à vontade uma com a outra. Eu percebi que eram boas amigas. Mas Índia nunca a tinha mencionado para mim.

"A propósito, eu sou Maya", ela falou, virando-se para mim e oferecendo-me a mão. Eu a apertei.

"Vocês ainda não foram apresentadas? Esta é Anamika", Índia disse, tocando na minha bochecha.

“Prazer em conhecê-la.”

“Quer um cigarro?”, Índia perguntou a Maya.

“Eu acabei de fumar.”

“Vamos para a varanda de trás. Aqui dentro vai ficar cheio de fumaça”, Índia pediu.

“Você vem?”, Maya me perguntou.

“Depois”. Se eu desaparecesse com duas mulheres que fumavam, meus pais pensariam que eu também fumava. Eu caminhei até a professora Pillai e minha mãe, que estavam falando com os caras da agência de propaganda. Vidur tinha se juntado a meu pai e a Sheela. Eu vi que ele não ia desgrudar dela a noite inteira. O senhor Pillai tinha se juntado a Adit e Deepak, mas Arni prendia a atanção deles, que ficaram calados escutando-a.

“Eu preciso respirar um pouco de ar puro”, a professora Pillai disse, quando eu cheguei perto dela.

“Nós podemos ir até a varanda, senhora professora”, falei. Eu mostrei o caminho. Passamos pela cozinha, onde vi Rani com alguém do bufê, enchendo pratos com sopa.

Na varanda, Índia e Maya estavam contemplando o céu e fumando. Índia estava no meio da varanda e Maya sentada numa cadeira de vime. A professora Pillai caminhou até o outro canto e contemplou as estrelas também. Eu não sabia onde ficar. Eu não queria respirar fumaça, mas não ia ignorar Índia ou a Rainha Glamourosa e nem a professora Pillai.

“É lua cheia”, Índia comentou.

“A lua cheia me faz enlouquecer”, a Rainha Glamourosa disse.

“A mim ela estristece”, revelou a professora Pillai. Eu fiquei surpresa que ela tivesse entrado na conversa.

“E você, Anamika?”, a Rainha Glamourosa perguntou-me.

Eu sempre me imaginara andando na Lua ou vivendo lá, mas isso não tinha nada a ver com o fato de a Lua estar cheia ou não. Eu não respondi.

“Senhora Adhikari, tem comprimidos para dor de cabeça?”, perguntou a professora Pillai.

“Claro, mas, por favor, chame-me de Tripta.” Ela entrou na casa com a professora Pillai atrás de si.

Eu estava a meio metro da Rainha Glamourosa e senti-me incrivelmente tensa. Eu estava cônscia de seus movimentos, mas não olhei para ela. Ela jogou seu cigarro a meus pés. Eu pisoteei-o com gosto.

"Venha cá."

Eu fui até a cadeira ao lado da dela, mas fiquei em pé, olhando para baixo.

"Então, qual sua história?", disse ela.

Quem ela achava que era, perguntando-me assim tão presunçosamente? Eu dei de ombros. Nós ficamos ali alguns segundos num silêncio tremendamente incômodo.

"Fale comigo. Eu estou tão curiosa sobre você."

Eu não sabia dizer se ela estava bêbada. Eu olhei-a nos olhos. Eles não pareciam fora de foco.

"Por que está tão curiosa?"

"Tripta contou-me sobre o caso de vocês". Eu não podia culpar Índia por contar-lhe. Ela devia querer se abrir com alguém. Mas eu me senti mal que essa mulher me visse como uma curiosidade, como se eu fosse um macaco em exibição no zoológico. Eu queria voltar para dentro, mas pareceria grosseiro.

"Quando ela lhe contou?"

"Na semana passada, quando vocês quase foram pegas." Foi quando eu contara para o Adit também. Eu grunhi. "Sinto muito, talvez eu não devesse ter mencionado o fato", disse ela. Eu fiquei calada. Ela parecia pouco à vontade agora que tinha me perturbado. "Quando a Tripta me contou sobre você, eu realmente não pude entender como ela podia gostar de alguém tão jovem. Mas assim que vi você, eu sabia que era você e pude entender por que aconteceu", disse ela. Ela estava falando rápido, como se estivesse tentando varrer para longe o mal-estar inicial.

"Eu acho que isso é um elogio", eu me animei com isso.

Índia voltou à varanda. Não havia mais ninguém com ela. Ela foi até onde eu estava e imediatamente pegou na minha mão.

"Eu não quero que Maya seduza você", disse ela, apertando minha mão. Eu beijei Índia no rosto. Escutei passos na varanda. Era Chakra Dev. Eu nunca o tinha visto sem o uniforme escolar.

Ele estava vestindo calças com pregas e uma camisa quase do mesmo tom de azul que a minha. Ele estava até usando gravata naquele calor insuportável. Ele parecia com qualquer outra pessoa. Quase como um dos jovens *ad wallas*.[66]

"Oi", falei, e estendi-lhe a mão. Ele se aproximou e apertou-a. Eu senti o cheiro de Old Spice.

Eu apresentei-o a Índia, chamando-a de anfitriã.

Depois Índia apresentou-o à Rainha Glamourosa. "Esta é minha amiga, Maya."

"Oi, Chakra", Maya disse com um sorriso, sem saber de todos os problemas pelos quais eu tinha passado para trazê-lo à festa.

"Olá", disse ele. Eu notei que ele não a chamou de "tia".

"Então você é um dos amigos da escola de Anamika?", Maya perguntou.

"Sim", ele replicou, sorrindo. Quando ele sorria formavam-se covinhas no rosto. Eu não tinha notado isso todos esses anos na escola. Eu mesma sorri, achando graça que, de repente, nós tínhamos que dizer que éramos amigos.

"Você já viu as outras pessoas?", perguntei, olhando para ele.

"Não. Vim direto para a varanda, pois a empregada disse que você estava aqui."

"Você quer beber algo?", perguntei-lhe. Eu queria que ele fosse legal comigo.

"Se você for entrar, você poderia me pegar outro martíni?", Maya pediu a Chakra.

"Claro", disse ele. Eu entrei na casa e Chakra me seguiu. Eu imaginei se ele sabia o que era um martíni. Quando passamos pela cozinha Rani nos viu e olhou-o fixamente por um segundo.

Vi Adit na sala e fui até ele.

"Adit, este é Chakra Dev Yadav. Ele está na nossa classe". Chakra Dev pareceu surpreso ao me ouvirr chamar a Adit pelo nome.

"Olá, tio", Chakra disse, apertando sua mão.

---

66 *Wallas* (também *wallah*) são os membros mais bem-sucedidos de determinada área; no caso, *ad wallas* refere-se ao pessoal da propaganda. (N.T.)

"Ah, sim, já ouvi falar de você pelo meu filho."

"Ele é o pai do Vidur", eu expliquei.

Chakra olhou para o lado por um instante. Sheela e Vidur estavam num canto com a professora Pillai, de costas para nós. Eles ainda não o tinham visto.

"Maya, a amiga de Índia, quer outro martíni", eu falei para Adit.

"Eu vou preparar-lhe um", Adit disse, tocando nas costas de Chakra num gesto amistoso. Quando foram para o bar, eu fui até onde Vidur e Sheela estavam conversando com a professora Pillai.

"Ele chegou. E está se comportando", eu sussurrei, ao aproximar-me deles. Sheela espreitou por sobre o ombro da professora para ver por si mesma, ao passo que a professora virou os olhos para cima. Era um milagre que Sheela estivesse ali em pé, tão em paz, ao lado da professora Pillai.

"Eu contei para o meu pai sobre ele", Vidur nos disse.

"Eu sei. Seu pai soube direitinho como lidar com ele."

"Você me protege?", Sheela pediu a Vidur. De repente ela pareceu mais velha do que era.

"Sim", disse ele, enrubescendo. Sheela pareceu desconcertada ao vê-lo corar.

"Se o diretor soubesse que você estaria de conluio com um *goonda* da escola, ele jamais teria torcido para você ser Chefe dos Representantes de Classe", a professora Pillai falou-me suavemente.

Eu imaginei se o diretor já teria contado aos professores sobre a nossa discussão. Talvez todos os professores estivessem de olho para ver o Chakra Dev escorregar.

"Eu achava que era a senhora que torcia por mim", disse à professora Pillai, com tom de flerte.

"Eu estava brincando", ela retrucou.

"De qualquer modo, uma verdadeira líder lidera até a ovelha mais negra", declarei, colocando meu braço nos ombros de Sheela. A professora Pillai e Vidur riram. Sheela, não.

Eu observava Adit e Chakra Dev pelo canto do olho. Chakra estava deixando o bar com dois copos iguais nas mãos. Ele saiu da sala sem olhar para nós.

"Eu vou deixar Sheela em suas mãos, então", disse a Vidur e fui ao encontro de Deepak, que estava lá em pé, sozinho. Rani e um mordomo do bufê trouxeram a sopa em bandejas.

"Deepak *Bhaiyya*, sopa", Rani ofereceu, passando-lhe uma cumbuca. Eu não tinha ouvido Rani usar nenhum outro termo que não *Sahib* ou *Memsahib*.

Enquanto tomávamos a nossa sopa, Adit juntou-se a nós. "Por favor, convençam meus pais a me deixarem ir para fora do país", pedi a ambos.

"Eu consigo convencê-los", disse Deepak, confiante.

"Você consegue convencer o Vidur a fazer o mesmo aproveitando o embalo?", Adit pediu a Deepak.

"O que ele quer fazer?", Deepak perguntou.

"*Fauj*.[67] Como eu."

"Acho que você está numa posição melhor do que eu para dissuadi-lo sobre o *fauj*", Deepak disse.

A esposa de Adit juntou-se a nós também. "Nosso filho está irredutível quanto ao Exército", ela contou a Deepak.

Um *ad walla* entrou no nosso círculo, embora nenhum de nós o conhecesse. Adit e Deepak inclinaram a cabeça ligeiramente para reconhecer sua presença. Seguindo-os, eu fiz o mesmo.

"Eu trabalho numa conta de banco internacional. Eu soube que sua esposa trabalha na Amex", o *ad walla* contou. Ele tinha se dirigido a Adit, mas estava olhando para a esposa deste.

"É verdade", disse ela, antes que Adit pudesse responder.

"Qual departamento?"

"Marketing de varejo."

"Ela está sempre falando de negócios", Adit balbuciou para Deepak.

O *ad walla* e a senhora American Express se lançaram num papo que eu mal conseguia acompanhar. Índia anunciou que o jantar estava servido e as pessoas se dirigiram para a mesa. Eu pedi desculpas e fui à cozinha. Rani estava sozinha. Eu entrei e peguei sua cintura por trás.

---

67 *Fauj* significa "Exército" em híndi. (N.T.)

"*Babyji*, você me assustou", disse ela.

"Eu não vi você a noite inteira", falei.

Ela sorriu.

"Você parece feliz" constatou ela.

"Eu estou", disse.

"Quem era aquele rapaz com você?", ela perguntou.

"Chakra Dev."

Ela ficou boquiaberta. "Você não me disse que ia convidar ele."

"Nós somos da mesma classe. Eu decidi fazer as pazes."

"Eu tentei isso com o meu marido muitas vezes, mas ele sempre preferia a guerra", disse ela.

"Ah, não se preocupe", falei, deixando-a sozinha. Em vez de me juntar à festa, fui até a varanda para ver o que Maya e Chakra Dev estavam fazendo. Eles estavam sentados em cadeiras adjacentes, fumando e olhando para a lua.

"Eu não sabia que você fumava, Chakra."

"Agora, fumo", disse ele, apontando seu cigarro na direção de Maya. Ele soava um pouco bêbado.

"Eu vou pegar uma comidinha", Maya resolveu, levantando-se.

"Ei, senta aí", Chakra Dev apontou a cadeira que Maya acabara de deixar.

Eu me sentei, desejando ter uma bebida comigo e incerta sobre o que fazer com as mãos. Minha garganta estava seca e eu queria outra Coca.

"Esta festa está legal. Como é que você conhece todo mundo?", disse ele, suas palavras pouco claras.

"Eu sou amiga de Tripta Adhikari."

"Você ou seus pais?", ele perguntou.

"Eles a conheceram através de mim."

"Eu achava que você era metida, mas não é", disse ele.

"Não, não sou".

"Eu vou esquecer a Sheela", ele falou, colocando a mão no meu joelho. Pude sentir que sua mão era quente e pesada.

Eu fiquei paralisada. Mas se eu não o detivesse, temia que ele fizesse outra coisa. Eu dei uma olhada para a mão dele como se fosse uma cobra e lentamente movi minha mão na direção da dele, olhando-a cuidadosamente para ver se ela se mexia. Segurei-a pelo pulso e gentilmente coloquei-a de volta no joelho dele, sem encará-lo.

"Não, estou falando sério, eu vou esquecer Sheela", repetiu ele, colocando sua mão de volta em meu joelho. Estava mais pesada dessa feita.

Eu tive medo de dizer algo. Ele interpretaria mal minhas palavras, exatamente como quisesse. Eu tentei tirar sua mão de novo. Dessa vez ele se inclinou para a frente. O copo que ele estava segurando virou, derramando um pouco de líquido na minha calça. Ele notou.

"Desculpe", disse, colocando o copo no chão. Desajeitadamente ele tentou tirar umas gotas de martíni que apareciam em minha calça. Depois ele deixou suas mãos ficarem por lá mesmo. Eu não tinha certeza se ele sabia o que estava fazendo e esperei que ninguém entrasse na varanda. Se Vidur ou Sheela ou meus pais vissem isso, as consequências só poderiam ser terríveis. Segurei seus pulsos tão firmemente quanto me foi possível. Ele se aproximou ainda mais de mim, seu rosto perigosamente perto do meu, sua respiração cheirando a álcool, seus lábios molhados.

Eu levei a cabeça para trás na cadeira. A cabeça dele estava bem baixa e seu cabelo sobre a lateral de seu rosto. Senti o cheiro do seu couro cabeludo; ele tinha colocado um óleo qualquer no cabelo. Eu imaginei o que dizer. Tinha medo de como minha voz sairia.

"É verdade que você terá que renunciar da próxima vez que eu aprontar alguma?", ele perguntou.

"É", falei. Olhei-o diretamente nos olhos quando disse isso porque sabia que a menos que o fizesse ele não me acreditaria. Eu senti que estava numa proximidade maior com ele do que já estivera com Índia ou Rani. O cheiro de bebida se misturava ao Old Spice e ao suor.

"Chegue mais perto", disse ele, a cabeça meneando enquanto me olhava.

"Chakra Dev, controle-se", eu sussurrei urgentemente.

"Eu não conto para ninguém", ele também sussurrou, levantando a cabeça um pouco para me olhar. Eu me afastei dele.

"Oh!", eu escutei uma mulher dizer lá da porta. Chakra virou a cabeça.

"Eu não quero incomodar os dois pombinhos", Maya disse, entrando na varanda.

"Não está nos incomodando em nada", afirmei. Esperei que minha voz não demonstrasse meu desespero.

"Pegou sua comida?", Chakra perguntou a ela.

"Sim, peguei."

"Por que não se senta?", eu sugeri, levantando-me da cadeira.

"Não, não, não se preocupe", disse ela.

"Não, verdade, eu tenho que entrar", falei com firmeza. Antes que Chakra Dev ou Maya pudessem dizer algo para me deter, eu já estava entrando na casa. Fui direto para o banheiro e tranquei a porta. Eu me convenci de que Chakra Dev tinha se aproximado de mim apenas porque estava bêbado. Decidi que era melhor ir para a sala e simplesmente evitá-lo no restante da noite. Graças a Maya eu tinha conseguido me livrar da situação sem cenas. Era preciso cuidado com as palavras que se usavam com ele ou ele explodiria. Eu tinha medo dele.

Lavei o rosto e enxuguei-o com a toalha de Índia. Depois, tendo retomado a compostura, eu entrei no quarto em penumbra.

"Eu achei que você estaria aqui", ouvi Chakra Dev sussurrar. Eu podia vislumbrar sua forma vaga conforme meus olhos se acostumavam à escuridão. Ele se aproximou e segurou minha mão na sua. Eu tirei a mão com mais força do que seria necessário porque pensei que ele ia apertá-la mais. Acabei batendo na parede atrás de mim. Eu chacoalhei-a.

"Por que você está fugindo?", ele perguntou. Sua voz parecia magoada.

Eu não sabia o que dizer.

"Chakra Dev, você bebeu demais", finalmente, falei.

"Você devia beber um pouco também. Aquele martíni estava ótimo."

"Por favor, não se porte mal aqui. Não quebre a minha cara na frente de todo mundo", eu pedi em híndi.

"Por que você está tão preocupada? Não confia em mim?" Ele falou lentamente.

Ele pegou minha mão na sua, com carinho, e olhou-a. "Dói?"

Dessa vez eu não a tirei. Suas palmas ainda estavam um pouco viscosas, mas eram macias.

Ele virou o corpo devagar para me olhar de frente. Gradualmente eu tentei reduzir o contato entre sua mão e a minha, tirando-a, um centímetro por vez. Quando a estava quase soltando, eu puxei a mão para baixo, acidentalmente passando-a na frente de sua calça. Senti o choque súbito de algo rígido. Eu congelei. Os olhos dele se fecharam por um segundo e ele sorriu. Então ele pareceu se recuperar e se afastou constrangido.

"Eu tenho que ir", falei bruscamente e tentei deixar o quarto antes que ele pudesse dizer algo. Estava escuro e dei alguns passos na direção do corredor tão rápido que a armação dos meus óculos bateu na parede. Eu senti a batida da armação nas minhas têmporas.

Fiquei ali no corredor, de volta à luz, arrumando meus óculos. "Você está bem?", escutei a voz de Adit ressoar atrás de mim. Ele estava voltando para a sala de estar vindo da varanda. Devia ter ido me procurar.

"Sim, estou bem", afirmei, afastando-me dele. Eu não queria falar com Adit na frente do quarto onde ele notaria Chakra Dev no escuro.

Ao passar pela cozinha, eu vi Rani dando conta de uma chaleira de chá. A festa continuava como se tudo estivesse normal. Eu fui até o bar e peguei um copo de água para me acalmar.

"Seus pais me contaram sobre o marido de Rani. Você teve medo?", Adit me perguntou, me alcançando.

Levei um segundo para me dar conta do que ele estava falando.

"Ah, sim, eu fiquei ali perdida", disse. *Agora* eu me sentia totalmente perdida.

Vi meus pais engajados numa conversa com Vidur, Sheela e Deepak.

"Vamos até lá", disse.

Todo mundo estava comendo e conversando. A visão e o cheiro da ótima comida em seus pratos me deixaram doente. O espaço estava carregado de muitas sensações. Era o oposto do que tinha sido no escuro com Chakra Dev. Contra minha vontade, eu me lembrei do que minha mão tinha tocado.

Deepak olhou para Adit e colocou a mão em seu ombro, dizendo: "Coronel, eu acho que vou acabar por convencer seu filho."

"É? Como?", Adit quis saber.

Meu pai entrou na conversa: "Deepak estava nos dizendo que não importa onde as grandes descobertas são feitas. No fim, elas beneficiam toda a humanidade".

"Daí, país de origem e país de descoberta não são importantes", atalhou Vidur.

"E toda a humanidade é uma só", Deepak completou.

"Eu acho que nossos filhos deveriam estudar onde melhor possam realizar seu potencial total", disse Adit, olhando para meu pai. Na superfície eles estavam unidos em sua preocupação por seus filhos, por Vidur e por mim. Mas eu fiquei imaginando se essa fraternidade de pais era real para Adit.

Chakra Dev entrou na sala. Seu rosto tinha uma aparência de recém-lavado. Ele ficou no vão da porta por um segundo e olhou ao redor. Pegou um prato de um dos garçons enquanto vasculhava o cômodo, acabando por se reunir ao nosso grupo. Para meu absoluto horror, ele viera na nossa direção. Temi cada passo que ele deu. Eu tinha certeza de que meu pai e todos sentiriam o cheiro de álcool no hálito dele. Sheela e Vidur me dariam uma olhada com ar superior para me fazer saber que eles estavam certos. Eu rezei fervorosamente para que ele não fizesse um papel idiota.

"Posso me juntar a vocês?", Chakra Dev perguntou. Eu olhei para outra pessoa enquanto ele falava. Sua fala não soavam tão lenta quanto no quarto. Eu senti meu estômago relaxar depois que ele falou.

"Sim, claro", meu pai assentiu, afastando-se um pouco para abrir o círculo.

"Eu estava tentando convencer seus colegas de classe a estudar fora do país", Deepak disse a Chakra Dev. Eu não queria ver a reação de Sheela e Vidur ao fato de ele ter se juntado ao grupo. Ou rosto dele. Ou o de ninguém.

"Eu não acho que seja igual inventar uma coisa em seu país ou num país estrangeiro", minha mãe disse.

"Eu concordo com a titia. Os japoneses fazem carros e câmeras e é seu país que se beneficia", disse Sheela. Eu fiquei surpresa de vê-la falar na frente de adultos. Todo mundo se virou para olhá-la, inclusive Chakra Dev, que estava metendo um *naan* na boca. Eu olhei noutra direção.

"Eu vou para Nova Iorque. Meu pai está lá", Chakra Dev disse, quase zangado, sua boca cheia de *naan*.

"O que ele faz, *Beta*?", meu pai perguntou-lhe. Minha mão estava suando. Eu sequei a palma na calça.

"Acabamos de receber uma carta dele dizendo que ele tem uma *deli*. O que é *deli*?", Chakra Dev perguntou.

"Uma *delicatessen*. É uma loja que vende de tudo, de pão a queijo e frios, como uma mercearia", Deepak explicou.

"Meu pai disse que eu poderia estudar numa faculdade da comunidade", Chakra Dev disse. Ele estava falando mais do que eu poderia esperar que ele fizesse. Ele parecia à vontade falando com adultos.

"Como está a comida? Você é a única que não está comendo, Anamika?", Índia chegou com Maya, juntando-se a nosso grupo.

"A comida está muito boa, obrigado", Adit disse.

"Vou pegar algo", falei, decidindo que era um bom motivo para escapar, puxei Sheela comigo.

Maya lançou um olhar de "eu estou sabendo" a Chakra Dev e a mim enquanto eu saía dali.

Eu coloquei um *naan* no meu prato e comi-o em pé no canto com Sheela. Ele estava recheado com nozes e uva-passa.

"Na verdade ele se comportou melhor hoje do que na escola", Sheela disse.

Eu assenti embora naquele momento preciso eu estivesse em dúvida se deveria contar a Sheela que o Chakra estava bêbado e que ela não deveria falar com ele a sós se ele tentasse.

Maya deixou o grupo e juntou-se a nós. "Por que você não gosta de mim, Anamika?", a Rainha Glamourosa perguntou. Sheela tinha o braço ao meu redor e estava nos escutando, mas Maya estava falando como se ela fosse uma criança e não entendesse nada. Eu senti o braço de Sheela ficar tenso quando Maya me abordou.

"Eu não desgosto de você", disse.

"Eu acho que você tem medo de mim", constatou ela com um sorriso condescendente.

"Anamika não tem medo de ninguém e ela também é uma amante maravilhosa", Sheela disse, afastando-se de nós duas e indo na direção de Vidur. E eu me lembrei do charme que me chamou a atenção. Ela ainda o tinha e sabia como brandi-lo na hora certa.

Maya tinha aberto a boca para dizer algo, mas nenhuma palavra saiu.

Eu olhei ao redor para ver se alguém poderia ter ouvido.

"Espero que não acredite que eu tenho medo de você, Maya", falei, olhando-a diretamente nos olhos.

"Não", disse ela, se recuperando. Com uma olhada na direção de Índia, ela acrescentou: "Mas talvez Tripta devesse. Você é um verdadeiro Romeu".

"Ela não precisa ter. Eu a amo."

Deepak e Arni caminharam na nossa direção. Deepak disse: "Acho que vamos embora. Eu me ofereci para deixar o seu amigo na casa dele. Ele mora muito longe e eu não acho que tomar ônibus a esta hora da noite seja uma boa ideia".

Eu assenti, a palavra "amigo" colando Chakra Dev a mim.

"Vamos indo", Deepak disse a Arni.

Eles caminharam na direção de Índia. A esposa de Adit estava dizendo adeus a alguns *ad wallas* que pareciam estar saindo. Chakra Dev se aproximou, mexendo na gravata, mas eu continuei olhando para outro lado. Pelo canto do olho, vi Maya pousar a mão no ombro dele e depois passá-la por seu cabelo. Eu olhei diretamente para o rosto dele pela primeira vez desde aquele momento. Eu queria ver como ele reagiria a Maya. Até olhei para baixo, para o zíper de sua calça. Ele não reagiu a ela de modo algum.

"*Beta*, cuide-se", disse ela. Eu não pude deixar de sentir que ela o estava advertindo sobre mim. Ela não tinha entendido o que acontecera na varanda.

Deepak veio até nós e passou a mão na minha cabeça num gesto de adeus.

Arni se despediu: "Vejo você em breve, Anamika".

Chakra Dev acenou enquanto se afastava. Ele ficou me olhando fixamente até sair pela porta principal.

"Você está errada sobre o que viu lá fora", eu sussurrei para Maya.

"Estava ? Você está realmente com Sheela e não com ele?", ela disse de modo cortante. Qual era o problema dela? Índia tinha me dito que eu não deveria me apegar demais a ela. Mas ela tinha me inspirado a ser freelance.

Eu peguei uma Coca do garçom que estava passando por ali com uma bandeja de bebidas e dei um gole.

"Sabe, eu não tenho que dar satisfação de nenhuma de minhas amizades a ninguém. Muito menos a você", disse. Eu estava cheia de Maya. Tomei outro gole da Coca, esperando que ela desse o fora. Para meu espanto, ela sorriu.

"Você está certa."

"Desde que eu possa arcar com as consequências do que estou fazendo, eu não sei como isso importa."

"Sim, sim. É só que às vezes as consequências são diferentes do que a pessoa espera." Ela falou como se fosse por experiência própria. Eu não senti que era uma reprimenda pelo que eu dissera. "Eu preciso fumar um cigarro. Você viria até a varanda comigo?"

"Claro". Ao sairmos da sala de estar, de repente eu não estava mais preocupada que meus pais pensassem o que fosse sobre o fato de eu ir para a varanda com uma fumante.

Maya sentou-se na cadeira na qual tinha se sentado anteriormente. Eu peguei aquela que Chakra Dev tinha usado. O cheiro forte dele tinha se esvanecido e era agora uma mera fragrância de partículas suspensas de Old Spice. A noite toda se difundiu dentro de mim.

Maya jogou a cabeça para trás e exalou. Isso me lembrou de Índia no terraço em Kasauli. Eu segui a fumaça do cigarro de Maya e pensei que podia vê-la subir quase até a Lua. O céu de Délhi estava cintilante de estrelas, as galáxias dançando em grupo. Eu relaxei pela primeira vez naquela noite; na verdade, pela primeira vez desde que começara toda a tensão na escola com o Chakra Dev.

O perigo maior não era eu ter que renunciar ou fracassar em minha tentativa de mudar Chakra Dev, mas ele me levar para o fundo do poço com ele. Como a Lua atraindo o oceano, ele provocava maré alta e baixa nos meus sentimentos.

Eu me lembrei do que Maya dissera sobre as consequências e vi que concordava com ela. "A vida não é como uma peça ou um filme; você nunca pode mapear as consequências previamente", falei, quebrando o silêncio.

"Sim, mas é difícil viver com a incerteza."

Eu pensei no princípio da incerteza de Heisenberg. Exatamente como uma pessoa jamais pode estar certa de sua posição exata, dado seu *momentum*; eu jamais poderia estar certa das consequências exatas, dados os impulsos de meu coração num instante. E conhecer o meu coração com exatidão infalível era crucial se eu quisesse ser verdadeira para comigo mesma.

"A incerteza não é o preço que você paga para seguir sua verdade, para encarar sua escuridão e lutar contra ela?", eu perguntei.

"Eu me lembro de pensar como você."

"E?", eu incitei-a. Teria ela tentado e perdido? Índia não me falara sobre essas coisas, nem Adit.

"Sua escuridão pode se apossar de você."

Talvez ela estivesse certa. Mas eu não podia imaginar perder nem para mim nem para Chakra Dev. Eu estava certa de minha força. Eu admirava Adit porque ele ficara no campo de batalha e tomado bala sem fugir. Meu campo de batalha estava em meu peito. Ir para um novo país onde ninguém de minha família jamais pusera o pé parecia uma brincadeira de criança comparado com pôr o pé numa planície vasta que se descortinava dentro de mim.

Eu levantei da cadeira e me estiquei para beijar a testa de Maya. "Estou feliz por ter conhecido você", disse.

"Eu também. De algum modo você está diferente do início da noite."

"Eu me sinto mais leve e mais clara. Embora Tripta talvez dissesse que eu acabei de ter um susto de alguns químicos novos."

Maya deu risada. "Eu diria que acabei de conseguir seduzir você."

"Vamos entrar? Provavelmente todo mundo está se preparando para ir embora."

Na sala de estar, meu pai, Adit e o marido da professora Pillai estavam se despedindo. Vidur esteve à vontade com Índia no decurso da noite e falou: "Foi um enorme prazer conhecê-la, titia".

Eu beijei Índia, Sheela e Maya no rosto quando lhes disse adeus. Meus pais e eu levamos Adit e os Pillai até o carro deles antes de nos pormos a caminho de casa com Rani.

"Seus colegas de classe são simpáticos", meu pai comentou no caminho de volta.

"Mesmo o tal do *goona*", minha mãe acrescentou. Obviamente, a professora Pillai, Vidur ou Sheela tinham contado a ela muita coisa sobre Chakra Dev.

XXVII
O TEOREMA DE ROLLE

Eu estava dormindo profundamente quando senti Rani se levantar. Parecia que o telefone estava tocando. Segui-a até o hall, imaginando quem estaria ligando.

"Alu!", disse ela. E logo virando para mim: "*Babyji*, para você".

"*Babyji, Babyji, Bitchyji*",[68] disse ele. Era Chaka Dev. Eu não saberia idenficicar pelo tom da voz se ele brincava ou falava sério.

"O que você quer?", perguntei.

"Eu paguei setenta rupias por ela e pensei em você na hora." A voz dela estava grossa. Eu diria que ele tinha bebido muito mais.

Fiquei em silêncio.

"Diga alguma coisa. Eu estou confessando", ele falou de repente, como se nós estivéssemos, de fato, tendo uma conversa.

"*Chutiya yadav*", disse, batendo o telefone. Minhas mãos estavam tremendo.

Eu senti o braço de Rani ao redor de meu ombro e me dei conta de que ela estivera ali a meu lado.

"Você está bem, *Babyji*?", ela perguntou.

---

68 *Bitchyji* é putinha. (N.T.)

"Vamos", disse, segurando a mão dela enquanto voltávamos para o quarto.

Rani e eu estávamos tão cansadas depois da festa que nos enfiamos na cama sem nos trocarmos. Quando voltamos ao quarto, tiramos a roupa.

'Era Chakra Dev, não era?", ela perguntou quando, enfim, ficamos juntas na cama.

"Sim."

"Nem todos os *yadavs* são *chutiyas*, *Babyji*", disse ela.

"Eu sei disso", afirmei.

"Os *yadavs* e minha família são da mesma casta", ela sussurrou.

Minha raiva por Chakra Dev me havia feito perder a cabeça. Nem mesmo pensei que meu comentário pudesse magoar Rani.

"Eu não sabia. Mas minha briga com ele tem a ver com outra coisa."

"Compreendo", disse ela.

"Você acredita em mim, não acredita? É que ele fica me chamando de brâmane *chutiya*. Eu só fiquei brava com ele desta vez", expliquei, me sentindo mal por tê-la magoado.

"Você está bem?", ela perguntou.

"Sim. Eu só preciso de você", disse, abraçando-a apertado.

"Eu estou sempre aqui". O amor de seu "sempre" preencheu o vazio de meu coração.

Eu passei o domingo tentando estudar para as provas de segunda-feira de Matemática e Física e ansiosamente antecipando a reunião com o conselheiro da USEFI à tarde.

Entre capítulos e contas, minha mente voava para Chakra Dev. Era impossível não ficar preocupada com o que ele dissera sobre a mulher de setenta rupias. Será que ele tinha realmente pensado em mim? A informação encheu-me de desgosto, mas depois de todos os meus casos, que direito tinha eu de censurar a vida pessoal de Chakra Dev? O drinque com Maya provavelmente tinha dado coragem a ele para se aproximar de mim na varanda. Ele tinha cometido o erro de me telefonar e confessar, num momento de fraqueza, no meio da noite. Ele tinha se tornado vulnerável para comigo de um jeito que eu jamais fizera com minhas amantes.

Estava no quarto pensando nele, quando Rani veio me informar que havia uma ligação telefônica para mim.

"Alô", disse ao telefone.

"É o Chakra."

Eu fiquei em silêncio. Queria que ele se desse conta de que eu estava brava.

"Sou eu", repetiu ele.

"Eu sabia que você ia ligar", disse finalmente.

"Sabia?"

"Eu o conheço melhor do que você pensa."

"Anamika, eu tenho uma pergunta urgente. Eu lhe telefonei ontem à noite?"

"Sim." Mal acabei de falar e quis me dar um chute por ter respondido tão rapidamente. Ele era como um animal selvagem. Se eu o observasse por tempo suficientemente longo, aprenderia a me comunicar com ele numa linguagem que ele entendesse.

"Eu sinto muito", disse ele. Ele soava como se estivesse de fato sentindo muito.

"Sente mesmo?", eu perguntei.

"Ouça, por favor, esqueça a noite passada. Por favor, esqueça qualquer coisa que eu disse."

"Era verdade?", eu perguntei.

Ele ficou em silêncio.

"Era verdade?", repeti. Desta vez o meu tom foi o mesmo que eu usava na assembleia.

Depois de um momento de silêncio, ele respondeu baixinho: "Sim!".

"Diacho", disse.

"Eu não vou passar na prova amanhã", ele falou, mudando de assunto.

Eu fiquei quieta. Decidi que era melhor deixá-lo desviar o rumo da conversa por um instante.

"Anamika?"

"Estude apenas o teorema de Rolle e você vai conseguir nota para passar. Você quer que eu o explique a você?"

"Essa é uma ideia de brâmane?", disse ele, ficando irritado. Ele hesitara um segundo antes de falar brâmane, como se tivesse parado para engolir a palavra *chutiya* que teria naturalmente se seguido.

"Do que você está falando?", perguntei.

"Empenhar seu distintivo, convidar-me para a festa, ajudar-me com a prova?"

"Todas as minhas ideias são brâmane *chutiya* por definição, não são?", falei implacavelmente.

"Hã?"

"Você quer que eu explique o teorema de Rolle ou não?", perguntei, minha impaciência se tornando patente.

Ele suspirou. "Sim, espere, deixe-me pegar meu livro." Quando eu me irritava com Chakra Dev e estava a ponto de cair fora, ele condescendia.

Eu esperei-o pegar o livro e expliquei o que foi possível seguindo minhas anotações da aula da professora Pillai. No final, era como ter explicado algo a Sheela – eu não sabia se ele tinha de fato compreendido alguma coisa.

"Eu vou à USEFI amanhã. Você quer ir comigo? Se quer ir para os Estados Unidos, você terá que passar por alguns exames e se candidatar às faculdades meses com antecedência."

"Amanhã não posso", disse ele.

"Por que não? Você estará ocupado com uma mulher de setenta rupias?", perguntei, incapaz de me segurar.

"Anamika, eu sinto muito por isso. Por favor."

"Eu vou trazer informações para você. Tudo bem, tchau", acrescentei, querendo terminar a conversa antes que tomasse outro rumo e piorou.

"Anamika", disse ele, e depois fez uma pausa.

"O que é?"

"Obrigado por me convidar para a festa. Eu me diverti para valer. Desculpe-me por eu ter bebido." Eu não detectei nenhum tipo da zombaria que me acostumara a esperar dele.

"Eu quero poder confiar em você", eu ouvi-me dizendo. Como em todas as minhas conversas com ele, nós mantivemos uma órbita elíptica ao redor um do outro. Só o tempo diria se eu estava certa ou errada sobre ele. Afinal de contas, a própria vida – seu ambiente e mecanismos de reprodução e toda a humanidade

– tinha surgido da desordem total que se seguira ao Big Bang, um momento quando o universo era menor do que uma noz e infinitamente mais quente. Até eu fui capaz de emergir mais calma, mais funcional, um ser humano melhor, da anarquia do mundo de Chakra Dev.

No dia seguinte, na classe, durante a prova, eu dei uma olhada para trás, para Chakra Dev, para ver como ele estava indo. Eu tinha adivinhado corretamente e a principal questão, que valia dez pontos, era o teorema de Rolle. Eu o vi escrever por um tempo e depois parar. Parecia que ele não sabia nenhuma outra aplicação do cálculo diferencial.

No intervalo, Vidur, Sheela e eu fomos até a cantina. Eles disseram que tinham aproveitado a festa. Vidur falou que estava tentando convencer a mãe dele a deixá-lo dar uma festa em casa para o pessoal da classe uma noite dessas. O pai dele estava totalmente a favor da festa, mas a mãe tinha medo de que deixássemos a casa numa bagunça. Vidur confessou que quase tinha sido levado pelos argumentos de Deepak para sair do país, ideia que me fez pensar que meus pais, afinal, aceitariam.

"Então, você vai para os Estados Unidos também?", perguntei. Eu tinha certeza de que nós voltaríamos a ser grandes amigos de novo, se ambos fôssemos para fora do país.

"Não. Mas vou com você hoje. Eu prometi a meu pai", disse ele.

"Por que você não vem também?", perguntei a Sheela.

"Vocês dois são uns traidores", ela exclamou. Eu podia ver a culpa transpirar suas cores no rosto de Vidur.

"Ele não vai se candidatar. Ele só vai junto", falei, defendendo-o.

"Nós devíamos ir para dar uma força para Anamika", disse Vidur. "Deepak *Bhaiyya* é divertido. Podemos tomar sorvete depois", ele sugeriu.

À tarde, quando Deepak veio nos pegar na escola, todos nós entramos no carro. Eu pedi a Vidur que se sentasse no banco da frente para que Sheela e eu pudéssemos ficar juntas no banco de trás.

"Eu tenho boas notícias para você", Deepak disse.

"O que é?"

"A tia Tripta acabou de me ligar no escritório. Jeet foi admitido na sua escola."

"Eu fico feliz", disse. Pelo menos uma coisa positiva tinha acontecido enquanto eu era Chefe dos Representantes de Classe. Se Chakra Dev me fizesse fracassar na frente de toda a escola, talvez no futuro Jeet compensasse por isso.

Na USEFI eu esperei ansiosamente a chamada do conselheiro, enquanto Vidur e Sheela se distraiam com um jogo de palavras, esquecidos de meu nervosismo. Eu olhava por sobre o ombro de Deepak enquanto ele lia material de várias universidades. Cada brochura tinha uma carta de apresentação do reitor, algumas páginas sobre a vida do aluno, informações sobre os cursos e fotos coloridas. Tudo era altamente profissional; nem as melhores empresas indianas tinham esse tipo de material.

Uma prateleira na sala de espera estava cheia de grandes folhetos arrumados alfabeticamente. Eu fui até a prateleira e peguei um folheto marcado "H". Havia centenas de universidades listadas apenas sob *H*. O número de alunos, graus fornecidos e outras estatísticas apareciam em cada página. Harvey Mudd era conhecida por suas ciências, uma verdadeira universidade das ciências. Como um país com um quarto da população da Índia podia ter tantas instituições de conhecimento superior? Deepak me avisara que havia escolhas demais e que eu devia me candidatar apenas às melhores. Pelos folhetos todas pareciam as melhores. Como eu deveria escolher?

"Anamika", uma mulher chamou, pondo sua cabeça para fora da sala da conselheira. Um rapaz saiu do escritório dela carregando um folheto. Ela o esperou sair e disse: "Boa sorte".

Eu entrei na sala dela.

"Feche a porta atrás de si", ela pediu. Ela era bonita e muito jovem. Eu esperava alguém como o professor Garg, não uma pessoa usando jeans , um top vermelho e cabelo curto como o meu. Ela sorriu.

"Meu nome é Sim", disse ela.

"Oi", cumprimentei, nervosa.

"Seu perfil é muito interessante. É muito bom."

"Obrigada", agradeci, olhando a mesa. Estava arrumada e limpa, sem desordem.

"O que você quer fazer na faculdade?", ela perguntou.

"Eu não tenho certeza". De repente eu queria contar a verdade. Eu não queria acabar indo para um lugar como Harvey Mudd e fazer Física ou Matemática. Eu queria manter minhas opções em aberto.

"Você deve ir, definitivamente, para uma faculdade liberal. Você pode tentar coisas diferentes, então. Eu sugero que você se candidate a algumas da Ivy League[69] e depois algumas faculdades de segunda linha."

Eu assenti. Deepak tinha me falado da Ivy League. O dicionário dava uma definição sobre prestígio social e realizações acadêmicas.

"Para quantas devo me candidatar?", perguntei.

"Seis para garantir, eu acho. Três Ivies e outras três." Ela explicou o procedimento da inscrição e falou-me das provas que eu deveria fazer.

"Eu reuni algum material de faculdades para você. Acho que você é a melhor candidata de Délhi que passou por esta porta este ano", disse ela, apontando para a porta da sala.

"Obrigada."

"Há outros com as mesmas notas, mas você tem o melhor perfil extracurricular."

Eu sorri encabulada. De repente eu não conseguia pensar em nenhuma atividade extracurricular exceto Sheela, Índia e Rani. Senti que enrubescia.

Ela tinha trazido uma pasta tipo sanfona. Abriu-a e retirou uma brochura lustrosa. Abriu na primeira página e apontou o índice para me mostrar como a informação estava organizada e o que valia a pena ler. Vi a parte de trás da brochura. Havia um timbre em carmesim, e abaixo dele: "Veritas".

"Meritas", eu pensei comigo mesma.

---

69 A Ivy League é composta de oito universidades no nordeste dos Estados Unidos: Brown, Columbia, Cornell, Dartmouth, Harvard, Princeton, Universidade da Pensilvânia e Yale. (N.T.)

Agradecimentos

Pelo apoio a este romance num momento crítico, eu gostaria de lembrar o falecido Giles Gordon, inesquecível e de quem sinto muita falta.

Pelo apoio na forma de recursos financeiros, sou grata à New York Foundation for the Arts. Muito obrigada, de coração, a Claudette Buelow e a Robert Steward pelos comentários elucidativos às múltiplas versões deste livro. Por seus comentários valiosos ao meu primeiro manuscrito, agradeço a Ashwini Sukthankar, Devika Daulat-Singh, Krzysztof Owerkowicz e Plamen Russev. Por sua hospitalidade durante meus meses itinerantes passados na feitura do romance, estou em dívida para com Yasmin Boyce, Beti Cung, Margarita Michail e Raoul Kantouras, Sabita Uthaya e Trishul Mandana, Brent Isaacs, Freyan Panthaki e Priti e Rabvi Aisola.

A todos da Curtis Brown em Londres e da Anchor Books em Nova Iorque envolvidos com este livro em vários estágios, obrigada pela dedicação. Sou, acima de tudo, grata a meu editor, John Siciliano, por acreditar em *Babyji* e por sua entrega de corpo e alma até a forma final do livro.

O resoluto apoio e amor indelével de minha mãe, meu pai e de minha tia me sustentaram. Sem eles, nada seria possível.

Esta obra foi composta por Eveline Albuquerque em
Minion e impressa em papel off-set 75g/m^2
pela Bartira Gráfica e Editora para a Sá Editora
em abril de 2009.